외국인을 위한

이 책으로 연습하면 쓰기가 쉬워지고

문장 수준이 올라간다!

KB091911

한국어 문장 쓰기의 모든것

I
문장 바로잡기

ALL ABOUT WRITING KOREAN SENTENCES

박미경·김지연·권제은 지음

(주)박이정

외국인을 위한
한국어 문장 쓰기의 모든 것 (중급)

I. 문장 바로잡기

박미경 Park Mi Gyung

경북대학교 국어국문학과를 졸업하고, 고등학교 국어 교사, 중국 낙양외국어대학
한국어과 초빙 원어민 강사를 지낸 후, 현재 안동대학교 한국어학당 강사로 있다.

김지연 Kim Ji Yeon

영남대학교를 졸업하고, 중국 유방교육대학교에서, 그리고 한국국제협력단 단원으로
해외에서 한국어를 가르친 후, 현재 안동대학교 한국어학당 강사로 있다.

권제은 Kwon Je Eun

숙명여자대학교와 동대학원 국어국문학과(석사과정)를 졸업하고, 현재 안동대학교
한국어학당 강사로 있다.

외국인을 위한 한국어 문장 쓰기의 모든 것(중급)

초판 1쇄 발행 2016년 09월 20일
초판 13쇄 발행 2024년 06월 24일

지 은 이 박미경 · 김지연 · 권제은
펴 낸 이 박찬익

펴 낸 곳 (주)박이정
주   소 경기도 하남시 조정대로45 미사센텀비즈 8층 F827호
전   화 (031)792-1193, 1195
팩   스 (02)928-4683
홈페이지 www.pijbook.com
이 메 일 pijbook@naver.com
등   록 2014년 8월 22일 제2020-000029호

I S B N 979-11-5848-247-3 (03710)

* 책값은 뒤표지에 있습니다.

외국인을 위한

이 책으로 연습하면 쓰기가 쉬워지고

한국어

문장 수준이 올라간다!

문장 쓰기의 모든 것

Ⅰ 문장 바로잡기

ALL ABOUT WRITING KOREAN SENTENCES

박미경·김지연·권제은 지음

writing

(주)박이정

머리말

　이 책은 '쓰기가 어렵다'는 말을 늘 들으면서도 시원한 대답을 할 수 없었던 한국어 선생님들과 중급 단계에서 공부하고 있는 외국인 학습자들을 생각하면서 만들었습니다. 한국어를 가르치면서 올바른 한국어 문장을 쓸 수 있도록 친절하게 안내하는 책이 필요하다는 생각 또한 늘 해왔습니다. 그래서 한국어 문장 쓰기의 단계적인 학습 방법과 연습과정을 이 책에서 모두 보여 주고자 했습니다.

　이 책에서는 글쓰기의 첫 단계인 문장을 정확하고 풍부하게 쓸 수 있도록 한국어의 특성을 설명하면서 구체적인 연습 문제를 제시하고 있습니다. 연습 문제는 단계별로 구성되어, 자연스럽게 쓰기에 익숙해지도록 배려했습니다. 이렇게 기본적인 쓰기 연습이 이루어지면 다음 단계에서는 문장 유형별로 각 문장을 확장하고 내용을 중급답게 표현할 수 있는 방법을 제시합니다. 문장 유형은 일반적인 틀에 매이지 않고 외국인 학습자에게 필요한 내용으로 분류를 했습니다. 이 분류에 따라 각 유형별 연습 문제를 풍부하게 실었습니다. 따라서 이 책에서 안내하는 모든 과정들을 거치고 나면 제대로 된 중급 글쓰기의 발판을 마련할 수 있을 것입니다.

글쓰기에 어떤 비법이나 왕도가 있을 수는 없습니다. 큰 노력 없이 한 번에 높은 단계로 도약할 수 있는 것도 아닙니다. 그러나 시작을 어떻게 해야 하는지, 어떻게 연습해야 하는지 몰라서 걱정만 하고 있는 외국인 학습자에게는, 이 책이 유용한 길잡이가 될 수도 있을 것입니다. 각 단계를 차례대로 연습해도 좋지만, 학습자 스스로 자신에게 필요한 단계를 찾아서 연습해도 좋습니다. 어느 단계에서든지 내용을 이해만 할 것이 아니라 하나하나 직접 써 보기 바랍니다. 그래서 보기만 하는 책이 아니라 아낌없이 쓰여지는 책이 되었으면 합니다.

글쓰기의 디딤돌을 만들고자 지은이들 나름대로 오래 고민하고 최선을 다했습니다. 앞으로 이 책이 한국어 학습자들의 글쓰기에 실질적인 도움을 주고, 아울러 한국어 선생님들과 글쓰기 교육에 대한 고민을 함께 하는 기회가 되기를 바라며, 기꺼이 출판을 맡아준 박이정출판사에 감사의 마음을 전합니다.

지은이들 씀.

○ 이 책은 외국인 학생들이 한국어 문장을 더 정확하고 풍부하게 쓸 수 있도록 하는 데 목적이 있습니다.

○ 이 책은 총 2권으로 구성되어 있습니다. 먼저 1권의 각 장은 모두 [도입], [알아봅시다], [연습해 봅시다], [써 봅시다]의 4단계로 이루어져 있습니다.

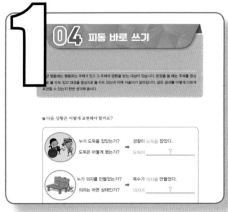

01. 도입

○ 각 장에서 무엇을 공부할지 간단한 설명이 제시되어 있습니다.
○ 본격적으로 쓰기 연습을 하기 전에 각 장에 관련된 생각해 볼 문제를 보여줍니다.

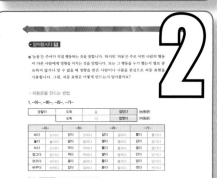

02. 알아봅시다

○ 각 장에서 써 볼 내용을 구체적으로 알아보는 단계입니다. 반드시 알아야 하는 개념과 규칙을 설명하고 예를 통해 이해를 돕고 있습니다.
○ 특히 학습자가 자주 실수하는 부분을 바탕으로 주의 사항이나 참고 사항도 함께 제시되어 있습니다.

03. 연습해 봅시다

◉ 앞에서 제시된 규칙을 사용해 짧은 문장을 쓸 수 있도록 풍부한 연습 문제가 실려 있습니다.

◉ 이 단계에서 학습자는 문장 쓰기의 정확성을 향상시킬 수 있습니다.

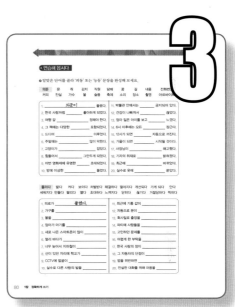

04. 써 봅시다

◉ 연습한 내용을 이용해 짧은 글을 써 보는 단계입니다. 〈보기〉를 제시함으로써 이를 어떻게 활용할 수 있는지 이해를 돕고, 글의 완성도를 높일 수 있도록 했습니다.

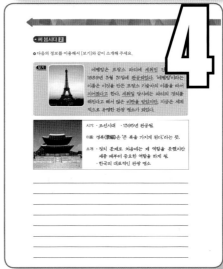

차례

내용구성

I. 문장 바로잡기

1장 정확하게 쓰기

	제목	내용	종합 쓰기
1	문어체 바로 쓰기	● '–아/어요'를 '–다'형 문어체로 바꾸기 ● 구어적 표현을 문어적 표현으로 바꾸기 ● 조사 생략형, 줄임말 문장 바꾸기	● 취미 생활 소개 ● 하루 일과 소개 ● 직장인의 고민 소개
2	시제 바로 쓰기	● 종결 부분 시제 ● 관형형 시제 ● –(으)ㄹ 때 / –았/었을 때	● 나의 습관 및 계획 ● 나의 과거, 현재, 미래 ● 가족 형태의 변화
3	조사 바로 쓰기	● N이/가　　● N은/는 ● 'N이/가' 'N은/는'의 차이 ● N을/를　　● N에　N에서　　● N에게 ● N으로　　● N와/과　　● N의 N ● N도　N만	● 그래프 내용 비교, 분석 ● 기억나는 여행
4	피동 바로 쓰기	● –이–/–히–/–리–/–기– ● –아/어지다/–되다/–받다/–당하다/–게 되다 ● –아/어 있다	● 경복궁 소개
5	사동 바로 쓰기	● –이–/–히–/–리–/–기–/–우–/–구–/–추–/–애– ● –시키다 / –게 하다	● 리더가 되기 위한 방법
6	호응 바로 쓰기	● 주어와 서술어의 호응 ● 기타 호응 ● '아무'와 '–든지'의 호응	● 다문화 사회의 정의와 특성 ● 야식의 정의와 특성
7	부사 바로 쓰기 (호응)	● 연결 / 종결 부분 ● 부정 표현이 필요한 부사	● 새해 계획
8	연결 문장 바로 쓰기	● 이유　　　　　　● 목적, 의도 ● 경험과 발견　　● 판단 ● 하나 더 추가　● 상반, 대조 ● 일반적인 예상과 다른 결과 ● 예상보다 더 나쁜 결과 ● 가정　　　　　　● 전제 조건 ● 결과에 상반되는 가정 ● 소용없는 가정	● 싸움과 화해의 과정 ● 다이어트 이유와 전·후 비교 ● 못하던 것을 잘하게 된 과정 ● 여러 가지 목표와 실천 ● 제품 사용 후기 ● 좋은 것과 나쁜 것 ● 장점과 단점 대조 ● 어려운 상황을 극복하는 과정 ● 여러 가지 가정과 예측

2장 풍부하게 쓰기

	제목	내용	종합 쓰기
1	명사형 만들기	●–는 것 / –기 / –(으)ㅁ	●건강을 지키는 방법
2	관형형 만들기	●관형형 ●짧은 관형절 / 긴 관형절	●내가 살고 싶은 집
3	서술절 만들기	●N₁은/는 N₂이/가 A/V ●N₁은/는 N₂이/가 있다[없다] ●N₁은/는 N₂이/가 N₃이다	●한국의 관광지 소개 ●친구, 가족 소개
4	부사어 만들기	●–이 / –게 / –듯이 / –도록 ●–(으)ㄹ수록 / –든지 / –다시피	●그래프로 보는 사회 현상 ●현대 사회의 문제
5	인용절 만들기	●서술문, 의문문 인용절 ●청유문, 명령문 인용절	●위인들의 명언 ●내가 기억하는 말들

외국인을 위한
한국어 문장 쓰기의 모든 것
(중급)

I

문장 바로잡기

외국인을 위한
한국어 문장 쓰기의 모든 것
(중급)

1

정확하게 쓰기

장

01 문어체 바로 쓰기

어떤 글을 문어체 문장으로 쓸까요? 대화나 편지, 발표문처럼 말을 하듯이 쓰는 글은 '구어체'로 쓰고 신문 기사, 소설, 설명문, 보고서 같은 글은 '문어체'로 씁니다. 또한 TOPIK 시험에서 자신의 생각을 주장하는 글을 쓸 때도 문어체를 씁니다. 그럼, 문어체 문장의 예를 한번 살펴보고 구어체 표현을 문어체 표현으로 바꾸는 연습을 해 볼까요?

대학 신문

www.uninewspaper.com

20××년 ×월 ×일

취업 박람회에 예비 졸업생들 발길 이어져

올해도 일자리 정보와 취업 기회를 제공하는 취업 박람회가 시청 광장에서 열리고 있다. 많은 기업들이 우수한 인력을 선발하기 위해 참여했다. 그리고 학생들은 자신의 적성에 맞는 직장을 찾기 위해 취업박람회장을 찾았다.

졸업을 앞둔 학생들은 물론 재학생들까지 참여해 박람회장의 열기가 뜨거웠다. 현장에서는 채용면접이 진행되고 있으며, 취업 성공률을 높이기 위해 직업적성검사, 이미지 만들기 등 다양한 취업지원 서비스도 제공하고 있다.

그 해 겨울은 **추웠다**. 이른 아침 집을 나서는 사람들은 두툼한 겨울 옷을 입었는데도 몸을 잔뜩 웅크린 채 앞만 보고 걷고 **있었다**. 그들을 가로 막는 바람과 추위는 껵일 것 같지 않았고 그냥 침묵 하는 수밖에 **없었다**.
　나 역시 그 해 겨울은 오로지 따뜻한 방과 차가 유일한 **위안이 었다**. 가끔은 따뜻한 나라로 떠나 볼까 하는 마음도 있었지만 밀린 일과 바닥을 드러내고 있는 통장

잔고가 내 발목을 잡았다. 나는 이 겨울이 어서 지나가기를 기다리며 하루하루를 견디고 **있었다**. 그 날도 그런 날 중의 **하루였다**. 하지만 뜻밖의 편지가 얼어붙은 겨울 한 가운데로 날아 **들어왔다**. 정말 생각지도 못한 **소식이었다**. 수 년 전 여행지에서 우연히 만나 잠깐 연락 주고받은 사람한테 서 편지가 오는 것이 흔한 일은 아닌지 **않을가?** 편지를 보기 전 약간의 상상이 **필요했다**.

아래 빈칸에 200자에서 300자 이내로 작문하십시오.(띄어쓰기 포함)
Please write your answer below. your answer must be between 200 and 300 letters (including spaces)

최	근	한	국	사	회	에	서	는		1	인	가	구	가		계	속	늘	어
나	고		**있 다**.		1	인	가	구	가		증	가	하	는		원	인	은		결	혼	보
다		독	신	을		즐	기	는		젊	은	층	이		많	이		생	겨	났	기		때	문
이	다.		그	리	고		이	혼	율	도		높	아	서		다	시		독	신	으	로		돌
아	오	는		경	우	도		**많 아 졌 다**.			뿐	만		아	니	라		고	령	화	속	도	가
빨	라	짐	에		따	라		홀	로		사	는		노	인	들	도		빠	르	게		증	가
하	고		**있 었 다**.																				
지	난		10	년		동	안		두		배		가	까	이		늘	어	난		1	인
가	구	는		이	러	한		사	회	변	화	를		잘		보	여	주	고		**있 다**.		결
혼	관	의		변	화	와		평	균		수	명		연	장	이		인	해		나	타	나	는
이	런		현	상	은		앞	으	로	도		계	속	될		전	망	이	어	서		많
은		관	심	과		지	원	이		**필 요 하 다**.													

알아봅시다

문어체 문장을 쓰려면 어떻게 해야 할까요? 먼저 문장의 끝부분에 있는 서술어를 '–
ㅂ/습니다' '–아/어요'가 아닌 '–다'로 써야 합니다. 다음 표를 보고 쓰는 방법을 확인
해 봅시다.

	동사		형용사	이다 / 아니다	있다 / 없다
현재	–ㄴ다	–는다	–다	–다	–다
	간다	먹는다	예쁘다	책이다 / 책이 아니다	책이 있다 / 없다
과거	–았/었다			–이었다, –였다 / –었다	–었다
	갔다	먹었다	예뻤다	책이었다, 잡지였다 / 책이 아니었다	책이 있었다/ 없었다
미래 (계획, 추측)	–(으)ㄹ 것이다				
	갈 것이다	먹을 ~	예쁠 ~	책일~ / 책이 아닐~	책이 있을~ / 없을~

연습해 봅시다 1

아래에 있는 단어를 보고 '–다' 형태로 써 보세요.

형용사	–ㅂ/ 습니다	–아/어/여요	–다
좋다	좋습니다	좋아요	좋다
나쁘다		나빠요	
쉽다	쉽습니다		
어렵다			
크다		커요	
높다	높습니다		
많다	많습니다		
다르다			
같다		같아요	
힘들다	힘듭니다		

형용사	-ㅂ/습니다	-아/어/여요	-다
바람직하다	바람직합니다		
보고 싶다		보고 싶어요	
★ (더) 낫다	낫습니다		
★ 필요하다		필요해요	
★ 중요하다	중요합니다		

✓ 주의: '필요하다'(○) '필요한다'(×) / 일하고 싶다(○) 일하고 싶는다(×)

동사	-ㅂ/습니다	-아/어/여요	-다 (현재)
생각하다		생각해요	생각한다
★ 알다	압니다		
모르다		몰라요	
주다			
받다	받습니다		
되다			
지키다		지켜요	
나오다			
노력하다	노력합니다		
달라지다			
보고 싶어하다		보고 싶어해요	
실시하다	실시합니다		
조사하다			
나타나다		나타나요	
★ 낫다			

✓ 주의: '낫다'(V) -낫는다(○) '낫다'(A) -낫다(○) / '된다'(○) '되는다'(×)

이다 / 아니다	-ㅂ/ 습니다	-아/어/여요	-다
문제이다	문제입니다	문제예요	문제이다
방법이다			
때문이다	때문입니다		
아니다		아니에요	

✓ 주의: '이다'(○) '인다'(×) / '아니다'(○) '아닌다'(×)

있다 / 없다	-ㅂ/ 습니다	-아/어/여요	-다
있다	있습니다	있어요	있다
없다			
필요 없다	필요 없습니다		
알 수 있다		알 수 있어요	

✓ 주의: '있다'(○) '있는다'(×)

→ 연습해 봅시다 2

o 다음 구어체 서술어를 문어체인 '-다'로 바꿔 보세요.

-ㅂ/습니다 / -아/어/여요		기본형	현재	과거	미래
생각합니다 / 생각해요	➡	생각하다	생각한다	생각했다	생각할 것이다
중요합니다 / 중요해요	➡	중요하다			
바랍니다 / 바라요	➡	바라다		바랐다	
해야 합니다 / 해야 해요	➡	해야 하다			
아닙니다 / 아니에요	➡	아니다			아닐 것이다
입니다 / 예요, 이에요	➡	이다	이다		
모릅니다 / 몰라요	➡	모르다			모를 것이다

-ㅂ/습니다 / -아/어/여요		기본형	현재	과거	미래
돕습니다 / 도와요 ★	➡	돕다		도왔다	
쉽습니다 / 쉬워요	➡	쉽다	쉽다		
필요합니다 / 필요해요	➡	필요하다			
만듭니다 / 만들어요	➡	만들다		만들었다	
압니다 / 알아요	➡	알다			
이룹니다 / 이뤄요	➡	이루다		이루었다	
안 됩니다 / 안 돼요	➡	안 되다			
없습니다 / 없어요	➡	없다	없다		
빠릅니다 / 빨라요	➡	빠르다			
힘듭니다 / 힘들어요	➡	힘들다			힘들 것이다
유명합니다 / 유명해요	➡	유명하다			
기억합니다 / 기억해요	➡	기억하다	기억한다		
걸립니다 / 걸려요	➡	걸리다			
보고 싶습니다 / 보고 싶어요	➡	보고 싶다		보고 싶었다	
많습니다 / 많아요	➡	많다			
좋습니다 / 좋아요	➡	좋다			
가능합니다 / 가능해요	➡	가능하다			가능할 것이다
달라집니다 / 달라져요	➡	달라지다			
바람직합니다 / 바람직해요	➡	바람직하다	바람직하다		
복잡합니다 / 복잡해요	➡	복잡하다			
말합니다 / 말해요	➡	말하다			말할 것이다
생깁니다 / 생겨요	➡	생기다		생겼다	
같습니다 / 같아요	➡	같다			

−ㅂ/습니다 / −아/어/여요		기본형	현재	과거	미래
(마음에) 듭니다 / ~들어요	➡	~ 들다	든다		
가르칩니다 / 가르쳐요	➡	가르치다		가르쳤다	
궁금합니다 / 궁금해요	➡	궁금하다			
비슷합니다 / 비슷해요	➡	비슷하다			비슷할 것이다
아깝습니다 / 아까워요	➡	아깝다			
풉니다 / 풀어요	➡	풀다		풀었다	
찬성합니다 / 찬성해요	➡	찬성하다			
필요없습니다 / 필요없어요	➡	필요 없다			필요 없을 것이다
더 낫습니다 / 더 나아요	➡	더 낫다			
(영향을) 받습니다 / 받아요	➡	~ 받다	받는다		
(영향을) 미칩니다 / 미쳐요	➡	~ 미치다			
(음악을) 듣습니다 / 들어요	➡	듣다			들을 것이다
(이름을) 묻습니다 / 물어요	➡	묻다			
부릅니다 / 불러요	➡	부르다		불렀다	
느낍니다 / 느껴요	➡	느끼다	느낀다		
할 수 있습니다 / 할 수 있어요	➡	할 수 있다			
유리합니다 / 유리해요	➡	유리하다			유리할 것이다
적응합니다 / 적응해요	➡	적응하다			
익숙합니다 / 익숙해요	➡	익숙하다			
심각합니다 / 심각해요	➡	심각하다	심각하다		
보입니다 / 보여요	➡	보이다			
즐깁니다 / 즐겨요	➡	즐기다			즐길 것이다
즐겁습니다 / 즐거워요	➡	즐겁다			

○ 다음은 구어를 문어로 바꾼 어휘나 표현들입니다. 한번 살펴볼까요?

1. <u>저는</u> 이렇게 <u>생각합니다.</u> ➡ <u>나는</u> 이렇게 <u>생각한다.</u>

2. <u>저희도</u> 약속을 <u>꼭 지킬 거예요.</u> ➡ <u>우리도</u> 약속을 <u>반드시 지킬 것이다.</u>

3. 누구나 꿈을 이루고 <u>싶겠지요.</u> ➡ 누구나 꿈을 이루고 <u>싶을 것이다.</u>

4. <u>친구랑 같이</u> 도서관에 갔어요. ➡ <u>친구와 함께</u> 도서관에 갔다.

5. 이제부터 일찍 <u>일어나야지.</u> ➡ 이제부터 일찍 <u>일어나야겠다.</u>

6. <u>저한테</u> 이렇게 말했어요. ➡ <u>나에게</u> 이렇게 말했다.

7. 영화도 <u>보구</u> 쇼핑도 했습니다. ➡ 영화도 <u>보고</u> 쇼핑도 했다.

8. 그 이유가 <u>뭐냐면은</u> ➡ 그 이유가 <u>무엇이냐 하면</u>

9. <u>돈 말고</u> 사랑을 원했습니다. ➡ <u>돈이 아니라</u> 사랑을 원했다.

10. <u>되게</u> 복잡해요. ➡ <u>아주</u> 복잡하다.

11. <u>진짜</u> 좋아요. (※ 엄청, 굉장히, 완전) ➡ <u>매우</u> 좋다. (아주 좋다)

12. <u>도무지</u> 알 수가 없습니다. ➡ <u>도저히</u> 알 수가 없다.

13. <u>뭐니 뭐니 해도</u> 건강이 <u>최고</u> 중요해요. ➡ <u>무엇보다도</u> 건강이 <u>가장</u> 중요하다.

14. <u>요새</u> 채식주의자들이 많아졌어요. ➡ <u>최근</u> 채식주의자들이 많아졌다.

15. 열심히 <u>공부해 가지고</u> 합격했습니다. ➡ 열심히 <u>공부해서</u> 합격했다.

16. 어제 파티가 <u>재미있었겠군요!</u> ➡ 어제 파티가 <u>재미있었을 것 같다.</u>

17. 어제 산에 갔는데 단풍이 <u>아름답더군요.</u> ➡ 어제 산에 갔는데 단풍이 <u>아름다웠다.</u>

18. 이제부터 <u>파이팅!</u> ➡ 이제부터 <u>힘냈으면 좋겠다.</u>

19. <u>아까</u> 한 말을 믿을 수 없었어요. ➡ <u>조금 전에</u> 한 말을 믿을 수 없었다.

20. <u>이따가</u> 많이 발전할 거예요. ➡ <u>앞으로</u> 많이 발전할 것이다.

21. 우리 <u>다 같이</u> <u>노력합시다.</u> ➡ 우리 <u>모두 함께</u> <u>노력했으면 좋겠다.</u>

22. 시간이 <u>없으니까</u> 서두르세요. ➡ 시간이 <u>없으므로</u> 서둘러야 한다.

23. <u>그러니까</u> 꿈을 가지고 <u>노력하세요.</u> ➡ <u>그러므로</u> 꿈을 가지고 <u>노력하기 바란다.</u>

24. <u>당장</u> 신청해야 됩니다. ➡ <u>바로</u> 신청해야 된다.

25. <u>하도</u> 비싸서 살 수 없었어요. ➡ <u>너무</u> 비싸서 살 수 없었다.

26. 아마 이유가 <u>많을걸요</u>.	➡	아마 이유가 <u>많을 것이다</u>.
27. 어제 더워서 <u>죽을 뻔했어요</u>.	➡	어제 <u>참을 수 없을 정도로</u> 더웠다.
28. <u>힘들어서 죽겠어요</u>.	➡	<u>아주 힘들다</u>.
29. <u>비싸잖아요</u>.	➡	<u>비싸기 때문이다</u>.
30. <u>예쁘거든요</u>.	➡	<u>예쁘기 때문이다</u>.
31. <u>돈도 없고요</u>.	➡	<u>게다가 돈도 없다</u>.
32. <u>문제가 있고말고요</u>.	➡	<u>당연히 문제가 있을 것이다</u>.
33. <u>저는 10년 후에 성공하기 바랍니다</u>.	➡	<u>나는 10년 후에 성공했으면 좋겠다</u>.
34. <u>어렵습니다만</u> 재미있어요.	➡	<u>어렵지만</u> 재미있다.
35. <u>직장인 빼고 다 괜찮아요</u>.	➡	<u>직장인이 아니면 모두 가능하다</u>.
36. 비가 <u>오나 봐요</u>.	➡	비가 <u>오는 것 같다</u>.
37. 어떤 것이 <u>있어요?</u>	➡	어떤 것이 <u>있을까?</u>
38. <u>진짜 사실입니까?</u>	➡	<u>과연 사실일까?</u>
39. 비가 <u>오거든</u> 등산하지 않아요.	➡	비가 <u>오면</u> 등산하지 않는다.
40. 최근 <u>뜨고 있는</u> 가수가 있어요.	➡	최근 <u>인기를 얻고 있는</u> 가수가 있다.
41. 인기가 <u>이만저만이 아닙니다</u>.	➡	인기가 <u>아주 많다</u>.
42. 요즘 가장 <u>핫한</u> 드라마예요.	➡	<u>최근</u> 가장 <u>인기가 많은</u> 드라마이다.
43. <u>사람들에게 어필할 수 있어요</u>.	➡	<u>사람들의 관심을 끌 수 있다</u>.
44. 장점을 <u>오버해서</u> 설명했어요.	➡	장점을 <u>과장해서</u> 설명했다.
45. <u>아무튼</u>, 이것은 <u>맞는</u> 방법이 아닙니다.	➡	<u>어찌되었건</u> 이것은 <u>옳은</u> 방법이 아니다.
46. 오늘 회사에서 <u>잘렸대요</u>.	➡	오늘 회사에서 <u>해고되었다고 한다</u>.
47. <u>엄마, 아빠</u> 오래 <u>사세요</u>.	➡	<u>어머니, 아버지가</u> 오래 <u>사셨으면 좋겠다</u>.
48. 기분이 <u>짱이에요</u>.	➡	기분이 <u>아주 좋다</u>.
49. <u>열심히 공부할 걸 그랬어요</u>.	➡	<u>열심히 공부하지 않은 것을 후회한다</u>.
50. <u>얼마나 바쁜지 몰라요</u>.	➡	<u>아주 바쁘다</u>.

○ 문어체에서는 조사를 생략하면 안 됩니다. 조사가 있는 문장으로 써 보세요.

1. 사진 많이 찍었다. ➡ 사진을 많이 찍었다.

2. 회사 다니면서 스트레스 많이 받는다. ➡

3. 행복한 미래 올 것이다. ➡

4. 장점 활용하는 지혜 필요하다. ➡

5. 우리 즐거운 시간 보냈다. ➡

6. 결과보다 과정 더 중요하다. ➡

7. 어린 학생들 유학 생활 힘들어한다. ➡

8. 작년 친구 함께 제주도 갔다. ➡

9. 이번 TOPIK 시험 어려웠다. ➡

10. 표정 보면 감정 알 수 있다. ➡

11. 이유 두 가지 있다. ➡

12. 성공 위해 노력하는 사람 많다. ➡

13. 이번 학기 목표 세울 것이다. ➡

14. 한국어 배워서 선생님 되고 싶다. ➡

15. 이번 활동 통해서 알게 되었다. ➡

16. 문제 해결 가능하다. ➡

17. 자기 하고 싶은 일 해야 한다. ➡

18. 내년 대학원 입학하려고 한다. ➡

19. 이 문제 대해 생각해 봐야 한다. ➡

20. 그것 좋은 해결 방법 아니다. ➡

21. 학교 졸업한 후 책 안 본다. ➡

22. 감기 걸려서 시험 잘 못 봤다. ➡

23. 시간 나면 사진 동호회 가입할 것이다. ➡

24. 시험 합격해서 기쁘다. ➡

○ 문어체 문장은 줄여서 쓰면 안 됩니다. 다음 문장에서 쓰인 줄임말을 고쳐 쓰세요.

1. 한국어가 좀 좋아졌다. ➡ 한국어가 조금 좋아졌다.

2. 지난 학기에 <u>알바</u> 했다. ➡

3. 매일 도서관에서 <u>열공했다.</u> ➡

4. 모르는 <u>걸</u> 샘께 물어 봤다. ➡

5. 이번에 <u>합격했음</u> 좋겠다. ➡

6. 직접 한 번 보는 <u>게</u> 낫다. ➡

7. <u>뭐든</u> 시도해 보는 것이 좋다. ➡

8. 그 영화에 나왔던 배우가 <u>결혼한대요.</u> ➡

9. <u>그럼,</u> 원하는 것을 얻을 수 있다. ➡

10. <u>애들하고</u> <u>뭐</u> 할까? ➡

11. <u>근데</u> 꼭 그런 <u>건</u> 아니다. ➡

12. <u>절친하고</u> <u>얘기</u>했다. ➡

13. 몇 년 <u>새</u> 많이 달라졌다. ➡

14. <u>즐감하기 바란다.</u> ➡

15. 취업하기 위해서 <u>자소서</u>를 써야 한다. ➡

16. <u>고3들은</u> 대입을 준비해야 한다. ➡

17. 다시 도전하거나 <u>아님</u> 포기한다. ➡

18. 성적이 생각보다 잘 나와서 <u>깜놀했다.</u> ➡

19. 이번에 나온 <u>신상</u>을 <u>강추하고</u> 싶다. ➡

20. 빚을 갚지 못해 <u>신불자</u>가 됐다. ➡

21. 아버지는 작년에 <u>명퇴하셨다.</u> ➡

22. 젤 예쁜 사진을 <u>홈피</u>에 올렸다. ➡

23. <u>취준생들은</u> 스트레스를 많이 받는다. ➡

24. <u>비번</u>을 잊어버리면 돈을 찾을 수 없다 ➡

25. <u>남친</u>을 위해서 생일 파티 준비를 했다 ➡

○ 다음 글을 문어체로 바꿔서 다시 써 보십시오.

1.

> 저는 다양한 음악 장르 좋아하는데 그 중에서도 힙합 젤 좋아해요. 한국에 처음 왔을 때 K-POP밖에 몰랐어요. 근데 제 한국 절친이 힙합 대해 얘기해줘 가지고 알게 됐어요.
> 저 힙합 들을 때 기분이 완전 좋아져요. 요새 힙합 인기 많아서 듣는 분들 많을걸요. 저도 친구랑 자주 음악을 듣고 따라 하기도 해요. 힙합이 멋있을 뿐만 아니라 들으면 스트레스 풀리거든요. 뭐니 뭐니 해도 힙합이 최고예요. K-POP보다 좋은 것 같아요. 만약에 저 가수라면 힙합 가수 되고 싶어요. 앞으로 더 많이 들어야지.

_____

_____

_____

_____

_____

_____

_____

2.

> 이번 학기부터 제 생활 바빠졌어요. 수업이 하도 많아가지고 친구를 만날 시간 없어요. 되게 힘들어서 쉬고 싶어요. 근데 3시부터 4시까지 한 시간만 쉬는 시간 있어요. 기숙사에 돌아가서 당장 자고 싶은데 자면 안 돼요. 이유가 뭐냐면 아르바이트 있잖아요. 이렇게 바쁘게 생활하면 시간 낭비하지 않아서 좋은데 스트레스 많아요. 그래서 아르바이트 없을 때 영화 봐요. 그럼, 스트레스 풀려요. 제 하루 항상 바쁘고 힘들지만 이런 생활도 괜찮다고 생각해요.

_____

_____

_____

_____

_____

_____

_____

3.
> 요즘 취준생들은 스트레스 많이 받습니다. 자소서도 쓰고 면접 준비도 하는데 직장 들어가기가 쉽지 않습니다. 근데 힘들게 직장 찾아도 계속 지식 쌓고 자기개발 해야 됩니다. 계약 직원 되면 월급도 적습니다. 똑같이 일해도 차이 엄청납니다. 진짜 힘들어 죽겠습니다. 그럼, 어떻게 해야 합니까? 힘든 걸 참으면서 계속 일해야 합니까? 아님, 포기해야 합니까? 사람들은 열심히 돈 벌어 가지고 가족들이랑 행복하게 삽니다. 근데 그건 그냥 꿈입니다. 시간도 없고 사는 게 되게 피곤합니다. 정말 이런 문제 어떻게 해결해야 할지 같이 생각해 봅시다.

_____

_____

_____

_____

_____

_____

_____

_____

02 시제 바로 쓰기

문장을 쓸 때 현재를 기준으로 해서 그 일이 언제 일어난 일인지 언제 한 행동인지를 나타내는 것이 '시제' 입니다. 한국어의 시제는 크게 어렵지 않지만 시제를 놓치는 경우도 많습니다. 그럼, 문장 속에서 시제를 어 떻게 쓰는지 다시 한번 확인해 볼까요?

오전	오후	밤
과거	현재	미래

샤워했다.
아침을 먹었다.
샐러드를 만들었다.
어제 산 옷을 입었다.
전에 마셨던 커피를 마셨다.
어제 만난 사람을 생각했다.

도서관에서 공부한다.
전화를 한다.
간식을 먹고 있다.
지금 듣는 노래가 좋다.
지금 생각나는 사람이 있다.
항상 이 시간에 운동을 한다.

영화를 보면서 쉴 것이다.
샤워를 할 것이다.
숙제를 할 것이다.
내일 만날 사람에게
문자메시지를 보낼 것이다.
휴가 때 갈 여행지를
인터넷으로 검색할 것이다.

알아봅시다 1 종결 부분 시제

◦한국어의 시제는 크게 '과거-현재-미래'로 구분됩니다. 이는 말하는 때를 기준으로 나타내기도 하고 문장 안에 다른 사건이 일어난 때를 기준으로 나타내기도 합니다. 한국어의 시간 표현은 서술어에 '-ㄴ/는, -았/었, -(으)ㄹ'을 붙여 만듭니다.

			상황	시간 부사
현재	동사	-ㄴ다 -는다	① 지금 일어나는 일, 하는 행동, 상태 예 지금 배가 고프다. 그래서 밥을 먹는다. ② 습관적으로 반복하는 일 예 나는 항상 일찍 일어난다. ③ 일반적인 사실, 보편적 진리 예 한국 사람은 설날에 떡국을 먹는다. 예 봄이 오면 꽃이 핀다. ※ 미래를 대신하는 경우 예 나는 다음 주에 부산에 간다. 예 다음 달에 방학한다.	지금, 요즘 현재, 매일 매년, 항상 늘 ⋮
	형용사	-다		
	있다/없다	-다		
	이다/아니다	-다		
과거	동사	-았다 -었다 -였다	① 과거에 일어난 일, 한 행동 예 나는 어제 친구와 영화를 봤다. ② 옷차림에 대해 묘사할 때 예 그는 오늘 모자를 <u>썼다</u>. ↳ 모자를 쓴다 (×) ✔주의: '닮다, 잘생기다, 감기에 걸리다'는 주로 과거로 쓰임. 예 나는 엄마를 <u>닮았다</u>. ↳ 닮는다 (×)	어제, 작년 옛날 이미, 벌써 지난주 예전에 며칠 전 얼마 전 ⋮
	형용사			
	있다/없다			
	이다/아니다			
미래	동사	-(으)ㄹ 것이다	① 앞으로 일어날 일 예 인공지능의 발달은 우리 생활에 큰 영향을 미칠 것이다. ② 의지 예 올해부터 더 열심히 공부할 것이다. ③ 추측 예 내일은 비가 올 것이다.	내일, 내년 나중에 앞으로 ⋮
	형용사			
	있다/없다			
	이다/아니다			

→ 연습해 봅시다

○ 시제에 맞게 문장을 완성해 보세요.

1. 2년 후에 다시 한국으로 _____돌아올 것이다_____.	돌아오다
2. 나는 현재의 내 삶에 _____.	만족하다
3. 조금 전에 교실에 갔더니 _____.	아무도 없다
4. 수진 씨는 아마 요즘 결혼 준비로 _____.	바쁘다
5. 사람들은 평소에 가족의 소중함을 _____.	잊고 살다
6. 숙제는 1시간 전에 벌써 _____.	끝내다

○ 시제에 맞게 문장을 완성해 보세요.

보기　그 사람은 한 시간 후에 ___도착할 것이다___.

1. 처음 한국에 왔을 때는 김치를 못 먹었는데 지금은 _____.

2. 어제 저녁에 친구와 축구 경기를 _____.

3. 내 친구는 오늘 빨간 운동화를 _____.

4. 우리 학교에서는 매년 한국어말하기대회를 _____.

5. 요즘은 예식장에서 결혼식을 하지 않는 사람들도 _____.

6. 나는 엄마를 닮았고 언니는 _____.

7. 앞으로 날씨가 점점 _____.

8. 나는 한국어를 배운 지 _____.

◉ 문장을 완성해 보세요.

> **보기** 나는 주말에 보통 ___집안일을 하거나 집에서 영화를 본다___.

1.
> 1. 나는 주말에 보통 _____.
>
> 2. 지난 주말에 _____.
>
> 3. 나는 내년에 _____.
>
> 4. 작년 여름에 _____.
>
> 5. 요즘 사람들은 _____.

2.
> 1. 나는 어릴 때 _____.
>
> 2. 나는 매일 _____.
>
> 3. 내가 부자라면 _____.
>
> 4. 어제는 _____.
>
> 5. 나는 지금 _____.

3.
> 1. 나는 다음 학기에 _____.
>
> 2. 나는 이번 휴가 때 _____.
>
> 3. 작년 내 생일에 _____.
>
> 4. 한국에 오기 전에 _____.
>
> 5. 한국 사람은 우리나라 사람에 비해 _____.

○ 관형형의 시제는 명사를 꾸미는 서술어 뒤에 '-(으)ㄴ, -는, -(으)ㄹ, -던' 등을 붙여 만듭니다. 이때 무조건 문장 마지막에 있는 서술어의 시제를 따를 것이 아니라, 그 상황에서 ('-(으)ㄴ/는/-(으)ㄹ' 앞의 행동이 일어난 부분) 그 행동을 하고 있었는지, 했는지, 할 것인지 생각해 보고 써야 합니다.

현재	동사	-는	• 내가 사는 곳은 안동이다.
	형용사	-(으)ㄴ	• 나는 어제 친구가 우는 모습을 보았다. (친구를 본 그 때, 친구가 울고 있었다.)
	있다/없다	-는	✔ 주의: '마음에 들다', '어울리다'는 현재로 씀.
	이다/아니다	-ㄴ	예 마음에 드는 옷을 샀다. / 어울리는 옷을 입었다.
과거	동사	-(으)ㄴ	
	형용사	-던 -았/었던	• 어제 산 옷이 마음에 든다. • 어제 먹은 음식은 별로였다. • 뚱뚱했던 그 여자가 날씬해졌다. • 책상 위에 있던 책이 없어졌다. • 회사원이었던 그 사람이 여행작가가 되었다.
	있다/없다	-던, -었던	
	이다/아니다	-이던/아니던 -이었던/였던 -아니었던	
미래	동사	-(으)ㄹ	
	형용사	✕	• 이것은 내일 입을 옷이다. • 휴가 때 갈 여행지를 검색해 보았다.
	있다/없다		
	이다/아니다		

※ 표를 사는 사람이 많다. / 표를 산 사람이 많다. / 표를 살 사람이 많다.
　　　↳ 사고 있다　　　↳ 샀다　　　↳ 살 것이다

• 과거 회상

-던	완료되지 않은 일	아까 읽던 책 (다 읽지 못했다)
	과거에 자주 한 일	자주 가던 찻집 (그 찻집에 자주 갔다)
-았/었던	과거에 한 일 (특정 시기)	그때 내가 읽었던 책 (그때 읽은 적이 있다)

※ 과거 시제 비교 부분 참조(p.36)

연습해 봅시다

○ 시제에 맞게 문장을 완성해 보세요.

1. 냉장고에 _____ 먹을 _____ 음식이 없다.	먹다
2. 요즘은 영화관에 가도 _____ 영화가 없다.	볼 만하다
3. 어제 미용실에서 요즘 _____ 머리를 했다.	유행하다
4. 다음 주에 면접을 볼 때 _____ 옷을 사야 한다.	입다
5. 서울에서 지하철을 _____ 경험이 있다.	잘못 타다
6. 내일 _____ 준비물을 미리 챙겨 놓았다.	가져가다

○ 시제에 맞게 문장을 완성해 보세요.

> **보기** 어제 저녁에 ____본____ 공연은 아주 감동적이었다.

1. 나는 _____배우보다 연기를 잘하는 배우가 좋다.

2. 어제 내가 _____모습을 보고 친구가 놀랐다.

3. 외국어를 공부하는 것은 _____일이다.

4. 지난번에 인터넷으로 _____물건이 마음에 들지 않는다.

5. 우리 반에는 현재 기숙사에 _____학생들이 많다.

6. 친구에게 내가 직접 _____케이크를 선물로 주었다.

7. 불고기를 _____방법을 배우고 싶다.

8. 다음 학기에 내가 _____집을 구하고 있다.

○ 문장을 완성해 보세요.

1. 그 회사는 _____ 한국어를 할 줄 아는 _____ 사람을 찾고 있다.

2. 나는 _____ 친구가 있다.

3. 그 사람이 _____ 모습이 아주 멋있다.

4. 백화점에 _____ 옷이 없다.

5. 선생님께 _____ 차를 선물했다.

6. _____ 음식을 미리 준비해 두었다.

7. 기차가 _____ 시간이 다 되었다.

8. 인터넷으로 예매하면 _____ 좌석을 선택할 수 있다.

9. 어제 친구와 _____ 영화를 보았다.

10. 이미 _____ 버스를 잡을 수는 없다.

11. _____ 음식을 먹고 싶다.

12. _____ 책을 잃어버렸다.

13. _____ 사람과 결혼하는 것은 행복한 일이다.

14. _____ 경험이 있다.

15. _____ 계획이다.

종합 연습

○ 아래 달력을 보고 시제에 맞게 문장을 완성해 보세요.

10월

월	화	수	목	금	토	일
12	13	14	15 회식	16	17 공부	18 한국어 능력시험
19 병원	20 오늘 내 생일 친구와 저녁	21	22	23 쇼핑	24 집에 가기	25 친구 만나기
26	27	28 공연 관람	29	30 스포츠센터 등록	31	

　　10월 20일 오늘은 내 생일이었다. 저녁에 친구와 같이 ① __분위기 좋은__ 식당에서 밥을 먹었다. 오랜만에 만난 친구와 이야기하면서 즐거운 시간을 ② _____.

　　지난주에는 좀 ③ _____. 일도 해야 하고 한국어 공부도 해야 했기 때문이다. 18일에는 한국어 시험이 ④ _____. 시험은 쓰기가 좀 어려웠다. 시험 준비를 제대로 하지 못한 것 같아서 ⑤ _____. 게다가 요즘 무리해서 그런지 결국 ⑥ _____. 병원에 갔더니 의사 선생님이 과로하지 말고 푹 쉬라고 하셨다. 이번 주말에는 고향에 ⑦ _____. 집에 가기 전에 백화점에 들러서 부모님께 ⑧ _____ 선물을 살 것이다. 오랜만에 고향 친구도 ⑨ _____. 다음 주에는 동료와 뮤지컬 공연을 보러 가기로 했다. 그리고 스포츠 센터에 등록해서 수영을 ⑩ _____ 계획이다. 앞으로는 건강도 챙기면서 생활해야겠다.

→ 과거 시제 비교

- –(으)ㄴ : 완결된 상태. 현재까지 계속됨.
- –았/었던 : 그때 경험만 강조. 경험은 과거의 일로 끝남. 현재와 다른 변화의 가능성 있음.
- –던 : 그때 경험이지만 진행, 지속됐던 사실 강조. 완결의 의미 없음. 변화 가능성 있음.

				※ 비슷한 동사의 예
결혼하다	(으)ㄴ	결혼한 사람	결혼한 상태의 사람 –과거 완료 상태가 현재까지	성공하다 실패하다 합격하다
	–았/었던	결혼했던 사람	결혼한 경험이 있는 사람 –그때의 경험만 강조	
	–던	결혼하던 사람*	그때 결혼하는 중인 사람 (×)	
가다	(으)ㄴ	고향에 간 사람	고향에 가서 현재 없는 사람	오다 시작하다 출발하다
	–았/었던	고향에 갔던 사람	고향에 갔다 온 사람	
	–던	고향에 가던 사람	그때 고향에 가는 중인 사람	
되다	(으)ㄴ	성인이 된 아이	지금 성인인 아이	죽다 파괴되다, 멸종되다 나타나다, 해결되다
	–았/었던	성인이 되었던 아이*	성인이 된 경험이 있는 아이 (×)	
	–던	성인이 되던 아이*	그때 성인이 되는 중인 아이 (×)	
만들다	(으)ㄴ	내가 만든 음식	다 만든 후의 음식	하다, 먹다, 마시다 보다, 읽다, 듣다 그리다, 부르다 사용하다
	–았/었던	내가 만들었던 음식	만든 경험이 있는 음식	
	–던	내가 만들던 음식	그때 만드는 중인 음식	
입다	(으)ㄴ	내가 입은 옷	현재 내가 입고 있는 옷	앉다 신다 :
	–았/었던	내가 입었던 옷	그때 내가 입은 옷	
	–던	내가 입던 옷	예전에 내가 자주 입은 옷	

> **참고**
>
> ① 대부분의 동사는 과거에 완료된 일, 일회적인 일을 제외하고 '–던'과 '–았/었던'은 의미상 큰 차이가 없음. 어떤 것을 더 강조하느냐에 차이가 있음.
> > **예** 예전에 내가 살던 집 (과거에 '일정 기간 동안 살았다'는 것을 강조)
> > 예전에 내가 살았던 집 (과거 '특정한 때 그 집에 살았다'는 사실 강조)
>
> ② '가다'와 같은 일부 동사의 경우 함께 쓰는 어휘에 따라, '–던'과 '–았/었던'의 의미가 달라질 수 있음.
> > **예** 예전에 자주 가던 식당 (과거 '한동안' 자주 갔다)　고향에 가던 사람 (그때 가던 중이었다)
> > 예전에 자주 갔던 식당 (과거에 자주 '갔다')　고향에 갔던 사람 (갔다 왔다)

연습해 봅시다

○ 여러분은 학창시절을 떠올리면 무엇이 생각납니까? '-(으)ㄴ', '-던', '-았/었던'을 사용해서 문장을 완성해 보세요.

| 보기 | _내가 짝사랑했던 그 아이가_ | 생각난다. |

1. _____ 떠오른다.

2. _____ 먹고 싶다.

3. _____ 궁금하다.

4. _____ 그립다.

5. _____ 기억난다.

6. _____ 생각난다.

○ 단어를 이용해서 문장을 만들어 보세요.

1.	성공한	➡ 그 사람은 성공한 사업가이다.
	성공했던	➡ 그 사람은 사업을 해서 성공했던 적이 있다.
2.	읽던	➡
	읽었던	➡
3.	입은	➡
	입었던	➡
4.	간	➡
	가던	➡
5.	마신	➡
	마시던	➡

-(으)ㄹ 때	-았/었을 때
• 어떤 일이 일어나고 있는 동안 (진행)	• 과거에 어떤 일이 끝난 그때 (완료)
예 내가 밥을 먹을 때 전화가 왔다. (밥을 먹고 있을 때)	예 내가 밥을 다 먹었을 때 전화가 왔다. (밥을 다 먹은 때)
※ 어릴 때/어렸을 때, 살 때/ 살았을 때는 차이 없이 씀.	
예 나는 어릴 때 장난꾸러기였다. 나는 어렸을 때 장난꾸러기였다.	예 안동에 살 때 하회마을에 가 봤다. 안동에 살았을 때 하회마을에 가 봤다.

● **연습해 봅시다**

○ 시제에 맞게 문장을 완성해 보세요.

1. 나는 _____비가 올 때_____ 밖에 나가지 않는다.	비가 오다
2. 내가 은행에 _____ 은행 문이 닫혀 있었다.	?
3. _____ 핸드폰을 꺼야 한다.	?
4. 한국에서 _____ 음식이 입에 안 맞아서 힘들었다.	공부하다
5. 한국 사람들은 _____ 수저를 사용한다.	밥을 먹다
6. 밥을 다 _____ 지갑을 안 가지고 온 것을 알았다.	?
7. 혼자 살면 _____ 부모님 생각이 많이 난다.	?
8. 휴대 전화를 _____ 너무 당황했다.	잃어버리다
9. 교실에 _____ 숙제를 안 가지고 온 것을 알았다.	도착하다
10. _____ 친구들이 한턱내라고 했다.	장학금을 받다
11. 나는 _____ 꿈을 많이 꾼다.	잠을 자다
12. 원하는 회사의 입사시험에 _____ 아주 기뻤다.	?
13. _____ 바로 경찰에 연락했다.	교통사고가 나다

◉ 알맞은 것을 골라 문장을 완성해 보세요.

> • 스트레스를 받다　• 한국에 처음 오다　• 부모님이 보고 싶다　• 어리다
> • 감기에 걸리다　• 그 사람을 처음 보다　• 우울하다　• 학교에 가다

| 보기 | _스트레스를 받을 때_ | 운동을 하면서 스트레스를 푼다. |

1. _____　영상 통화를 한다.

2. _____　따뜻한 물을 많이 마시는 것이 좋다.

3. _____　과학자가 되고 싶었다.

4. _____　자전거를 타고 간다.

5. _____　한국의 배달 서비스가 신기했다.

6. _____　첫눈에 반했다.

7. _____　노래방에 가서 큰 소리로 노래를 부른다.

◉ '-(으)ㄹ 때', '-았/었을 때'를 사용해서 문장을 완성해 보세요.

| 보기 | 나는 | _아름다운 풍경을 볼 때_ | 행복하다. |

나는　1. _____　행복하다.

2. _____　기뻤다.

3. _____　슬펐다.

4. _____　화가 난다.

5. _____　고향이 그립다.

6. _____　외롭다고 느낀다.

시제와 관련된 제약

시제		N	예문
과거	V-(으)ㄴ	-지	한국에 온 지 벌써 1년이 지났다.
		-후에	먼저 계획을 세운 후에 실행해야 한다.
		-탓에	술을 너무 많이 마신 탓에 건강이 나빠졌다.
		-덕분에	여러 사람들이 도와준 덕분에 성공할 수 있었다.
		-채로	옷도 갈아입지 않은 채로 잠이 들었다.
		-적이 있다	나는 부모님께 거짓말을 한 적이 있다.
현재	V-는	-동안	한국에서 지내는 동안 아주 즐거웠다.
		-바람에	늦잠을 자는 바람에 지각했다.
		-길에	도서관에 가는 길에 친구를 만났다.
		-대신에	아침에 밥을 먹는 대신에 우유를 마셨다.
		-데	여행은 다양한 경험을 쌓는 데 도움이 된다.
		-법이다	시간이 흐르면 모든 것은 변하는 법이다.
미래	V-(으)ㄹ	-수록	한국어를 공부하면 할수록 재미있어진다.
		-정도로	오늘은 화장실에도 못 갈 정도로 바빴다.
		-뻔했다	급하게 뛰어가다가 넘어질 뻔했다.
		-생각/계획/예정이다	나는 졸업하자마자 취직할 생각이다.
		-필요가 있다/없다	그 문제는 어렵게 생각할 필요가 없다.
		-가치가 있다/없다	그 건물은 보존할 가치가 있다.
		-기회가 있다/없다	다시 만날 기회가 있을 것이다.
		-시간이 있다/없다	마음의 여유를 즐길 시간이 없다.
		-자신이 있다/없다	이번 시험에 합격할 자신이 있다.
		-가능성이 있다/없다	그 협상은 이루어질 가능성이 없다.

• 연습해 봅시다

◉ 한 문장으로 써 보세요.

1. 신경을 쓰다 / 필요가 없다	➡ _신경을 쓸 필요가 없다._
2. 실수를 하다 / 적이 있다	➡ _____
3. ? / 뻔했다	➡ _____
4. ? / 생각이다	➡ _____
5. 부지런한 사람이 성공하다 / 법이다	➡ _____
6. 목표를 달성하다 / 가능성이 있다	➡ _____
7. ? / 자신이 없다	➡ _____
8. ? / 시간이 없다	➡ _____

◉ _____ 에 알맞은 표현을 써 보세요.

1. 사람은 _____편해질_____ 수록 더 편해지려는 경향이 있다.

2. _____ 탓에 감기에 걸린 사람이 많다.

3. _____ 대신에 전화로 축하 인사를 전했다.

4. _____ 후에 식혜를 마시면 소화가 잘 된다.

5. 독서는 _____ 데 도움이 된다.

6. _____ 바람에 약속 시간에 늦었다.

7. _____ 덕분에 한국어 실력이 향상됐다.

8. _____ 길에 친구를 만났다.

1. 여러분은 어떤 습관이 있습니까?

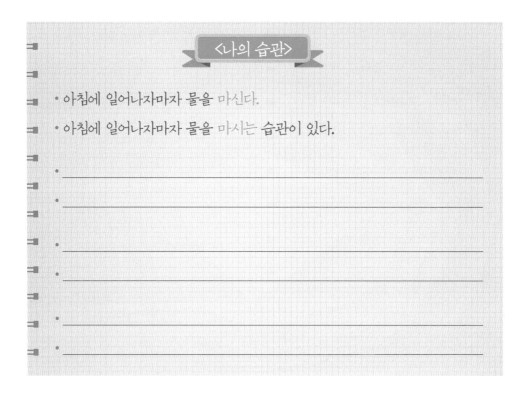

〈나의 습관〉

- 아침에 일어나자마자 물을 마신다.
- 아침에 일어나자마자 물을 마시는 습관이 있다.

2. 여러분은 인생 계획이 있습니까?

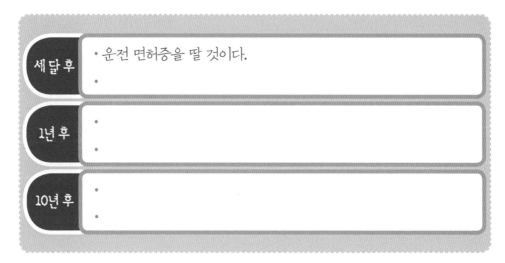

세 달 후	• 운전 면허증을 딸 것이다. •
1년 후	• •
10년 후	• •

3. 여러분의 과거 현재, 미래에 대해서 써 보세요.

과거의 나

현재의 나

미래의 나

4. 가족 형태의 변화에 대해서 써 보세요.

과거의 가족

현대의 가족

미래의 가족

03 조사 바로 쓰기

한국어로 문장을 만들기 위해서는 반드시 조사가 필요합니다. 조사는 '-이/가, -은/는, -을/를, -와/과, -도, -만, -에, -에게' 같은 것들이 있습니다. 물론 말을 할 때는 조사를 쓰지 않는 경우도 많지만 글을 쓸 때는 꼭 조사를 써야 합니다. 그리고 조사를 잘못 쓰면 문장의 의미가 달라지기 때문에 정확하게 써야 합니다. 조사를 정확히 쓸 수 있어야 한국어 문장을 제대로 쓸 수 있습니다.

○ 다음은 단어와 조사로 만든 문장들입니다. 어떤 차이가 있는지 생각해 봅시다.

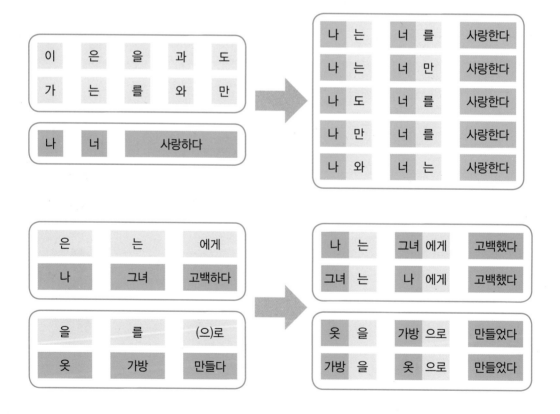

N 이/가

주어 (N)	서술어	예
N 이/가 누가? 무엇이?	동사 / 형용사	• 동생이 학교에 간다. (○) / 동생을 학교에 간다. (×) • 날씨가 좋다. (○) / 날씨를 좋다. (×) • 바다가 보인다. (○) / 바다를 보인다. (×) ※ 피동사는 주로 N 이/가 ✔ 주의: 모임, 단체, 기관 등이 주어가 될 때는 'N에서' • 정부에서 새로운 정책을 발표했다.
	있다 / 없다	• 교실에 학생이 있다. (○) / 교실에 학생을 있다. (×)
	아니다	• 이제 아이가 아니다. (○) / 이제 아이는 아니다. (×)
	되다	• 어른이 되었다. (○) / 어른은 되었다. (×)

○ 다음 두 문장을 비교해 보고 어떤 차이가 있는지 한번 생각해 보세요.

• 밥 / 먹다	밥이 먹는다. (×) 누가?	➡ 동생이 (밥을) 먹는다. (○)
• 음식 / 만들다	음식이 만든다. (×) 누가?	➡ 어머니께서 (음식을) 만든다. (○)
• 지갑 / 잃어버리다	지갑이 잃어버렸다. (×) 누가?	➡ 친구가 (지갑을) 잃어버렸다. (○)
• 일 / 하다	일이 하다. (×) 누가?	➡ 직원들이 (일을) 한다. (○)
• 용돈 / 쓰다	용돈이 쓰다. (×) 누가?	➡ 학생들이 (용돈을) 쓴다. (○)
• 책 / 필요하다	책을 필요하다. (×) 무엇이?	➡ (학생들에게) 책이 필요하다. (○)
• 여름 / 되다	여름을 되다. (×) 무엇이?	➡ 여름이 되었다. (○)

1. ( ) 안에 알맞은 'N(명사) + 이/가 (조사)'를 써 보세요.

1. 나라마다 (문화가   ) 다르다.

2. (   ) 심해서 결근했다.

3. 그 나라는 (   ) 발전했다.

4. 사람이 다치는 (   ) 발생했다.

5. 출퇴근 시간에는 (   ) 막힌다.

6. 냉장고 안에 (   ) 있다.

7. (   ) 끝났다.

8. 그 사람은 (   ) 아니다.

9. 그 친구는 유명한 (   ) 되었다.

10. (   ) 점점 더워진다.

11. 가방 안에 (   ) 없다.

12. 나는 요리에 (   ) 있다.

13. 요즘 (   ) 즐겁다.

14. 그 회사 제품은 (   ) 좋다.

15. 밖에서 (   ) 들린다.

16. 나는 (   ) 되고 싶다.

17. 산 위에서 (   ) 보인다.

18. 그 여자는 (   ) 예쁘다.

19. 시장에 가면 (   ) 싸다.

20. 4년마다 (   ) 열린다.

2. 다음 서술어에 맞는 주어를 써 보세요.

1. _____날씨가_____ 좋다.

2. _____ 필요하다.

3. _____ 심하다.

4. _____ 유창하다.

5. _____ 고장났다.

6. _____ 바뀌었다.

7. _____ 풍부하다.

8. _____ 힘들다.

9. _____ 까다롭다.

10. _____ 증가했다.

11. _____ 뛰어나다.

12. _____ 중요하다.

13. _____ 유행하고 있다.

14. _____ 가득하다.

15. _____ 다양하다.

16. _____ 생겼다.

17. _____ 부족하다.

18. _____ 편리하다.

19. _____ 떨어졌다.

20. _____ 감소했다.

N 은/는

주어 (N)	내용	예
N 은/는 누구는? 무엇은?	정보 전달과 설명	• 나는 한국에서 공부하는 외국학생이다. 　내가 한국에서 공부하는 외국학생이다. (?) • 한국은 사계절이 있다. 　한국이 사계절이 있다. (?)
	일반 상식과 진리	• 인간은 사회적 동물이다. 　인간이 사회적 동물이다. (?)
	비교와 대조 (공통점, 차이점 등)	• 연극은 무대 예술이고 영화는 영상 예술이다.
	주제어 강조	• <u>오전에</u>　<u>한국어학당에서</u>　<u>한국어를</u>　배운다. 　주제어①　　　주제어②　　　주제어③ ① <u>오전에는</u> 한국어학당에서 한국어를 배운다. ② <u>한국어학당에서는</u> 오전에 한국어를 배운다. ③ <u>한국어는</u> 오전에 한국어학당에서 배운다. ✔ 주의: '-에는, -에서는, -에게는, -와는, -(으)로는' (○) 　　　　'-이는, -가는' (×)

○ 다음 두 문장을 비교해 보고 어떤 차이가 있는지 한번 생각해 보세요.

• 한국 사람이 <u>설날에 떡국을 먹는다.</u> (?)　➡　한국 사람은 <u>설날에 떡국을 먹는다.</u> (○)
　　　정보 전달과 설명

• 사람이 <u>누구나 죽는다.</u> (?)　➡　사람은 <u>누구나 죽는다.</u> (○)
　　　일반 상식, 진리

• 인생이 <u>짧고</u> 예술이 <u>길다.</u> (?)　➡　인생은 <u>짧고</u> 예술은 <u>길다.</u> (○)
　대조　　　대조

• 꿈을 노력 없이 이룰 수 없다 (?)　➡　꿈은 노력 없이 이룰 수 없다. (○)

◦ 아래에 있는 주제어를 간단하게 소개해 보세요.

주제어	조사	설 명
1. 한국	은	산이 많고 사계절이 뚜렷하다.
2. 우리나라 사람들		
3. 우리 부모님		
4. 요즘 내 고민		
5. 올해 나의 목표		
6. 내 이상형		

◦ 사람들의 일반적인 특성 중에서 대조되는 것을 찾아 쓰고 문장을 완성하세요.

남자	액션 영화를 좋아하다	쇼핑을 싫어하다	
여자	멜로 영화를 좋아하다	쇼핑을 좋아하다	

1. 남자는 <u>액션 영화를 좋아하지만</u> 여자는 <u>멜로 영화를 좋아한다.</u>

2. _____

3. _____

기성세대			
신세대			

1. _____

2. _____

3. _____

● 강조하고 싶은 내용을 주제어로 만들어 문장을 다시 써 보세요.

1. 여름에 팥빙수를 즐겨 먹는다. 　　① 　　　②	① 여름에는 팥빙수를 즐겨 먹는다. ② 팥빙수는 여름에 즐겨 먹는다.
2. 봄에 황사가 심하다. 　① 　②	① ＿＿＿＿＿＿＿＿＿＿＿ ② ＿＿＿＿＿＿＿＿＿＿＿
3. 전화로 참가 신청을 할 수 없다. 　① 　　　②	① ＿＿＿＿＿＿＿＿＿＿＿ ② ＿＿＿＿＿＿＿＿＿＿＿
4. 부산에서 10월에 영화제가 열린다. 　① 　　② 　　③	① ＿＿＿＿＿＿＿＿＿＿＿ ② ＿＿＿＿＿＿＿＿＿＿＿ ③ ＿＿＿＿＿＿＿＿＿＿＿
5. 1층에 사무실이 있다. 　① 　　②	① ＿＿＿＿＿＿＿＿＿＿＿ ② ＿＿＿＿＿＿＿＿＿＿＿
6. 휴일에 등산을 한다. 　① 　②	① ＿＿＿＿＿＿＿＿＿＿＿ ② ＿＿＿＿＿＿＿＿＿＿＿
7. 새해에 세뱃돈을 받는다. 　① 　②	① ＿＿＿＿＿＿＿＿＿＿＿ ② ＿＿＿＿＿＿＿＿＿＿＿
8. 세일 기간에 백화점에서 그 옷을 판다. 　① 　　　② 　　③	① ＿＿＿＿＿＿＿＿＿＿＿ ② ＿＿＿＿＿＿＿＿＿＿＿ ③ ＿＿＿＿＿＿＿＿＿＿＿

• 'N이/가' 와 'N은/는' 의 차이 **1**

1. 주어 부분이 중요 정보 – N 이/가

2. 서술 부분이 중요 정보 – N 은/는

3. 비교, 대조 – N 은/는

4. 정보 제시 순서 (처음 제시 – N 이/가, 앞 정보에 대한 설명 – N 은/는)

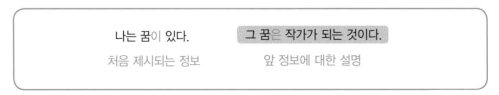

✦ 연습해 봅시다

1. 규칙적으로 생활하다 ➡ <u>규칙적으로 생활하는 것이 중요하다.</u>

   자신감을 가지다 ⟩ 중요하다 ➡ _____

   ? ➡ _____

2. 외국어 능력 ➡ _____

   정보를 많이 알다 ⟩ 필수적이다 ➡ _____

   ? ➡ _____

3. 조금씩 자주 먹다 ➡ _____

   ? ⟩ 낫다 ➡ _____

   ? ➡ _____

4. 일자리를 찾기가 어렵다 ➡ <u>요즘 청년들은 일자리를 찾기가 어렵다.</u>

   요즘 청년들 ⟨ 창업을 많이 하다 ➡ _____

   ? ➡ _____

5. 통신언어를 많이 쓰다 ➡ _____

   요즘 청소년들 ⟨ 역사에 관심이 없다 ➡ _____

   ? ➡ _____

6. 외롭다 ➡ _____

   노인들 ⟨ ? ➡ _____

   ? ➡ _____

1.　 나 　먹다 　　　좋아하다 　　⟷　　　 요리하다 　　안 좋아하다

➡　_____나는 먹는 것은 좋아하는데 요리하는 것은 안 좋아한다._____

2.　 수출 　　　늘었다 　　⟷　　　 수입 　　　줄었다

➡　_____

3.　 칭찬 받을 때 　기분이 좋다 　⟷　 야단 맞을 때 　　　?

➡　_____

4.　 옛날 　　　? 　　⟷　　　 요즘 　　　?

➡　_____

5.　 노래 　　　? 　　⟷　　　 춤 　　　?

➡　_____

6.　 ? 　　　? 　　⟷　　　 ? 　　　?

➡　_____

7. 부모님과 한 약속(이) 있다. 그 약속(은)　_____성실하고 정직하게 사는 것이다._____

8. 새로운 유행(　) 나타났다. 그 유행(　)　_____

9. 이루어야 할 목표(　) 있다. 그 목표(　)　_____

10. 아직 희망(　) 있다. 그 희망(　)　_____

11. 고향에 어릴 적 친구(　)있다. 그 친구(　)　_____

12.　　　　　? 　_____

• 'N이/가' 와 'N은/는'의 차이 **2**

○ 문장 안에서 <u>작은 주어는</u> – N이/가 (※ 큰 주어– 주로 '은/는', '이/가'도 가능)

1.

나① 큰 주어　　　　　　　**무엇을 ?**　　　　　　　보다① 큰 주어 서술어

친구② 작은 주어　　데이트하다② 작은 주어 서술어

➡ 나는　　　친구가　　　데이트 하는 것을　　　　보았다

2.

학생들① 큰 주어　　　　　**언제 ?**　　　　아르바이트를 하다① 큰 주어 서술어

돈② 작은 주어　부족하다② 작은 주어 서술어

➡ 학생들은　　　돈이　　　부족할 때　　　아르바이트를 한다

3.

어떤 ?　　　　　음식① 큰 주어　　　비빔밥이다① 큰 주어 서술어

나② 작은 주어　좋아하다② 작은 주어 서술어

➡ 내가　　　좋아하는　　　　　음식은　　　비빔밥이다

4.

그 친구① 큰 주어　　　　　**무엇이 ?**　　　　　　**어떠하다**

재능② 작은 주어　　　　　　많다② 작은 주어 서술어

① 큰 주어 서술어

➡ 그 친구는　　　　재능이　　　　　　많다

✓ 일반적으로 문장의 큰 주어는 가장 마지막에 있는 서술어를 보고 찾습니다. 그런데 이 문장의
경우에는 '재능이 많다'라는 서술절 전체가 큰 주어의 서술어가 됩니다. 이런 문장 유형에서는
서술절, '재능이 많다.'를 '재능은 많다.'로도 쓸 수 있는데 주로 대조(재능은 많은데 다른 것은
그렇지 않다)의 의미를 강조할 때 씁니다.

○ 아래 문장에서 문장의 큰 주어와 서술어, 작은 주어와 서술어를 찾아서 써 보세요.

	큰 주어, 서술어	작은 주어, 서술어
1. 나는 친구가 데이트하는 것을 보았다. ➡	나, 보았다	친구, 데이트하다
2. 그 사람은 위기가 왔을 때 잘 극복했다. ➡		
3. 나는 가족들이 건강하기를 바란다. ➡		
4. 내가 좋아하는 색깔은 파란색이다. ➡		
5. 우리는 비가 오면 경기를 취소할 것이다. ➡		

○ 작은 문장의 주어 '–이/가'에 주의하면서 문장을 만들어 보세요.

1. 나 / (사람들 / 싸우다) / 보다   ➡ <u>나는 사람들이 싸우는 것을 보았다.</u>

2. 우리 / (경제 / 좋아지다) / 소비를 많이 하다 ➡ _____

3. 그 모임 (유학생들 / 만들다) 모임이다.   ➡ _____

4. 시민들 (그 제도 / 없어지다) 아쉬워하다   ➡ _____

5. 청소년들 / (숙제 / 없다) / 좋아하다   ➡ _____

6. (나 / 어제 만난 사람) / 대학동창이다   ➡ _____

7. 그 선생님 / (학생들 / 존경하다) / 분이다   ➡ _____

8. 노인들 / (청년들 / 양보하다) / 바라다   ➡ _____

9. 불고기 / (외국인 / 좋아하다) / 음식이다   ➡ _____

10. 그 친구 / (나 / 힘들다) / 나를 도와주다   ➡ _____

11. 학생들 / (방학 / 오다) / 기다리다   ➡ _____

12. 회원들 / (개인 정보 / 유출되다) / 알다   ➡ _____

13. 나 / (친구 / 이사하다) / 도와주다   ➡ _____

14. 우리 / (눈 / 오다) / 스키를 타러 가다   ➡ _____

15. 송편 / (한국 사람들 / 추석에 먹다) / 떡이다 ➡ _____

N 을/를

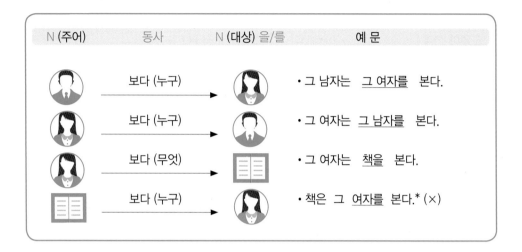

N (주어)	동사	N (대상) 을/를	예 문
	보다 (누구)		· 그 남자는 <u>그 여자를</u> 본다.
	보다 (누구)		· 그 여자는 <u>그 남자를</u> 본다.
	보다 (무엇)		· 그 여자는 책을 본다.
	보다 (누구)		· 책은 그 <u>여자를</u> 본다.* (×)

주어	동사	대상	예문
아이들	느끼다 (무엇)	공부하는 즐거움	1. <u>아이들은 공부하는 즐거움을 느꼈다.</u>
?	찾다 (무엇)	해결 방법	2. _____
그 사람	모르다 (무엇)	한국 역사	3. _____
그 친구	바꾸다 (무엇)	?	4. _____
?	후회하다 (무엇)	충동구매	5. _____
나	설명하다 (무엇)	지원동기	6. _____
요리사	만들다 (무엇)	?	7. _____
?	듣다 (무엇)	음악	8. _____
시민들	돕다 (누구)	?	9. _____
국민들	존경하다 (누구)	?	10. _____
학생들	배우다 (무엇)	?	11. _____

○ ( ) 안에 알맞은 'N(명사) + 을/를 (조사)'를 써 보세요.

1. 나는 (우리 아버지를) 존경한다.

2. 얼마 전에 ( ) 바꿨다.

3. ( ) 몰라서 편지를 못 보냈다.

4. 사람들이 ( ) 추천했다.

5. 길에서 ( ) 보았다.

6. 발표를 잘해서 ( ) 받았다.

7. 우리 선생님은 ( ) 가르치신다.

8. 심심해서 ( ) 들었다.

9. 잃어버린 ( ) 찾았다.

10. 나는 ( ) 알고 싶다.

11. 그 친구는 ( ) 도와주었다.

12. 고장 난 ( ) 고쳤다.

13. 그 할머니는 ( ) 기부했다.

14. 그 친구는 ( ) 부러워한다.

15. 여행 가기 전에 ( ) 세웠다.

16. 백화점에서 ( ) 샀다.

17. 요즘 ( ) 구하는 사람이 많다.

18. 같이 살려면 ( ) 지켜야 한다.

19. 비가 와서 ( ) 취소했다.

20. 공항에서 ( ) 기다렸다.

○ 다음 서술어를 잘 보고 문장을 완성해 보세요.

1. _자전거 타는 것을_ 좋아한다.

2. _____ 지었다.

3. _____ 절약한다.

4. _____ 낭비했다.

5. _____ 줄였다.

6. _____ 연기했다.

7. _____ 모았다.

8. _____ 도와주었다.

9. _____ 쌓았다.

10. _____ 깨달았다.

11. _____ 안다.

12. _____ 지켰다.

13. _____ 풀었다.

14. _____ 받았다.

15. _____ 검색했다.

16. _____ 감상했다.

17. _____ 느꼈다.

18. _____ 맡겼다.

19. _____ 졸업했다.

20. _____ 조사했다.

→ N에 / N에서

1. 장소 안에서 행동이 있을 때와 없을 때

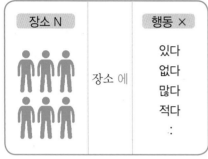

장소 N		행동 ×
	장소 에	있다 없다 많다 적다 :

※ N에 살다 (주거 중심)

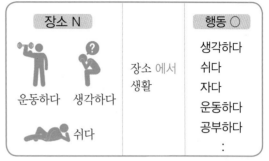

장소 N		행동 ○
운동하다 생각하다 쉬다	장소 에서 생활	생각하다 쉬다 자다 운동하다 공부하다 :

※ N에서 살다 (생활, 활동 중심)

2. 그 곳으로 향할 때와 그 곳에서 나올 때

대상 N		
의자, 침대 무대, 칠판 휴지통, 쇼핑, 모임 활동, 경기, 역사 회의, 주장, 시험 외국어 공부, 연구 취미생활 :	N 에	앉다, 눕다, 서다 쓰다, 버리다, 놓다 넣다, 돈을 쓰다 가입하다, 참여하다 참석하다, 참가하다 반대하다, 동의하다 필요하다, 지각하다 합격하다, 입학하다 집중하다, 빠지다 관심을 가지다 :

대상 N		
중국, 교실 자리, 서울 일상, 모임 높은 곳 시민의 참여 작은 마을 :	N 에서	오다 나오다 가져오다 일어나다 출발하다 벗어나다 떨어지다 비롯되다 시작되다 :

3. 시간, 날짜

시간 N		✔ 주의: 'N에'를 쓸 수 없는 경우
아침, 오전, 오후 밤, 저녁, 지난주 다음 주, 다음 달 작년, 내년, 옛날 방학, 휴가, 생일 쉬는 시간, 기념일	N 에	• 지금에 (×) • 지금 (○) • 현재에 (×) • 현재 (○) • 어제에 (×) • 오늘에 (×) • 내일에 (×) • 올해에 (×) • 그때에 (×) • 그날에 (×) • 매일에 (×) • 방학 때에 (×) • 방학 때 (○) • 방학에 (○) • 처음에 (×) 보았다 ※ 처음에는 싫었지만 나중에는 좋았다. (○)

◦ 다음 문장을 보고 알맞은 조사에 ◯하세요.

1. 기숙사 옆 (에 / 에서) 있는 도서관 (에 / 에서) 공부한다.

2. 우체국은 어학원 2층 (에 / 에서) 있는데 거기 (에 / 에서) 소포를 보낸다.

3. 내 방 (에 / 에서) 책상이 있지만 책상 (에 / 에서) 공부하지 않는다.

4. 내가 자리 (에 / 에서) 앉자마자 그 친구가 자리 (에 / 에서) 일어났다.

5. 학교 근처 (에 / 에서) 카페가 많은데 나는 그 카페 (에 / 에서) 자주 간다.

6. 외국 (에 / 에서) 온 유학생들은 처음에는 대부분 기숙사 (에 / 에서) 산다.

7. 교실 (에 / 에서) 아무도 없었지만 나는 교실 (에 / 에서) 친구들을 기다렸다.

8. 집이 학교 (에 / 에서) 멀리 떨어져 있지만 그 학생은 학교 (에 / 에서) 일찍 온다.

9. 우리는 먼 곳 (에 / 에서) 행복을 찾지만 행복은 가까운 곳 (에 / 에서) 있다.

10. 회의 (에 / 에서) 참가한 대부분의 사람들이 그 사람의 말 (에 / 에서) 동의했다.

◦ ( ) 안에 알맞은 'N(명사) + 에/에서 (조사)'를 써 보세요.

1. 매일 (식당에서) 점심을 먹는다.

2. 나는 ( ) 가입했다.

3. 나는 매일 ( ) 일어난다.

4. ( ) 휴지를 버렸다.

5. ( ) 앉아서 쉬었다.

6. ( ) 낙서를 하면 안 된다.

7. ( ) 담배를 피우면 안 된다.

8. ( ) 방학이 시작된다.

9. 사전은 ( ) 필요하다.

10. 그 사람은 ( ) 동의했다.

11. ( ) 돈을 넣었다.

12. 오후에 ( ) 참석했다.

13. 가족들이 모두 ( ) 모였다.

14. 나는 ( ) 관심이 없다.

15. 책을 ( ) 놓아두었는데 없다.

16. ( ) 운동했다.

17. 친구와 ( ) 가서 쇼핑했다.

18. 집에 가는 길에 ( ) 들렀다.

19. 최근 ( ) 빠졌다.

20. 원숭이가 ( ) 떨어졌다.

연습해 봅시다

○ 다음 'N(명사)+에/에서'를 이용해 문장을 만들어 보세요.

> • 경험 • 광고 • 생활 • 신문 • 역사 • 회의 • 말하기 대회
> • 드라마 • 도시 • 시골 • 시험 • 동호회 • 주장 • 약속
> • 쇼핑 • 방학 • 기념일 • 모임 • 선거 • 영화 • 인생
> • 현대 사회 • 그 여행 • 분야(방면) • 꿈 • 인터넷 • 기억

> ＋   • 에
>   • 에서

1. 그 분은 오랜 경험에서 나온 이야기를 해 주셨다.

2. _____

3. _____

4. _____

5. _____

6. _____

7. _____

8. _____

9. _____

10. _____

11. _____

12. _____

13. _____

14. _____

→ N 에게

• 주어의 행동이 대상을 향할 때

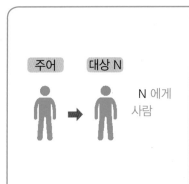

가다, 좋다, 나쁘다, (도움을, 피해를, 영향을) 주다,
묻다, 질문하다, 말하다, 가르치다, 전화하다,
선물하다, 소개하다, 전하다, 인사하다, 설명하다,
(이메일, 문자 메시지를) 보내다, (편지를) 쓰다,
맡기다, 약속하다, 자랑하다, 고백하다, 실망하다,
부탁하다, 조언하다, 충고하다, 권하다, 추천하다,
지시하다, 감사하다, 양보하다, 사과하다, 알리다,
보여주다, 들려주다, 빌려주다, 보답하다, 명령하다

❍ 서로 어울리는 것을 찾아서 연결하고 문장을 완성하세요.

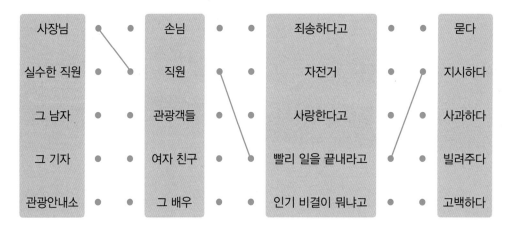

1.   사장님이 직원에게 빨리 일을 끝내라고 지시했다.

2.

3.

4.

5.

◑ 다음 형식에 맞게 문장을 완성해 보세요.

| 누가
누구는 | 누구에게 | 무엇을
누구를 | ? |

1. _____ 한국 학생들이 외국 학생들에게 도움을 _____ 주었다.

2. _____ 가르쳐 주었다.

3. _____ 맡겼다.

4. _____ 추천했다.

5. _____ 알려주었다.

6. _____ 보여주었다.

7. _____ 물려주었다.

| 누가
누구는 | 누구에게 | –다고 / –냐고
–(으)라고 / –자고 | ? |

1. _____ 그 직원은 동료들에게 같이 일하자고 _____ 제안했다.

2. _____ 부탁했다.

3. _____ 충고했다.

4. _____ 약속했다.

5. _____ 물었다.

6. _____ 주의를 주었다.

7. _____ 문자를 보냈다.

→ N (으)로

1. 방향		• 나는 이번 휴가에 가족들과 제주도로 여행을 떠난다.
		• 이 문제가 바람직한 방향으로 해결되기를 바란다.
		• 모두가 반대하는 쪽으로 의견을 모았다.
2. 재료		• 이 책상은 나무로 만들었다.
		• 직접 키운 포도로 포도주를 담갔다.
		• 쌀로 만든 떡으로 떡국이나 떡볶이 같은 음식을 만들 수 있다.
3. 변화 교환		• 기온이 올라가니까 얼음이 물로 변했다.
		• 오늘 은행에 가서 달러를 한국 돈으로 바꿨다.
		• 비가 오지 않아 그 지역이 건조한 사막으로 변했다.
4. 방식		• 그 안내원은 친절한 목소리로 관광지를 안내해 주었다.
		• 그 학생은 항상 진지한 태도로 수업을 듣는다.
		• 그 사람은 당당한 태도와 미소로 사람들의 마음을 얻었다.
5. 수단 방법		• 다른 사람들은 볼펜을 많이 쓰지만 나는 연필로 쓴다.
		• 연필로 쓴 글씨는 지우개로 쉽게 지울 수 있다.
		• 그 사람은 자전거로 제주도를 한 바퀴 돌았다.
6. 신분 자격		• 나는 다음 학기에 교환학생으로 미국에 갈 것이다.
		• 그 선수는 이번 월드컵에서 국가대표로 선발되었다.
		• 이번에 한국 대학교에서 장학생으로 공부하게 되었다.
7. 명성		• 제주도는 한라산과 귤과 돌하르방으로 유명하다.
		• 파리는 에펠탑으로 유명하다.
		• 그 영화배우는 모두에게 사랑받는 국민배우로 알려져 있다.
8. 원인		• 그 친구는 어제 아침에 교통사고로 허리를 다쳤다.
		• 시험공부로 스트레스를 받는 학생들이 많다.
		• 겨울이 되면 독감으로 병원을 찾는 사람들이 많아진다.

◉ 다음에 제시된 단어로 조사에 주의하면서 문장을 만들어 보세요.

1. 사람들 / 휴대 전화 / 게임하다	➡ _사람들은 휴대전화로 게임한다._
2. ? / 물건 / 보내다	➡ _____
3. 아르바이트 / ? / 벌다	➡ _____
4. 중국 / ? / 유명하다	➡ _____
5. 자전거 / 출퇴근하는 사람 / 많다	➡ _____
6. ? / 말하다 / 어렵다	➡ _____
7. 그 직원 / ? / 손님을 대하다	➡ _____
8. ? / 백화점 / 옷 / 사다	➡ _____
9. 인터넷 / 정보 / 검색하다	➡ _____
10. ? / 교통사고 / 많이 나다	➡ _____
11. 그 사람 / 회사 / 인턴 / 일하다	➡ _____
12. 지구 온난화 / 기후 변화가 심하다	➡ _____
13. ? / 집 / 짓다	➡ _____
14. 나뭇잎 / ? / 변하다	➡ _____
15. 행복했던 그때 / 돌아가고 싶다	➡ _____
16. ? / 1시간 쯤 / 걸리다	➡ _____
17. 큰 옷 / ? / 바꾸다	➡ _____
18. ? / 단어 / 찾다	➡ _____
19. ? / ? / ?	➡ _____
20. ? / ? / ?	➡ _____

➔ N 와/과

• 두 대상의 나열, 비교, 상호 작용

대상 N
보라색, 청바지
5년 전의 현실 그 나라의 역사
이상, 옛날, 말
그 여자는 　　그 남자 나는 　　　　그 친구 사장님은 　　직원들 선생님은 　　학생들

N 와/과

대상 N	서술어
회색, 티셔츠	어울리다
지금의 현실 우리나라의 역사	같다 비슷하다
현실, 지금, 행동	다르다
결혼하다, 이혼하다, 싸우다, 화해하다, 약속하다, 살다, 같이 일하다, 악수하다, 나누다, 닮다, (즐거운 시간을) 보내다, 놀다, 이야기하다	

◉ 서로 어울리는 것을 찾아서 연결하고 문장을 완성해 보세요.

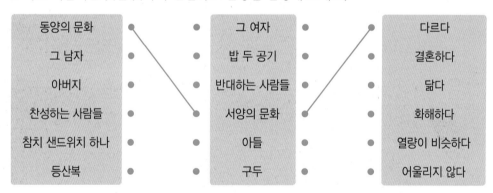

동양의 문화	그 여자	다르다
그 남자	밥 두 공기	결혼하다
아버지	반대하는 사람들	닮다
찬성하는 사람들	서양의 문화	화해하다
참치 샌드위치 하나	아들	열량이 비슷하다
등산복	구두	어울리지 않다

1. <u>동양의 문화와 서양의 문화는 다르다. / 동양의 문화는 서양의 문화와 다르다.</u>

2. _____

3. _____

4. _____

5. _____

6. _____

o 다음 형식을 보고 자유롭게 문장을 완성해 보세요.

누가 누구는 무엇이 무엇은	누구와 무엇과	무엇이 무엇을 무엇에(서) 무엇에 대해서	

1. ＿＿＿＿＿＿ 나는 밤새도록 친구와 이야기를 ＿＿＿＿＿＿ 나누었다.

2. ＿＿＿＿＿＿＿＿＿＿＿＿＿＿＿＿＿＿＿＿＿＿ 토론했다.

3. ＿＿＿＿＿＿＿＿＿＿＿＿＿＿＿＿＿＿＿＿＿＿ 비슷하다.

4. ＿＿＿＿＿＿＿＿＿＿＿＿＿＿＿＿＿＿＿＿＿＿ 보냈다.

5. ＿＿＿＿＿＿＿＿＿＿＿＿＿＿＿＿＿＿＿＿＿ 협상을 했다.

6. ＿＿＿＿＿＿＿＿＿＿＿＿＿＿＿＿＿＿＿＿＿＿ 다르다.

7. ＿＿＿＿＿＿＿＿＿＿＿＿＿＿＿＿＿＿＿＿＿＿ 닮았다.

8. ＿＿＿＿＿＿＿＿＿＿＿＿＿＿＿＿＿＿＿＿ 거의 같다.

9. ＿＿＿＿＿＿＿＿＿＿＿＿＿＿＿＿＿＿＿＿ 함께 했다.

10. ＿＿＿＿＿＿＿＿＿＿＿＿＿＿＿＿＿＿＿ 주고받았다.

11. ＿＿＿＿＿＿＿＿＿＿＿＿＿＿＿＿＿＿＿ 관련이 있다.

12. ＿＿＿＿＿＿＿＿＿＿＿＿＿＿＿＿＿ 의견이 일치했다.

13. ＿＿＿＿＿＿＿＿＿＿＿＿＿＿＿＿＿＿ 차이를 보였다.

14. ＿＿＿＿＿＿＿＿＿＿＿＿＿＿＿＿＿＿ 맞지 않는다.

15. ＿＿＿＿＿＿＿＿＿＿＿＿＿＿＿＿＿＿ 잘 통한다.

소유 소속	• 친구의 가방 • 제주도의 바람 • 어머니의 반지 • 이 학교의 학생들 • 다문화 가정의 아이들	✔ 주의 ① '나의 N' → '내 N'으로 줄여 쓸 수 있다. 　예 나의 책 → 내 책
정도 속성	• 최고의 위치 • 최선의 결과 • 대부분의 사람들 • 노력의 정도 • 여러 가지 원인 중의 하나 • 생명의 고귀함	② '부모님, 선생님, 학교, 나라' 등은 '우리'를 쓰고 　'의'는 생략한다. 　예 나의 어머니 → 우리 어머니 ③ '의'는 한번만 사용한다. 　예 과학 기술의 발달의 특징 　　　→ 과학 기술 발달의 특징
주체 대상	• 한국 사람들의 식습관 • 우리 사회의 문제 • 나의 결심 • 문화의 차이 • 우리 역사의 연구	④ 'N(장소) N(장소)'의 경우 '의'는 쓰지 않는다. 　예 학교의 도서관 → 학교 도서관 　　　공원의 화장실 → 공원 화장실

○ 아래 두 명사를 조사 '의'를 써서 연결해 봅시다.

인터넷, 무한 경쟁
환경 보호, 사고, 삶
한국어, 단어, 한국사람
사고방식, 현대사회
성공, 교육, 인구, 최선

의

원인, 차이
특징, 발달, 시대
기준, 증가, 의미
조건, 성격, 효과
가치, 문제, 노력
필요성

➡ 한국어의 특징, _____

_____

_____

_____

_____

N도 / N만

	N이 하나 이상일 때	✔ 주의
N도 (추가)	• 나는 한국어를 배운다. • 나도 (나, 친구, 동생…) 한국어를 배운다. • 나는 한국어도 (한국어, 중국어, 영어…) 배운다. • 나는 한국어를 배우기도 (배우다, 가르치다…) 한다.	① '에/에서/에게'와 함께 쓸 수 있다. 단, '이/가, 은/는, 을/를'과 함께 쓸 수 없다. 예 사람이도 / 사람이만 (×) 　　사람을도 / 사람을만 (×) ② 한 문장에 두 번 사용할 수 없다. 예 나도 한국어도 배운다. (×) 　　나만 한국어만 배운다. (×) ③ 명사 없이 사용할 수 없다. 예 도 좋아한다. (×) 　　나도 좋아한다. (○)
N만 (유일)	**다른 것은 대상에서 제외될 때** • 나는 한국어를 배운다. • 나만 (나 ○ 친구 × 동생 ×) 한국어를 배운다. • 나는 한국어만 (한국어 ○ 중국어 × 영어 ×) 배운다. • 나는 한국어를 배우기만 (배우다 ○ 가르치다 ×) 한다.	

◯ 조사 'N도, N만'을 이용해서 어울리는 표현을 써 보세요.

1. 보통 사람들은 ___야채도___ 먹고 ___고기도___ 먹지만 '채식주의자'는 ___야채만___ 먹는다.

2. 최근 유명한 관광지로 떠오른 그 섬에는 _____ 갈 수 있고 배로도 갈 수 있다.

3. 예전에는 아무데서나 담배를 피울 수 있었지만 요즘은 _____ 피울 수 있다.

4. 월요일부터 금요일까지 수업이 있고 _____ 수업이 있다.

5. 말하기 대회에는 _____ 참가할 수 있다. 한국 사람은 참가할 수 없다.

6. 시험에 합격한 후, 너무 기분이 좋아서 _____ 연락하고 _____ 연락했다.

7. 누구나 인터넷으로 신청할 수 있다. 하지만 인터넷이 안 되면 _____ 신청할 수 있다.

8. 그 회사는 _____ 모집하고 초보자는 모집하지 않아서 기회가 없었다.

9. 취직을 잘하려면 학벌도 중요하지만 _____ 중요하다.

10. 무슨 나쁜 소식을 들었는지 말은 하지 않고 _____ 했다.(울다)

11. 그 학생은 시험공부는 하지 않고 _____ 했다.(놀다)

12. 우리는 식탁에 앉아 대화도 없이 _____ 했다.(먹다)

과거와 달라진 생활 ('N만'과 'N도'를 사용해서 써 보세요.)

1. 옛날에는 우체국에서만 물건을 부칠 수 있었는데 요즘은 편의점에서도 보낸다.

2. _____

당신이 이해하기 어려운 상황과 행동들 ('N만'을 사용해서 써 보세요.)

1. 그 사람은 돈을 거의 쓰지 않고 모으기만 한다.

2. _____

인공지능 로봇이 할 수 있는 일 ('N도'를 사용해서 써 보세요.)

1. 인공지능 로봇은 의사 대신 수술도 할 수 있다. (수술을 할 수도 있다.)

2. _____

스트레스가 쌓이는 행동들 ('N만'을 사용해서 써 보세요.)

1. 화가 나는데도 참기만 하면 스트레스가 쌓인다.

2. _____

스마트폰으로 할 수 있는 일 ('N도'를 사용해서 써 보세요.)

1. 스마트폰으로 TV도 보고 영화도 볼 수 있다.

2. _____

참고 자료 ①

◉ 그래프를 설명할 때 자주 쓰는 표현들입니다.

①	내 용	표 현
현황	현재 상태	현재 N은/는 전체의 ~%를 차지하고 있다. (차지한다)
증가	낮음 ➡ 높음	N은/는 ~%에서 ~%로 증가했다. (늘었다/늘어났다)
감소	높음 ➡ 낮음	N은/는 ~%에서 ~%로 감소했다. (줄었다/줄어들었다)
원인	이유 설명	이런 현상이 생겨난 이유로 (두, 세..)가지를 들 수 있다. (첫째, 둘째..) ___N___ 에 원인(이유)이 있다. / A/V −기 때문이다 (첫째, 둘째..) ___A/V___ (으)ㄴ/는 데 그 원인(이유)이 있다. (첫째, 둘째..) ___A/V___ (으)ㄴ/는 데서 그 이유를 찾을 수 있다.
예상 전망	이후 전망	앞으로 −(으)ㄹ 것으로 / 보인다, 예상된다 기대된다, 전망된다
대책	해결 방법	−(으)ㄹ 필요가 있다 / N이/가 필요할 것으로 보인다. 따라서 (그러므로) V −기 위해서 −아/어야 한다.

보기 | 아동 · 청소년 비만 인구의 증가 −원인과 대책

현황	증감 정도	원인	예상, 대책
• 아동 · 청소년 비만 인구 20% • 진료비 증가 ➡	2010년 15% 2015년 20% ➡	• 패스트푸드 선호 • 운동 부족 ➡	• 비만 인구 증가 추세 • 식습관 바꾸기 • 운동 시간 의무화

　비만 인구가 증가하고 있다. 특히 아동 · 청소년의 비만 인구가 계속 증가해서 전체 비만 인구의 20%를 차지한다. 그로 인해 아동 · 청소년의 비만 진료비도 올라가고 있다. 청소년 비만 인구는 2010년 15%에서 2015년 20%로 5년 사이에 5%나 증가했다.

　이렇게 비만이 증가하는 이유로 두 가지를 들 수 있다. 첫째 패스트푸드를 선호하는 데서 그 원인을 찾을 수 있다. 어릴 때부터 패스트푸드에 길들여진 아이들은 쉽게 해결할 수 있는 한 끼로 이런 음식들을 즐겨 먹는다. 그리고 둘째, 운동 부족에도 원인이 있다. 청소년들은 공부하느라고 운동할 시간이 없기 때문에 비만 인구는 앞으로도 계속 증가할 것으로 보인다.

　따라서 비만을 줄이기 위해서는 다양한 식단을 개발해서 식습관을 바꿔 주고 규칙적으로 운동할 수 있는 시간을 만들어 줘야 한다.

2	내 용	표 현
방법	기관, 사람, 주제	____에서 ___을/를 대상으로 '_____'에 대한 조사를 실시했다.
내용 비교 분석	모든 수치, 순위	조사 결과에 따르면 N이/가 ~% / ~1 (2, 3)위를 차지했다.
	가장 높음	N이/가 ~%로 가장 높게 나타났다. / 1위를 차지했다.
	순위	N이/가 그 뒤를 이었다. / 이어서 N ~%, N ~% 순으로 나타났다.
	가장 낮음	N이/가 ~%로 가장 낮게 나타났다.
	(기대보다 높음/낮음)	~%에 이르렀다. / -에 불과했다. -에 그쳤다. -에 머물렀다.
	50% 전·후	N은/는 절반 수준(이상)인 ~%로 나타났다.
	동일 (유사)	N은/는 동일한 수준(비슷한 수준)인 ~%로 나타났다.
	대조	반면에~, 이와 달리~, N와/과 달리~ N에 비해 N은/는 ~%로 나타났다. / 조사되었다.
전체 해석	조사 결과 정리	조사 결과 -(으)로 나타났다. -(으)로 조사되었다.
	자료에 근거한 객관적 해석	이번 조사 결과를 통해 _____다는 것을 알 수 있다. 이번 조사 결과를 통해 _____(으)ㅁ을 알 수 있다.

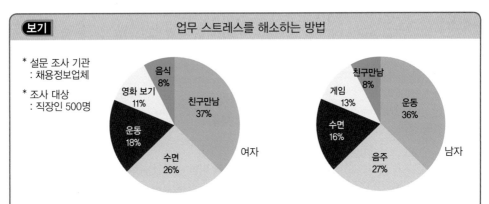

보기   업무 스트레스를 해소하는 방법

* 설문 조사 기관
 : 채용정보업체

* 조사 대상
 : 직장인 500명

여자
음식 8%
영화 보기 11%
친구만남 37%
운동 18%
수면 26%

남자
친구만남 8%
게임 13%
운동 36%
수면 16%
음주 27%

　　최근 한 채용 정보업체에서 직장인 500명을 대상으로 업무 스트레스를 해소하는 방법에 대한 설문 조사를 실시했다. 조사 결과에 따르면 여자의 경우, '친구 만남'이 37%로 가장 높게 나타났으며 이어서 '수면' 26%, 운동 18%, 영화 보기 11% 순으로 이어졌다. 반면에 남자는 여자와 달리 '운동'이 36%로 가장 높았으며 다음은 음주 27%, 수면 16%, 게임13%로 나타났다. 또한 여자는 음식이 8%, 남자는 친구 만남이 8%에 그쳐 가장 낮은 것으로 조사되었다.
　　이번 조사 결과를 통해 여자는 사람들과의 만남으로, 남자는 주로 신체적 활동으로 스트레스를 해소하는 것으로 나타나 서로 차이가 있음을 알 수 있다.

연습해 봅시다

1.

현황	증감 정도	원인	예상 및 대비
자전거 이용자 1300만 시대	2011년 700만 2015년 1300만	• 건강관리에 좋음 • 스트레스 해소	• 증가 추세 이어질 것 • 전용 도로 확대, 정비 • 안전 의식 강화 필요

_____

_____

_____

_____

_____

2.

* 설문 조사 기관
  : 결혼정보업체

* 조사 대상
  : 미혼 남녀 1,000명

〈배우자를 선택하는 조건〉

■ 성격 ■ 경제력 ■ 외모 ■ 사랑

	성격	경제력	외모	사랑
여자	28%	35%	20%	17%
남자	40%	25%	20%	15%

_____

_____

_____

_____

_____

3. 현재 대도시에서 가장 흔히 볼 수 있는 가족의 형태는 부부와 미혼 자녀로 구성된 가족입니다. 하지만 다가오는 2030년에는 1인 가구 또는 2인 가구가 더 큰 비중을 차지할 것으로 전망됩니다. 이런 변화의 모습을 아래의 그래프를 보고 설명해 보세요. 그리고 그 원인과 대책에 대해서도 한번 써 보세요.

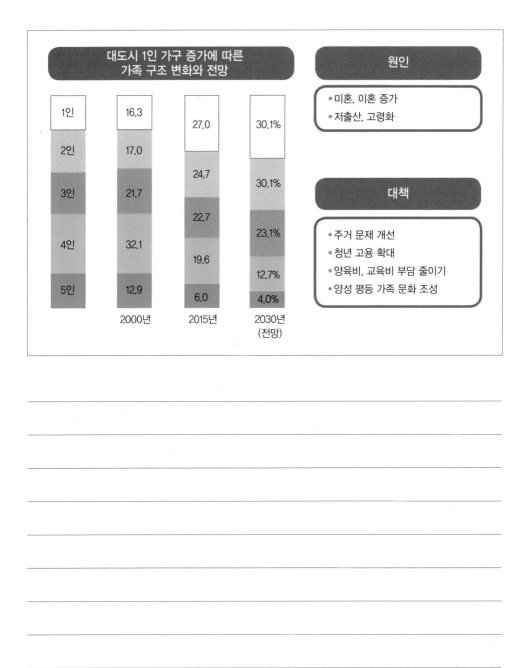

참고 자료 2

◉ 자주 쓰지만 틀리기 쉬운 표현들입니다. 다시 확인해 보세요.

	예 문
1. N에 대해(서)	• 우리는 관심분야에 대해서 이야기를 나누었다.
2. N(으)로 인해(서)	• 지나친 경쟁으로 인해서 스트레스를 받는 사람이 많다.
3. N에도 불구하고	• 부모님의 반대에도 불구하고 결혼을 하기로 했다.
4. N에 비해서	• 작년에 비해서 올해는 비가 많이 오지 않는 편이다.
5. N에 비하면	• 고등학교 때에 비하면 지금은 시간적 여유가 있다고 할 수 있다.
6. N에 반해(서)	• 수입에 반해 소비를 많이 한다.
7. N에 따라	• 지역에 따라 쓰는 말이 다르다.
8. N에 따르면(의하면)	• 일기예보에 따르면 내일 비가 올 거라고 한다.
9. N에 따라서(의해서)	• 성적에 따라서 입학 여부가 결정된다.
10. N와/과 달리	• 젊은 세대들은 기성세대와 달리 감정을 솔직하게 표현한다.

N에 지각하다 (늦다)	N에 참가(참석/참여)하다	N에 들다 (가입하다)
N에 익숙하다	N에 맞다 / N에 좋다, 나쁘다	N에 적응하다
N에 자신이 있다	N에 능통하다	N에 열중하다 (몰두하다)
N에/에게 관심이 많다	N에/에게 관심을 보이다	N의 관심을 끌다
N에/에게 달려있다	N에 중점을 두다	N에/에게 어울리다
N에/에게 영향을 주다	N에/에게 도움을 주다	N에/에게 피해를 주다
화가 나다 / 화를 내다	사고가 나다 / 사고를 내다	힘이 나다 / 힘을 내다
시간이 나다 / 시간을 내다	용기가 나다 / 용기를 내다	겁이 나다 / 겁을 내다
관심이 있다 / 관심을 가지다	취미가 있다 / 취미를 가지다	여유가 있다 / 여유를 가지다
일이 즐겁다 / 일을 즐기다	눈물이 흐르다 / 눈물을 흘리다	마음이 맞다 / 마음에 들다
여행을 가다 (떠나다)	길을 가다 / 다리, 바다, 강을 건너다	일을 맡다 (맡기다)
생각을 하다 / 생각이 들다	시간이 흐르다 / 시간을 보내다	기억을 하다 / 기억에 남다
시험에 합격하다 / 떨어지다	학교에 입학하다 / 학교를 졸업하다	감기에 걸리다 / 감기가 낫다

○ 알맞은 조사를 써서 한 문장으로 만들어 보세요.

1. 남자 / 그 여자 / 사랑 / 고백하다	➡ <u>남자는 그 여자에게 사랑을 고백했다.</u>
2. 이 제품 / 기능 / 다양하다	➡ _____
3. 학교 근처 / 싸고 맛있는 음식 / 많다	➡ _____
4. 출퇴근 시간 / 교통 / 복잡하다	➡ _____
5. 제주도 / 바다 / 아름답다	➡ _____
6. 사고방식 / 차이 / 조사하다	➡ _____
7. 어른들 / 아이들 / 마음 / 잘 모르다	➡ _____
8. 직원들 / 성실한 태도 / 일하다	➡ _____
9. 청년들 / 일자리 / 구하고 있다	➡ _____
10. 학생들 / 예술 교육 / 필요하다	➡ _____
11. 우리 / 한국 문화 / 관심 / 많다	➡ _____
12. 우리 / 그 문제 / 관심 / 가지고 있다	➡ _____
13. 그 일 / 적성 / 맞다	➡ _____
14. 처음 / 자유 / 느끼다	➡ _____
15. 식습관 / 건강 / 영향을 주다	➡ _____
16. 나 / 작년 / 대학원 / 졸업하다	➡ _____
17. 스트레스 / 두통 / 생기다	➡ _____
18. 그 사람 / 항상 / 약속 / 늦다	➡ _____
19. 하고 싶은 일 / 잘하는 일 / 다르다	➡ _____
20. 나 / 친구 / 가족 사진 / 보여주다	➡ _____

종합 연습 2

o 다음 줄임말을 조사가 있는 완전한 문장으로 써 보세요.

1. 결혼관 변화와 이혼율 증가. ➡ <u>결혼관이 변하고 있고 이혼율도 증가하고 있다.</u>

2. 일회용품 사용 제한 결정. ➡ _____

3. 야간 이용 어려움. ➡ _____

4. 사진 촬영 금지. ➡ _____

5. 소통하는 분위기 조성 노력. ➡ _____

6. 큰 일교차, 감기 환자 늘어. ➡ _____

7. 성장률 하락 전망. ➡ _____

8. 기술 분야 집중 투자 약속. ➡ _____

9. 서울 지역 전세난 심각. ➡ _____

10. 자전거 이용 인구 급증. ➡ _____

11. 환경 문제 개선 방안 마련. ➡ _____

12. 주민들 케이블카 설치 반대. ➡ _____

13. 다양한 주거 방식 제안. ➡ _____

14. 화장품, 선물 선호품목 1위. ➡ _____

15. 전화 접수 불가. ➡ _____

16. 경제 활성화 대책 모색. ➡ _____

17. 출산율 저하 비상. ➡ _____

18. 세심한 관리, 주의 필요. ➡ _____

19. 운동 시설 부족 문제 해결. ➡ _____

20. 삶의 질 향상 기대. ➡ _____

21. 복지 제도 발달. ➡ _____

22. 새로운 방법 도입. ➡ _____

23. 안전시설 의무화 바람직. ➡ _____

24. 점심 무료 제공. ➡ _____

25. 헬멧 착용, 부상 예방 가능. ➡ _____

○ 여러분은 여행을 좋아하십니까? 여러분이 여행한 곳을 [보기]와 같이 써 보세요.

1.

1. 여행지 : 안동
2. 언제 : 지난 주말
3. 교통수단 : 버스 (소요 시간 : 3시간)
4. 누구와 : 친구들
5. 음식 : 간고등어 정식
6. 볼거리 : 하회마을 – 하회 탈춤, 한국 전통 혼례
7. 체험과 감상 : 한국 전통 문화 체험

> **보기**   지난 주말에 맛있는 음식도 먹을 겸, 전통 마을도 구경할 겸 친구들과 안동에 다녀왔다. 서울에서 안동까지 버스로 3시간쯤 걸렸다. 우리는 안동에 도착하자마자 버스터미널 근처에 있는 식당에서 간고등어 정식을 먹고 하회마을로 갔다. 하회마을은 옛 모습이 잘 보존되어 있는 곳이었다. 하회 탈춤과 한국 전통혼례도 볼 수 있었다. 하회 탈춤은 처음 봤는데 나오는 인물들도 재미있고 춤도 독특했다. 전통 혼례 또한 전통적인 모습이 더 많이 남아 있었다. 이번 여행을 통해 한국 전통 문화를 체험할 수 있어서 좋았다.

2.

1. 여행지 : _____
2. 언제 : _____
3. 교통수단 : _____
4. 누구와 : _____
5. 음식 : _____
6. 볼거리 : _____
7. 체험과 감상 : _____

_____
_____
_____
_____
_____
_____

04 피동 바로 쓰기

어떤 행동에는 행동하는 주체가 있고 그 주체의 영향을 받는 대상이 있습니다. 문장을 쓸 때는 주체를 중심으로 볼 수도 있고 대상을 중심으로 볼 수도 있는데 이때 서술어가 달라집니다. 같은 결과를 어떻게 다르게 표현할 수 있는지 한번 생각해 봅시다.

○ 다음 상황은 어떻게 표현해야 할까요?

누가 도둑을 잡았는가?

도둑은 어떻게 됐는가?

➡ 경찰이 도둑을 잡았다.

도둑이 _____ ?

누가 의자를 만들었는가?

의자는 어떤 상태인가?

➡ 목수가 의자를 만들었다.

의자가 _____ ?

누가 문을 잠갔는가?

문은 어떤 상태인가?

➡ 관리인이 문을 잠갔다.

문이 _____ ?

○ '능동'은 주어가 직접 행동하는 것을 말합니다. 하지만 '피동'은 주로 어떤 사람의 행동이 다른 사람에게 영향을 미치는 것을 말합니다. 또는 그 행동을 누가 했는지 별로 중요하지 않거나 알 수 없을 때 영향을 받은 사람이나 사물을 중심으로 피동 표현을 사용합니다. 그럼, 피동 표현은 어떻게 만드는지 알아볼까요?

• 피동문을 만드는 방법

1. -이-, -히-, -리-, -기-

경찰이	도둑	을	잡았다	(능동문)
	도둑	이	잡혔다	(피동문)

-이-		-히-		-리-		-기-	
보다	보이다	닫다	닫히다	걸다	걸리다	쫓다	쫓기다
놓다	놓이다	밟다	밟히다	열다	열리다	감다	감기다
쓰다	쓰이다	막다	막히다	풀다	풀리다	끊다	끊기다
잠그다	잠기다	찍다	찍히다	팔다	팔리다	안다	안기다
모으다	모이다	꽂다	꽂히다	물다	물리다	담다	담기다
바꾸다	바뀌다	잡다	잡히다	듣다	들리다	씻다	씻기다

2. V -아/어지다 (※ 'A-아/어지다'는 상태 변화)

친구는	꿈	을	이루었다	(능동문)
	꿈	이	이루어졌다	(피동문)

-아/어지다							
만들다	만들어지다	그리다	그려지다	쏟다	쏟아지다	밝히다	밝혀지다
켜다	켜지다	깨다	깨지다	버리다	버려지다	알리다	알려지다
끄다	꺼지다	찢다	찢어지다	정하다	정해지다	떨어뜨리다	떨어지다
지우다	지워지다	꾸미다	꾸며지다	주다	주어지다	지키다	지켜지다
믿다	믿어지다	세우다	세워지다	느끼다	느껴지다	이루다	이루어지다

3. -되다 / -받다 / -당하다

| 그 기업이 | 아파트 | 를 | 건설했다 | (능동문) |
| 그 기업이 | 아파트 | 가 | 건설되었다 | (피동문) |

-되다		-받다		-당하다	
시작하다	시작되다	칭찬하다	칭찬받다	배신하다	배신당하다
해결하다	해결되다	인정하다	인정받다	무시하다	무시당하다
건설하다	건설되다	주목하다	주목받다	해고하다	해고당하다
실시하다	실시되다	존경하다	존경받다	실직하다	실직당하다
구성하다	구성되다	비난하다	비난받다	공격하다	공격당하다
포함하다	포함되다	처벌하다	처벌받다	거절하다	거절당하다
중단하다	중단되다	사랑하다	사랑받다	금지하다	금지당하다
파괴하다	파괴되다	교육하다	교육받다	이용하다	이용당하다

4. V-게 되다

| 나는 | 고향 | 을 | 떠났다 | (능동문) |
| 나는 | 고향 | 을 | 떠나게 되었다 | (피동문) |

-게 되다					
좋아하다	좋아하게 되다	잘하다	잘하게 되다	가다	가게 되다
지원하다	지원하게 되다	만나다	만나게 되다	그만두다	그만두게 되다
취직하다	취직하게 되다	알다	알게 되다	헤어지다	헤어지게 되다
준비하다	준비하게 되다	일하다	일하게 되다	떠나다	떠나게 되다

✓ 주의

① 피동문에서 행동한 주어를 밝힐 때 : 사물 + 에, 사람 + 에게, 사물/사람 + 에 의해
하지만 이렇게 쓰인 문장은 어색한 경우가 많아서 잘 쓰지 않는다.
  예 스트레스가 나에게 (나에 의해) 풀렸다. (×), 날씨가 좋아서 산이 나에게 잘 보였다. (×)

② 반드시 피동 표현이 필요한 곳 외에는 능동 표현을 쓰는 것이 좋다.
  예 손이 자주 씻겨야 한다. (×) ➡ 손을 자주 씻어야 한다. (○)

③ 피동문은 보통 'N이/가 N(피동사)'로 쓰지만, '잡히다', '밟히다', '물리다' 등은 'N을/를'과
같이 쓸 수 있다.
  예 도둑이 (경찰에게) 팔을 잡혔다. (○)

○ 알맞은 단어를 골라 '피동' 또는 '능동' 문장을 완성해 보세요.

의문	문	쥐	김치	직원	담배	꿈	길	내용	전화번호
커피	진실	가수	불	슬픔	축제	소리	장소	촬영	아르바이트

1. _____의문이_____ 풀렸다.

2. 한국 사람처럼 _____ 좋아하게 되었다.

3. 여행 갈 _____ 정해야 한다.

4. 그 책에는 다양한 _____ 포함되었다.

5. 드디어 _____ 이루었다.

6. 주말에는 _____ 많이 막힌다.

7. 고양이가 _____ 잡았다.

8. 힘들어서 _____ 그만두게 되었다.

9. 이번 영화제에 유명한 _____ 초대되었다.

10. 밤에 이상한 _____ 들었다.

11. 박물관 안에서는 _____ 금지되어 있다.

12. 건강이 나빠져서 _____ 끊었다.

13. 엄마 잃은 아이를 보고 _____ 느꼈다.

14. 6시 이후에는 모든 _____ 잠근다.

15. 12시가 되면 _____ 자동으로 꺼진다.

16. 가을이 되면 _____ 시작될 것이다.

17. 사장님이 _____ 해고했다.

18. 기자의 취재로 _____ 밝혀졌다.

19. 최근에 _____ 바뀌었다.

20. 실수로 옷에 _____ 쏟았다.

풀리다	밟다	켜다	보이다	처벌받다	해결하다	떨어지다	개선되다	가게 되다	안다
세워지다	만들다	팔리다	열다	초대하다	느껴지다	닫히다	끊기다	거절당하다	찍히다

1. 피로가 _____풀렸다._____

2. 가구를 _____

3. 불을 _____

4. 엄마가 아기를 _____

5. 새로 나온 스마트폰이 많이 _____

6. 멀리 바다가 _____

7. 너무 늦어서 지하철이 _____

8. 산이 있던 자리에 학교가 _____

9. CCTV에 얼굴이 _____

10. 실수로 다른 사람의 발을 _____

11. 최근에 기름 값이 _____

12. 자동으로 문이 _____

13. 회사일로 출장을 _____

14. 파티에 사람들을 _____

15. 고민하던 문제를 _____

16. 어렵게 한 부탁을 _____

17. 한국 사람의 정이 _____

18. 그 자동차의 단점이 _____

19. 법을 위반하면 _____

20. 진실한 대화를 위해 마음을 _____

◐ 알맞은 단어를 골라 문장을 완성해 보세요.

1.	• 어려운 시기일수록 위기를 기회로 ___바꾸는___ 지혜가 필요하다. • 오랫동안 몸에 밴 습관은 쉽게 _____않는다.	바꾸다 바뀌다
2.	• 졸업 후 한동안 연락이 _____ 친구한테서 최근 다시 연락이 왔다. • 인사도 하지 않고 전화를 _____ 것은 예의에 어긋난 행동이다.	끊다 끊기다
3.	• _____ 것을 전부 믿으면 안 된다. • 백 번 듣는 것보다 한번 _____ 것이 낫다.	보다 보이다
4.	• 멀리서 _____ 아이의 울음소리를 듣고 밖으로 나갔다. • 요즘 젊은 사람들이 _____ 노래는 10년 전에 유행했던 노래이다.	듣다 들리다
5.	• 다수의 의견으로 _____ 규정을 쉽게 바꿀 수는 없다. • 세종대왕이 _____ 한글은 과학적인 문자로 알려져 있다.	만들다 만들어지다
6.	• 세대 간의 갈등을 _____ 방법들을 고민해 봐야 한다. • 그 문제가 _____ 려면 많은 시간과 노력이 필요하다.	해결하다 해결되다
7.	• 부탁을 _____ 사람은 상처를 받을 수 있다. • 상대방의 기분을 상하지 않게 하면서 _____ 방법을 찾아야 한다.	거절하다 거절당하다

◐ 문장을 만들어 보세요.

1.	이루다	➡
	이루어지다	➡
2.	알리다	➡
	알려지다	➡
3.	풀다	➡
	풀리다	➡
4.	모으다	➡
	모이다	➡
5.	정하다	➡
	정해지다	➡
6.	해결하다	➡
	해결되다	➡

알아봅시다 2

● 피동 동사에 '–아/어 있다'를 붙이면 '어떤 상태의 지속, 유지'의 의미가 있습니다. 주로 '걸리다, 놓이다, 닫히다' 등과 같이 쓰이고, 사물의 상태를 설명할 때 많이 씁니다.

V –아/어 있다 피동 상태의 지속	닫혀 있다, 열려 있다, 켜져 있다, 꺼져 있다, 잠겨 있다, 쓰여 있다, 달려 있다 놓여 있다, 담겨 있다, 쌓여 있다, 펴져 있다, 걸려 있다, 안겨 있다, 세워져 있다 섞여 있다, 떨어져 있다, 버려져 있다, 깨져 있다, 찢어져 있다, 풀려 있다…
	✔ 주의 • 문이 닫혔다. – 누군가 문을 닫았다. 그래서 문이 닫혔다. (사실 강조) 　문이 닫혀 있다. – 닫힌 이후 그대로 있다. (현재 상태 강조)

● 제시된 단어를 이용해서 '–아/어 있다'로 문장을 완성해 보세요.

닫히다	열리다	잠기다	켜지다	꺼지다	쌓이다	놓이다	세워지다
버려지다	쓰이다	섞이다	걸리다	깨지다	꽂히다	담기다	떨어지다

1. 주말에는 가게 문이 _____ 닫혀 있는 _____ 곳이 많다.

2. 다음 날 출근하니까 컴퓨터가 _____.

3. '쨍'하는 소리가 들려서 가 보았더니 창문 유리가 _____.

4. 그 여자는 가방이 _____ 것도 모르고 걷고 있었다.

5. 아침에 일어나 창밖을 보니까 밤새 내린 눈이 땅에 _____.

6. 관람객들이 돌아간 후 그 공연장에는 수많은 쓰레기들이 _____.

7. 무슨 일이 있는지 친구의 휴대폰이 하루 종일 _____.

8. 한국어 교실에는 다양한 국적의 사람들이 _____.

9. 그 헌책방의 한쪽 벽에는 화가의 그림이 _____.

10. 10년 만에 찾은 고향에는 밭이 있던 자리에 고층 빌딩이 _____.

11. 길에 _____ 지갑을 발견하자마자 경찰서에 갖다 주었다.

12. 어머니가 보내주신 반찬통에는 김장 김치가 가득 _____.

13. 모두 퇴근했는지 사무실에 문이 _____.

14. 탁자 위에 화분이 _____.

15. 건물 입구에 '주차금지'라는 문구가 크게 _____.

16. 그 학자의 서재에는 낡고 오래된 책들이 가득 _____.

◎ 다음 사진을 보고 알맞은 말을 골라 문장을 완성해 보세요.

> • 달리다   • 놓이다   • 꽂히다   • 닫히다   • 켜지다

1.

① 스탠드가 _____켜져 있다_____.

② 액자가 _____.

③ 책이 _____.

④ 창문이 _____.

⑤ 커튼이 _____.

> • 달리다   • 걸리다   • 쌓이다   • 놓이다   • 펴지다

2.

① 전구가 _____.

② 옷이 _____.

③ 크리스마스 트리가 _____.

④ 책이 _____.

⑤ 우산이 _____.

> • 꺼지다   • 쓰이다   • 담기다   • 풀리다   • 놓이다

3.

① 촛불이 _____.

② 메모가 _____.

③ 선물 상자가 _____.

④ 선물 상자 끈이 _____.

⑤ 빵이 바구니에 _____.

써 봅시다 1

○ '–아/어지다' 혹은 '–게 되다'를 사용해 짧은 글을 써 보세요.

1.

| 한국 유학 생활 | 한국에서 유학 생활을 한 지 5년이 되었습니다. 이 학생이 어떻게 달라졌을지 써 보세요. |

- 한국어를 잘하게 됨
- 한국 문화를 잘 알게 됨
-
-

이제 한국어를 잘하게 되었다. 그리고

2.

| 삶을 바꾼 결혼 생활 | 결혼을 해서 아이가 생겼습니다. 이 사람은 결혼하기 전과 후가 어떻게 달라졌을지 써 보세요. |

- 책임감을 가지게 됨
- 일찍 귀가하게 됨
-
-

3.

| 환경 운동가의 삶 | 환경운동가가 되었습니다. 그래서 생활 방식도 많이 바뀌었습니다. 이 남자는 어떻게 달라졌을지 써 보세요. |

- 물을 아껴 쓰게 됨
- 나무를 많이 심게 됨
-
-

○ 다음은 상담 기록입니다. '–당하다'를 사용해 상담 일지를 써 보세요.

1.

| • 무시 | • 거절 | • 해고 | •(금지) | • 배신 |

| • 게임을 좋아하는 청소년 | • 실직자 | • 무능한 회사원 |
| • 고백에 실패한 남자 | • 친구를 믿었던 여자 | |

나는 심리 상담가다. 첫 번째 손님은 게임을 좋아하는 청소년이었는데 게임 중독으로 성적이 떨어져서 게임을 금지당했다고 했다.

_____

_____

_____

_____

_____

○ 댐 건설의 진행 과정입니다. '–되다'를 사용해 그 과정을 설명해 보세요.

2.

| •(시작) | • 중단 | • 파괴 | • 악화 | • 실시 | • 보도 |

| • 건설 시작 | • 언론 ? | • 건설 ? |
| • 환경 ? | • 여론 ? | • 환경보호사업 ? |

몇 년 전, 우리 고향에는 댐 건설 때문에 논란이 많았다. 댐 건설이 시작되고 나서 환경이 많이 _____

_____

_____

_____

_____

_____

o 다음의 정보를 이용해서 [보기]와 같이 소개해 주세요.

보기  에펠탑은 프랑스 파리에 세워진 건축물로서 1889년 3월 31일에 완공되었다. '에펠탑'이라는 이름은 이것을 만든 프랑스 기술자의 이름을 따서 지어졌다고 한다. 세워질 당시에는 파리의 경치를 해친다고 해서 많은 비판을 받았지만, 지금은 세계적으로 유명한 관광 명소가 되었다.

시기: ・조선시대　・1395년 완공됨.

이름: 경복(景福)은 '큰 복을 가지게 된다.'라는 뜻.

소개: ・정치 문제로 처음에는 제 역할을 못했지만 세종 때부터 중요한 역할을 하게 됨.
　　・한국의 대표적인 관광 명소

05 사동 바로 쓰기

어떤 행동을 할 때 스스로 하는 경우도 있고 누가 그렇게 하도록 만든 경우도 있습니다. 각각의 경우를 다르게 써야 하는데 이때 서술어뿐만 아니라 문장 구조도 바뀌게 됩니다. 그럼 한번 살펴볼까요?

◉ 다음의 상황은 어떻게 표현해야 할까요?

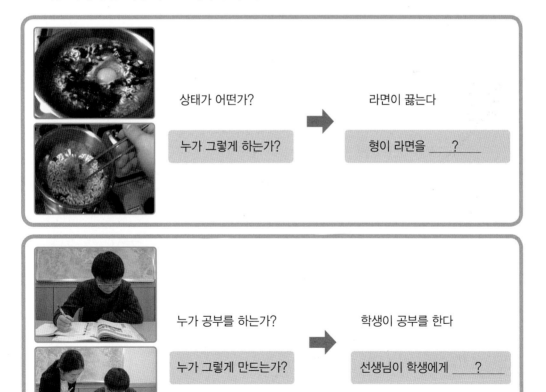

상태가 어떤가?

누가 그렇게 하는가?

→ 라면이 끓는다

형이 라면을 ___?___

누가 공부를 하는가?

누가 그렇게 만드는가?

→ 학생이 공부를 한다

선생님이 학생에게 ___?___

• 알아봅시다

◉ '주동'은 주어가 스스로 행동하는 것을 말합니다. 하지만 '사동'은 주어가 다른 대상에게 무엇을 하게 하거나 다른 대상을 어떤 상태로 만들 때 사용합니다. 그럼 사동문은 어떻게 만드는지 살펴볼까요?

• 사동문을 만드는 방법

1. -이-, -히-, -리-, -기-, -우- , -추-, -구- , -애-

	룸메이트가	깼다	(주동문)
나는	룸메이트를	깨웠다	(사동문)

-이-		-히-		-리-		-기-	
끓다	끓이다	입다	입히다	늘다	늘리다	남다	남기다
먹다	먹이다	앉다	앉히다	돌다	돌리다	벗다	벗기다
보다	보이다	읽다	읽히다	마르다	말리다	숨다	숨기다
속다	속이다	눕다	눕히다	살다	살리다	웃다	웃기다
죽다	죽이다	넓다 Ⓐ	넓히다	오르다	올리다	안다	안기다
붙다	붙이다	밝다 Ⓐ	밝히다	알다	알리다	맡다	맡기다
높다 Ⓐ	높이다	좁다 Ⓐ	좁히다	울다	울리다	씻다	씻기다

-우-				-추-		-구-	
깨다	깨우다	자다	재우다	늦다	늦추다	돋다	돋구다
비다	비우다	쓰다	씌우다	낮다 Ⓐ	낮추다	-애-	
서다	세우다	타다	태우다	–	–	없다	없애다

2. -시키다

	학생이	발표(를)	했다	(주동문)
선생님이	학생에게	발표(를)	시켰다	(사동문)

−시키다					
감동하다	감동시키다	청소하다	청소시키다	향상되다	향상시키다
변화하다	변화시키다	공부하다	공부시키다	오염되다	오염시키다
발전하다	발전시키다	운동하다	운동시키다	배달하다	배달시키다

3. −게 하다

	아이는	밥을	먹었다	(주동문)
엄마는	아이에게	밥을	먹게 했다	(사동문)

−게 하다					
공부하다	공부하게 하다	배우다	배우게 하다	가다	가게 하다
일하다	일하게 하다	만들다	만들게 하다	사과하다	사과하게 하다
찾다	찾게 하다	먹다	먹게 하다	못 하다	못 하게 하다

• '−시키다' 와 '−게 하다'의 차이

−시키다	N	• 주어가 대상의 행동에 직접적인 영향을 미침.	• N은/는 N을/를 N시키다 • N은/는 N에게 N을/를 시키다
			• 그 이야기는 우리를 감동시켰다. • 선생님은 우리에게 발표를 시켰다. (직접 지시, 명령하는 경우)
−게 하다	A	• 주어가 대상의 상태에 간접적인 영향을 미침.	• N은/는 N을/를 V−게 하다 • N은/는 N에게 N을/를 V−게 하다
			• 그 이야기는 우리를 행복하게 한다.
	V	• 주어가 대상의 행동에 간접적인 영향을 미침.	• 선생님은 학생에게 발표를 하게 한다.
	V	• 주어가 대상에게 행동을 허용 또는 금지하는 것.	• 선생님은 학생에게 게임을 못 하게 했다.

① '-이-, -히-, …'에는 직접적인 의미가 있지만 '-게 하다'에는 간접적인 의미가 있다.

예 어머니가 아이에게 옷을 입혔다.　　※ 어머니가 직접 옷을 입혀 줌.

　　어머니가 아이에게 옷을 입게 했다.　　※ 어머니가 직접 옷을 입혀준 것이 아님.

② '-시키다'는 'N을/를 시키다'로 쓸 수 있다.

예 공부시켰다. (○)　공부를 시켰다. (○)

③ 문장 성분의 관계를 잘 봐야 한다.

예 그 정책이 교육 환경을 변화했다. (×)　　※ '정책'이 변화한 것이 아님.

　　↳ 그 정책이 교육 환경을 변화시켰다. (○)

● 연습해 봅시다

○ 알맞은 단어를 골라 문장을 완성해 보세요. 조사와 같이 쓰세요.

휴지통	예약	아이	정원	세탁기	구인 광고	냄새	택시	친구	약속 시간
옷	능률	사람	불	빨래	추억	능력	조건	일	음성메시지

1. 나는 _____휴지통을_____ 비웠다.

2. 동기는 일의 _____ 높인다.

3. 주말에 _____ 돌렸다.

4. 그는 몸에 밴 _____ 없앴다.

5. 세탁소에 맡긴 _____ 찾으러 갔다.

6. 좁은 _____ 넓히고 꽃도 심었다.

7. 죽은 _____ 살릴 수는 없다.

8. 방이 어두워서 _____ 밝혔다.

9. 어머니가 _____ 재웠다.

10. 일이 생겨서 _____ 조금 늦췄다.

11. 장마철에는 _____ 잘 말려야 한다.

12. _____ 세우고 짐부터 실었다.

13. 통화를 못해서 _____ 남겨 놓았다.

14. 나는 잠이 든 _____ 깨워 주었다.

15. _____ 키우기 위해 열심히 해야 한다.

16. 게시판에 _____ 붙였다.

17. 그 사람은 옛 _____ 떠올렸다.

18. 그 회사는 자격 _____ 낮췄다.

19. 친구가 나에게 _____ 취소하게 했다.

20. 상사가 직원에게 _____ 시켰다.

죽이다	속이다	낮추다	읽히다	울리다	숨기다	줄이다
웃기다	높이다	넓히다	없애다	밝히다	올리다	늘리다

1. 사람_____을 죽인_____ 그 범인이 경찰_____을 속이고_____ 도망갔다고 한다.

2. 경기가 나빠져서 국민들이 소비 _____ 니까 정부는 소비 _____ 려고 노력했다.

3. 감동과 웃음이 있는 그 다큐멘터리는 사람들 _____ 고 _____.

4. 음악 소리가 잘 안 들려서 소리 _____ 니까 시끄럽다고 _____ 달라고 한다.

5. 아이의 성적 _____ 려면 먼저 아이들에게 책 _____ 다.

6. 내 방이 너무 좁아서 내 방 _____ 기 위해 필요 없는 베란다 _____.

7. 그 기자는 그가 무엇인가 _____ 고 있다고 느끼고 사실 _____ 려고 노력했다.

�‎ 알맞은 단어를 골라 문장을 완성해 보세요.

1.	• 지금 _____사는_____곳이 어디냐고 물어보았다. • 졸업하면 전공을 _____직장을 구하고 싶다.	살다 살리다
2.	• 우연히 주운 지갑을 지하철 분실물 센터에 _____. • _____ 일에 최선을 다하는 사람이 성공한다.	맡다 맡기다
3.	• 공정한 채용을 위해 그 회사는 학력과 성별을 쓰는 부분을 _____. • 늦게 공부를 시작하신 할아버지는 배움에는 나이가 _____ 다고 하신다.	없다 없애다
4.	• 올해는 경기가 좋아져서 기업들이 일자리를 많이 _____. • 그래서 취업률도 많이_____.	늘다 늘리다
5.	• 신문은 사람들에게 새로운 소식과 유용한 정보를_____준다. • 그 사람의 소식을 _____ 면 좀 _____ 달라고 부탁했다.	알다 알리다
6.	• 긍정적인 태도로 장애를 극복한 그 사람의 이야기는 세상을 _____. • 나는 한 인간의 죽음을 다룬 그 영화를 보고 무척 _____.	감동하다 감동시키다
7.	• 한국어 실력을 _____ 기 위해 쓰기 연습을 꾸준히 했다. • 하지만 실력이 생각보다 빨리 _____ 않아서 속상했다.	향상되다 향상시키다

● 문장을 만들어 보세요.

1.	웃다	➡	
	웃기다	➡	
2.	줄다	➡	
	줄이다	➡	
3.	높다	➡	
	높이다	➡	
4.	남다	➡	
	남기다	➡	
5.	오르다	➡	
	올리다	➡	
6.	발전하다	➡	
	발전시키다	➡	
7.	배우다	➡	
	배우게 하다	➡	
8.	변화하다	➡	
	변화시키다	➡	
9.	하다	➡	
	못 하게 하다	➡	
10.	?	➡	
	?	➡	

→ 써 봅시다 1

○ 다음 상황을 보고 '-게 하다/-시키다'를 사용해 짧은 글을 써 보세요.

1. **스타 만들기**

여러분은 연예기획사 사장입니다. 가수 지망생을 스타로 만들기 위해서는 어떻게 해야 할지 써 보세요.

> 먼저 노래와 춤 연습을 하게 할 것이다. 그리고 _____

- 노래와 춤 연습
- 발음 교정
- 말하기 연습
-

2 **건강한 몸 만들기**

건강이 좋지 않은 사람이 있습니다. 여러분이 건강 전문가라면 어떻게 해야 이 사람을 건강하게 할 수 있을지 써 보세요.

- 규칙적인 운동
- 건강한 음식 먹기
-
-

3 **아이 키우기**

방학이 되었습니다. 여러분이 아이의 부모님이라면 어떻게 하겠습니까? '하게 할 것'과 '못 하게 할 것'을 써 보세요.

- 하루 1시간 게임
-
-
-

○ '환경 오염 문제의 심각성과 해결 방안'에 대해 써 보세요.

[문제 상황]	[방안]	[표현]
• 이상고온현상 / 나타나다 • 동물들 / 멸종 위기에 처하다 • 인간 / 식량 위기에 놓이다	• 시민 의식 / 깨우다 • 음식물 쓰레기 / 줄이다 • 쓰레기 불법 배출 벌금 / 올리다	• –아/어야 하다 • –(으)ㄹ 필요가 있다 • –이/가 중요하다

보기

	최	근		환	경		오	염	이		심	각	한		문	제	가		되
고		있	다	.	이	상	고	온	현	상	이		나	타	나	서		동	물
들	은		멸	종		위	기	에		처	하	고		인	간	은		식	량
위	기	에		놓	였	기		때	문	이	다	.							
	따	라	서		이	를		해	결	하	기		위	해	서	는		시	민
의	식	을		깨	우	고		음	식	물		쓰	레	기	를		줄	여	야
한	다	.	또		쓰	레	기		불	법		배	출	에		대	한		벌
금	을		올	려	야		한	다	.										

(20 / 100)

○ 현대 사회에 필요한 리더가 되기 위해서 어떻게 해야 하는지 써 보세요.

[특징]	[방법]	[표현]
• 다양한 인종 / 같이 살다 • 경쟁 / 치열하다 • 무역 / 활발하다	• 전문성 / 키우다 • 리더십 / 향상시키다 • ?	• –아/어야 하다 • –(으)ㄹ 필요가 있다 • –이/가 중요하다

(20 / 100 / 200 — 빈 원고지)

06 호응 바로 쓰기

한국어에는 반드시 같이 써야 하는 표현들이 있는데, 이를 '호응'이라고 합니다. 호응을 모르면 정확한 문장을 쓰기가 어렵기 때문에 글을 쓸 때는 이 부분에 특히 주의를 기울여야 합니다. 그럼 호응에는 어떤 것들이 있는지 함께 살펴볼까요?

○ 소셜미디어(SNS)란 무엇입니까?

소셜미디어란	의사소통이나 정보 공유를 도와주는 인터넷 서비스	이다 를 말한다
그 특징은	사용자들이 스스로 여러 정보를 공유한	다는 것이다
이용할 때 중요한 것은	개인 정보가 유출되지 않도록 조심하는 것	이다

알아봅시다 **1**

◉ 문장은 여러 문장 성분이 적절하게 어울려서 완전해집니다. 그래서 주어와 서술어의 '호응'이 중요하다고 할 수 있는데, 특히 한국어에서 주어는 문장의 처음에 오고 서술어는 문장의 끝에 오기 때문에 문장이 길어질수록 실수하기가 쉽습니다. 그럼 호응의 예를 한번 살펴볼까요?

• 주어와 서술어의 호응

정의	• N(이)란 [-은/는] N을/를 말한다. • N(이)란 [-은/는] N이다.	• 인재란 능력이 뛰어난 사람을 말한다. • 언어는 소통을 위한 수단이다.
특징 (장점, 단점, 긍정적인 면, 부정적인 면)	• N의 특징은 -다는 것이다. • N은/는 -다는 특징이 있다. • N은/는 -다는 데 특징이 있다.	• 한국어의 특징은 높임말이 발달했다는 것이다. • 한국어는 높임말이 발달했다는 특징이 있다. • 한국어는 높임말이 발달했다는 데 특징이 있다.
	• N은/는 N이다. • A/V -것은 A/V -것이다.	• 중요한 것은 사람에 대한 믿음이다. • 중요한 것은 사람에 대한 믿음을 잃지 않는 것이다.
대등	✔ 중요한 것은 비판적인 태도를 가진다. (×) $$\boxed{\begin{array}{c} A \\ \text{가장 중요한 것} \end{array}} = \boxed{\begin{array}{c} B \\ \text{비판적인 태도} \\ \text{비판적인 태도를 가지는 것} \end{array}}$$ • 연구자에게 가장 중요한 것은 비판적인 태도이다. • 연구자에게 가장 중요한 것은 비판적인 태도를 가지는 것이다.	

✔ 주의

① 주어가 장소일 때는 '곳', 사람일 때는 '사람'을 쓴다. '것'을 쓰지 않는다.
　예 학교란 스스로 생각하는 힘을 기르는 것이다. (×)
　　➡ 학교란 스스로 생각하는 힘을 기르는 곳이다. (○)

② 주어와 서술어의 관계를 잘 봐야 한다.
　예 나의 장점은 발이 넓다. (×–주어 '장점'이 넓은 것이 아님)
　　➡ 나의 장점은 발이 넓다는 것이다. (○)
　올해 목표는 시험에 합격한다. (×–주어 '목표'가 합격하는 것이 아님)
　　➡ 올해 목표는 시험에 합격하는 것이다. (○)

연습해 봅시다

다음 문장을 보고 틀린 부분을 고쳐 쓰세요.

> **보기** 신입사원에게 필요한 것은 적극적인 태도를 <u>가진다.</u> _가지는 것이다._

1. 감시카메라 설치의 장점은 범죄를 <u>예방할 수 있다.</u> _____

2. 철학자는 이 세계에 대해 호기심과 의문이 <u>많은 것이다.</u> _____

3. 내 친구의 장점은 <u>성실하다.</u> _____

4. 성공이란 꿈을 <u>이룬다.</u> _____

5. 가장 중요한 것은 돈을 <u>저축한다.</u> _____

다음을 참고해 각 단어를 '정의'해 보세요.

리더	사랑	결혼	• 어떤 조직에서 공동의 목표를 이루기 위해 구성원을 이끄는 사람.
역사	교육	우정	• 사랑하는 두 사람이 새로운 가정을 꾸림.
행복	자유	가족	• 부, 명예, 권력에 관계없이 공정하고 옳은 것.
대학	대중매체		• 과거에 일어난 일이나 살았던 인물을 기록한 것.
돈	정의 (Justice)		• 많은 사람들에게 다양한 정보를 제공하는 수단. • ?

1. 리더란 어떤 조직에서 공동의 목표를 이루기 위해 구성원을 이끄는 사람을 말한다.

2. _____

3. _____

4. _____

5. _____

6. _____

7. _____

8. _____

○ 다음 글을 읽고 각각의 '장점과 단점'을 써 보세요.

1. 유학 생활에는 장단점이 있다. 먼저, 유학 생활의 장점은 <u>자유롭다는 것이다.</u> (자유롭다)

   반면에 단점도 있다. 단점은 _____(외롭다)

2. 대중교통 이용에는 장단점이 있다. 먼저, 장점은_____

   _____(교통 체증과 환경오염을 줄일 수 있다)

   반면에 단점은_____

   _____(출퇴근 시간에 아주 복잡하다)

3. 인터넷 쇼핑에는 장단점이 있다. 먼저 인터넷 쇼핑은_____

   _____(저렴하고 편리하다) 장점이 있다. 반면에 _____

   _____(구매할 때 상품의 품질을 확인할 수 없다) 단점이 있다.

4. 전자책에는 장단점이 있다. 먼저 전자책의 장점은 _____

   _____(휴대하기가 좋다) 반면에 전자책의 단점은 _____

   _____(종이책에 비해 눈이 피로해지기 쉽다)

5. 인공지능은 컴퓨터가 사람처럼 생각하고 행동할 수 있게 하는 기술이다. 이 인공지능 기술의

   발달에는 장점과 단점이 있다. 먼저, 인공지능 기술은 _____

   _____(사람을 대신해 힘든 일을 해 주다) 장점이 있다. 반면에 인공지능이

   발달하면 _____

   (사람들의 일자리가 감소할 수 있다) 단점이 있다.

◉ 각각의 '특징'은 무엇인지 써 보세요.

현대 사회	자본주의 사회	정보화 사회	한국 문화	서양 문화	
과학 기술이 발달했다	대량 생산과 소비가 가능하다	누구나 정보를 쉽게 얻을 수 있다	배달 문화가 발달했다	?	?

1. 현대 사회의 특징은 _____ 과학기술이 발달했다는 것이다. _____

2. 자본주의 사회의 특징은 _____

3. _____

4. _____

5. _____

6. _____

◉ 다음 부분에서 '중요한[필요한] 것'은 무엇인지 써 보세요.

대학 생활	직장 생활	인생	면접	인간 관계	
다양한 경험을 쌓다	성실하고 밝은 태도를 가지다	?	자신 있게 말하다	?	?

1. 대학 생활에서 무엇보다 중요한 것은 _____ 다양한 경험을 쌓는 것이다. ____

2. 직장 생활에서 무엇보다 필요한 것은 _____

3. _____

4. _____

5. _____

6. _____

● 알아봅시다 2

○ 그밖에 원인이나 예, 목적이나 조건 등을 쓸 때도 서술어 부분을 정확하게 써야 합니다. 특히 자주 쓰는 표현들은 외워 두는 것이 좋습니다.

• 기타 호응

예	• 대표적인 예로 N을/를 들 수 있다 • 예를 들면 N이/가 있다		• 한국 음식의 대표적인 예로 불고기를 들 수 있다. • 예를 들면 불고기가 있다.
원인	• 그 원인으로 N을/를 들 수 있다		• 공기오염의 원인으로 자동차 매연을 들 수 있다.
목적	• V−(으)려면 • V−기 위해서는	−아/어야 하다 N이/가 중요하다 N이/가 좋다 N이/가 필요하다 −(으)ㄹ 필요가 있다	• 환경을 보호하려면 재활용을 해야 한다. • 시간 관리를 위해서는 계획을 세우는 것이 중요하다. • 스트레스를 풀기 위해서는 여가 활동을 할 필요가 있다.
필수 조건	• −아/어야	−(으)ㄹ 수 있다	• 열심히 해야 꿈을 이룰 수 있다.
결론 해석	• N₁을/를 통해(서)	N₂을/를 알 수 있다	• 이번 조사 결과를 통해 국민들의 행복 지수가 낮다는 것을 알 수 있다.
인용	• N에 의하면 −다(라)고 하다 　└▶ *신문 기사, 전문가의 말, 조사 결과, 통계 자료 등		• 보도에 의하면 대중교통 요금이 다음 달부터 인상된다고 한다.
부분 부정	• −다(라)고 해서 다 −것은 아니다 　　　　　└▶ 누구나, 언제나, 어디나, 항상…		• 돈이 많다고 해서 다 행복한 것은 아니다.
의문	• 의문사 −(으)ㄹ까? / −(으)ㄴ/는가? 　└▶ 왜, 어떻게 등		• 어떤 방법이 좋을까? [좋은가?]
의문 불확실	• 의문사 −(으)ㄴ/는지 • −(으)ㄴ/는지 (아닌지)	알다[모르다] 확인하다 생각해보다…	• 어떤 방법이 좋은지 알아봐야 한다. • 그 보도가 사실인지 확인해야 한다.

연습해 봅시다

○ '예'를 드는 문장을 써 보세요.

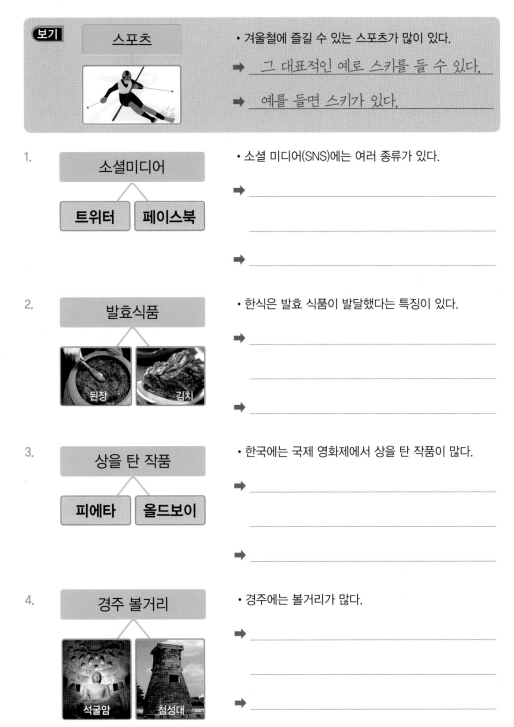

보기

스포츠

• 겨울철에 즐길 수 있는 스포츠가 많이 있다.

➡ 그 대표적인 예로 스키를 들 수 있다.

➡ 예를 들면 스키가 있다.

1.

소셜미디어

트위터   페이스북

• 소셜 미디어(SNS)에는 여러 종류가 있다.

➡ _____

_____

➡ _____

2.

발효식품

된장   김치

• 한식은 발효 식품이 발달했다는 특징이 있다.

➡ _____

_____

➡ _____

3.

상을 탄 작품

피에타   올드보이

• 한국에는 국제 영화제에서 상을 탄 작품이 많다.

➡ _____

_____

➡ _____

4.

경주 볼거리

석굴암   첨성대

• 경주에는 볼거리가 많다.

➡ _____

_____

➡ _____

○ 표 또는 그래프를 통해 알 수 있는 사실을 쓰고 그 '원인'을 써 보세요.

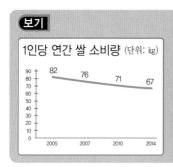

보기

이 그래프를 통해 쌀 소비량이 크게 감소한 것을 알 수 있다. 그 원인으로 현대인의 식습관 변화를 들 수 있다. (현대인의 식습관 변화) 또 외식의 증가 등 소비 문화의 변화를 그 원인으로 들 수 있다. (외식의 증가 등 소비 문화의 변화)

1.

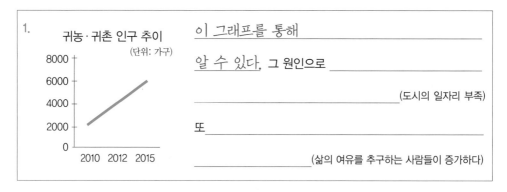

이 그래프를 통해 _____
알 수 있다, 그 원인으로 _____
_____ (도시의 일자리 부족)
또 _____
_____ (삶의 여유를 추구하는 사람들이 증가하다)

2.

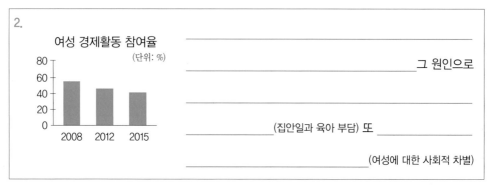

_____
_____ 그 원인으로
_____
_____ (집안일과 육아 부담) 또 _____
_____ (여성에 대한 사회적 차별)

3.

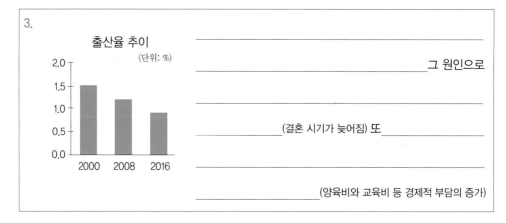

_____
_____ 그 원인으로
_____
_____ (결혼 시기가 늦어짐) 또
_____
_____ (양육비와 교육비 등 경제적 부담의 증가)

◎ 다음 '목적'을 위해 필요한 것을 써 보세요.

> **보기**
> 살을 빼다
> • 살을 빼기 위해서는 식이요법을 해야 한다.
> • 살을 빼려면 운동을 꾸준히 할 필요가 있다.

1.
효도하다

• _____

• _____

2.
돈을 모으다

• _____

• _____

3.
인재가 되다

• _____

• _____

◎ 다음 '결과'를 위해 필요한 조건을 써 보세요.

> **보기** ? 성적을 올리다 ➡ 꾸준히 공부해야 성적을 올릴 수 있다.

1. ? 공기 오염을 막다 ➡ _____
   _____

2. ? 건강을 지키다 ➡ _____
   _____

3. ? 행복하게 살다 ➡ _____
   _____

4. ? 친구를 많이 사귀다 ➡ _____
   _____

5. ? 꿈을 이루다 ➡ _____
   _____

6. ? 지식을 쌓다 ➡ _____
   _____

○ '인용 표현'을 사용해서 다음 글을 완성해 보세요.

1.

세계 날씨	
뉴욕	☁
베이징	☁
도쿄	☁
파리	☀

<u>일기예보</u>에 의하면, 내일 뉴욕은 <u>다소 흐리다고 한다.</u>

또한 베이징과 도쿄에는 _____

_____

반면에 파리는 _____

_____

2.

"불황은 또한 기회다."
　　　　　　　－ 워렌 버핏

<u>전문가의 말</u> _____

_____

_____

3. 한국인 사망원인 통계

심장병 10%
뇌혈관질환 30%
암 60%

<u>통계 자료</u> _____

_____

_____

_____

○ 다음 사람의 말에 동의하지 않는 사람의 입장에서 [보기]와 같이 써 보세요.

보기 "취업을 잘하려면 외국어 실력이 뛰어나야 됩니다."

1. "행복하려면 돈이 많아야 됩니다."
2. "게임을 많이 하면 폭력성이 생깁니다."
3. "복지를 늘리면 나라의 경제가 어려워집니다."

보기 ___ 외국어 실력이 뛰어나다고 해서 다 취업을 잘하는 것은 아니다. ___

1. _____

2. _____

3. _____

○ 각각에 대해 '-(으)ㄴ/는지'를 사용해 써 보세요.

1	광고	특징 ?	• 광고의 특징이 무엇인지 알아보아야 한다.
		우리 삶에 끼치는 영향 ?	•
2	세대 갈등	문제점 ?	•
		원인 ?	•
3	게임 중독	왜 빠질까 ?	•
		어떻게 치료할 수 있을까 ?	•
4	요가	어떤 사람에게 좋을까?	•
		?	•

○ 문장을 완성해 보세요.

> • 장단점이 있다   • 인재를 원하다
> • 배워야 하다   • 사실이다   ?

① 과학 기술 발달에 _____어떤 장단점이 있는지_____ 알아보아야 한다.

② 우리는 떠도는 소문이 _____

③ 우리는 역사를 _____ 생각해 보아야 한다.

④ 면접을 준비할 때 기업이 _____

⑤ _____

◦ 특별히 정해지지 않은 것을 가리킬 때 우리는 '아무-'나 '-든지'를 사용합니다. 그런데 '아무'는 뒤에 어떤 조사(-도, -나)가 오는지에 따라 의미가 바뀌고 호응 표현도 달라지기 때문에 주의해서 사용해야 합니다.

• '아무-'와 '-든지'의 호응

전체 긍정	• 누구든지 / 누구나 (사람) • 무엇이든지 (사물) • 언제든지 (시간) • 어디든지 / 어디에든지 (장소) 어디에서든지 / 어디서든지 • 어떻게든지 (방법) • 어떤 / 무슨 N(이)든지	+ 긍정	• 이 동호회에는 누구든지 가입할 수 있다. • 그는 무엇이든지 열심히 한다. • 그 가게는 언제든지 배달해 준다. • 어디든지 떠나고 싶다. • 어떻게든지 이 일을 빨리 끝내야 한다. • 어떤 회사든지 인재를 원한다. • 그는 무슨 음식이든지 잘 먹는다.
전체 부정	• 아무도 / 아무한테도 (사람) • 아무 N도	+ 부정	• 집에는 아무도 없었다. • 그는 아무것도 먹고 싶지 않았다.
제한 조건 없음	• 아무나 / 아무한테나 / 아무하고나 (사람) • 아무 N(이)나 • 아무 N에(에서)나	+ 긍정 부정	• 그 건물에는 아무나 들어갈 수 있다. • 아무 회사에나 지원하면 안 된다.

참고

언제	• 아무 때나 (○) • 아무 때도 (×) • 아무 시간도 (×)	어디	• 아무 데(서)나/곳에(서)나/곳이나 (○) • 아무 데(서)도 (○) 아무 곳에(서)도 (○) • 아무 곳도 (×)	✔ 주의 • 아무든지 (×) • 무슨든지 (×)
어떻게	• 어떻게나 (×) • 어떻게도 (×) • 아무 방법도 (○)	무엇	• 무엇이나/무엇에나/무엇도 (○) • 아무것이나/것에나/것도 (○) • 무엇이도 (×)	

📋 그 일은 누구나 할 수 있다. ➡ 그 일은 모두 할 수 있다.　　✔ 주의: 그 일은 누구나 할 수 없다 (×)

그 일은 아무나 할 수 있다. ➡ 그 일은 능력이 있든지 없든지 어떤 제한 없이 모두 할 수 있다.

그 일은 아무나 할 수 없다. ➡ 그 일은 어떤 사람은 할 수 있지만 어떤 사람은 할 수 없다.

그 일은 아무도 할 수 없다. ➡ 그 일은 모두 할 수 없다.

연습해 봅시다

● 밑줄 친 부분을 고쳐 쓰세요.

> **보기** 요즘 아무것도 <u>하고 싶다.</u> _____ 하고 싶지 않다.

1. <u>아무나</u> 그 일에 관심이 없다. _____

2. 언제든지 연락하면 안 된다. _____

3. 그는 주말에 아무 데도 <u>갈 것이다.</u> _____

4. <u>아무든지</u> 도서관을 이용할 수 있다. _____

5. 그에게서 아무 소식도 <u>있다.</u> _____

● '아무도, 아무것도, 누구든지, 무엇이든지' 중에서 알맞은 것을 골라 쓰세요.

1. 그 문제는 _____ 풀 수 없다. ⇔ 그 문제는 _____ 풀 수 있다.

2. 이제 _____ 하고 싶지 않다. ⇔ 이제 _____ 잘할 수 있다.

3. 그 케이크는 _____ 좋아한다. ⇔ 그 케이크는 _____ 안 좋아한다.

4. 나는 그에게 _____ 다 말했다. ⇔ 나는 그에게 _____ 말하지 않았다.

5. 불행하게 살고 싶은 사람은 _____ 없다. ⇔ _____ 행복하게 살기를 원한다.

● 문장을 완성해 보세요.

1. 이성 친구를 빨리 사귀고 싶다고 해서 아무나 _____ 만나면 안 된다.

2. 젊을 때는 무엇이든지 _____

3. 그 행사에는 누구든지 _____

4. 요즘 입맛이 없어서 아무것도 _____

5. 나는 아무 음식이나 _____

6. _____

○ 호응은 아니지만 관형형(어떤)이나 부사(어떻게, 얼마나)를 제대로 쓰는 것 또한 아주 중요합니다. 다음은 특히 주의해야 할 문장 성분 사이의 호응입니다.

1. '관형형(+ N)과 부사' 차이

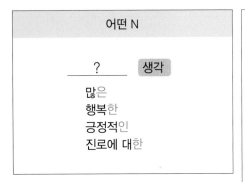

어떤 N
_____ ? 생각
많은
행복한
긍정적인
진로에 대한

어떻게 + V
_____ ? 생각한다
많이
행복하게
긍정적으로
진로에 대해

✔ 주의

① 수식
- 열심히 공부의 중요성 (×)
  ↳ 열심히 공부하는 것의 중요성 (○)
- 많은 말했다. (×)
  ↳ 많이 말했다. (○)
- 신중하게 판단이 필요하다. (×)
  ↳ 신중한 판단이 필요하다. (○)

② 많이 + A,V (순서)
- 많이 밥을 먹었다. (×)
  ↳ 밥을 많이 먹었다. (○)

③ 빈도부사 [항상, 자주…]
- 날마다 운동이 필요하다. (×)
  ↳ 운동을 해야 한다. (○)
- 자주 독서가 중요하다. (×)
  ↳ 독서를 자주 하는 것이 중요하다. (○)

④ 어떻게
- 어떻게 소통이 잘 될 수 있을까? (?)
  ↳ 어떻게 하면 (○)

2. 'A-게 와 V-아/어서'의 쓰임

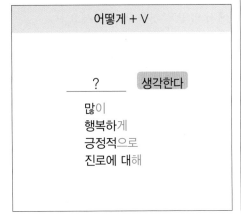

A-게	V-아/어서 (방법, 수단)

• 진로는 신중하게 선택해야 한다.
• 거절할 때 부드럽게 말하는 것이 좋다.
• 무엇이든지 꼼꼼하게 확인하는 것이 좋다.
• 아무도 그 문제를 자세하게 보지 않는다.
• 피로는 적절하게[적절히] 풀어야 한다.
	✔ 주의: 동사에 '-게'를 사용하면 안 됨.
	
	• 조심하게 운전해야 한다. (×)
	  ↳ 조심해서 (○)
	
	• 노력하게 만들어야 한다. (×)
	  ↳ 노력해서 / 열심히 (○)

✔ 오류 예

계속하게(×)
반복하게(×)
집중하게(×)

연습해 봅시다

● 제시된 단어를 사용해 빈칸을 완성하고 써 보세요.

· 정확하다 · 실질적이다 · 규칙적이다 · 신중하다	· 구체적이다 · 적극적이다 · 새롭다 · 자유롭다

① 정확하게	판단	해야 한다.	⑤	계획	할 필요가 있다.
정확한		을 해야 한다.			이 필요하다.
②	선택		⑥	시작	
③	생활		⑦	참여	
④	조언		⑧	토론	

● 제시된 단어를 이용해 문장을 써 보세요.

· 사랑과 우정 · 안전 문제 · 한국어의 특징 · 방송의 역할 · 여행자 보험 ?	· 이야기하다 · 분석하다 · 토론하다 · 문의하다 · 조사하다 ?

① 나는 친한 친구와 같이	사랑과 우정에 대한	이야기를 했다.
	사랑과 우정에 대해	이야기했다.
② TV 토론 프로그램에서		
③ 그 학생은 인터넷으로		
④ 그 외국인은 여행사에		
⑤ 한 일간지에서		
⑥		

◎ 알맞은 말을 골라 문장을 완성해 보세요.

> • 전문적이다   • 자세하다   • 뛰어나다   • 긍정적이다   • 특징에 대하다   • 환경문제에 대하다
> • 부정적이다   • 많다   • 어떻다   • 대표적이다   • 적극적이다   • 지나치다

1. 인재란 어떤 분야에 대한 ＿전문적인＿ 지식과 ＿＿＿＿＿＿＿ 능력을 가진 사람을 말한다.

2. 그렇다면, ＿＿＿＿＿＿＿ 운동은 건강에 ＿＿＿＿＿＿＿＿ 영향을 미칠까?

3. 세계화에는 ＿＿＿＿＿＿＿ 측면과 ＿＿＿＿＿＿＿＿ 측면이 있다.

4. 세계는 ＿＿＿＿＿＿＿＿ 좀 더 ＿＿＿＿＿＿＿ 대응할 필요가 있다.

5. 대중매체의 ＿＿＿＿＿＿＿ 좀 더 ＿＿＿＿＿＿＿ 살펴 보아야 한다.

6. 녹차에는 효능이 ＿＿＿＿＿＿＿ 있다. ＿＿＿＿＿ 예로 체중 감량 효과를 들 수 있다.

> • 유창하다   • 어떻다   • 인상적이다   ┃ • 적극적-고려하다   • 필수적-요구되다   • 구체적-살펴보다
> • 경제적이다   시간적이다   ┃   • 비판적-수용하다   • 효율적-관리하다

7. 진로를 고민할 때 우리는 자신의 적성에 대해 ＿＿＿ 적극적으로 고려해야 한다. ＿＿＿

8. 글로벌 시대에는 ＿＿＿＿＿＿＿ 외국어 실력이 ＿＿＿＿＿＿＿＿＿＿＿＿.

9. 요즘은 ＿＿＿＿＿＿＿＿＿ 이유 때문에 결혼과 출산을 미루는 사람이 늘고 있다.

10. 이 문제를 ＿＿＿＿＿＿＿＿ 해결해야 할지 ＿＿＿＿＿＿＿＿＿＿＿＿.

11. 광고는 제품의 장점만 보여 주는 경우가 많기 때문에 ＿＿＿＿＿＿＿＿＿＿＿＿.

12. 배우의 연기가 ＿＿＿＿＿＿＿＿＿＿＿＿ 그 영화는 국제 영화제에서 호평을 받았다.

13. ＿＿＿＿＿＿＿＿ 여유가 없는 사람일수록 시간을 ＿＿＿＿＿＿＿＿＿＿＿＿.

◎ 문장을 만들어 보세요.

1. 　많이　 ＿＿＿＿＿＿＿＿＿＿＿＿＿＿＿＿＿＿＿＿＿＿＿＿

2. 　구체적으로　 ＿＿＿＿＿＿＿＿＿＿＿＿＿＿＿＿＿＿＿＿＿＿

⟶ 써 봅시다

● 다음 정보를 이용해 짧은 글을 써 보세요.

① 다문화 사회	정의	다양한 인종이나 문화가 함께하는 사회
	원인	국제 결혼의 증가와 세계화의 확산
	장점	문화 차이를 배우고 이해할 수 있다
	단점	언어, 문화, 종교 차이 때문에 갈등이 생길 수 있다

				20
				100

② 야식	정의	밤에 먹는 간단한 음식
	특징	맛이 지나치게 달거나 매운 음식이 많다
	장점	먹는 즐거움을 주다
	단점	건강에 나쁘다 / 살찌게 만들다

				20
				100

07 부사 바로 쓰기 (호응)

같은 뜻이라도 표현을 더 구체적으로 하고 싶거나 강조하고 싶을 때가 있습니다. 그럴 때는 부사를 이용할 수 있는데, 어떤 부사는 반드시 특정한 표현과 같이 써야 하는 경우가 있습니다. 이를 '부사 호응'이라고 합니다.

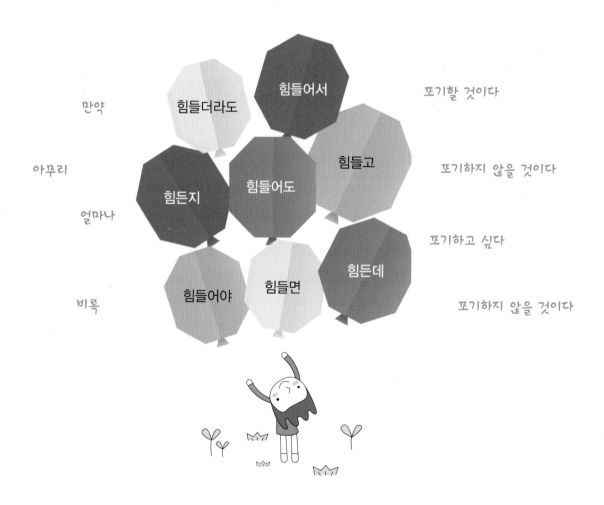

→ 알아봅시다

○ '부사 호응'은 문장을 쓸 때 틀리기 쉬운 부분 중의 하나입니다. 그럼 부사 호응에는 어떤 것이 있는지 한번 살펴 볼까요?

• 부사 호응

1. 연결 부분

가정	만약 만일	• −(으)면 • −ㄴ/는다면	• **만약** 상품에 하자가 있으면 교환, 환불이 가능하다고 했다. • **만일** 내가 복권에 당첨된다면 모두 사회에 기부할 것이다.
	혹시 (현실적 가정)	• −(으)면 • −아/어도, −더라도	• **혹시** 그 사람을 만나면 안부 좀 전해 달라고 말했다.
결과에 상반되는 가정	비록	• −더라도 • −(으)ㄹ지라도	• **비록** 취업에 실패하더라도 용기를 잃으면 안된다.
	아무리	• −아/어도	• **아무리** 비가 많이 와도 행사는 열릴 것이다.
정도	어찌나 얼마나	• −(으)ㄴ/는지	• 요즘 날씨가 **어찌나** 추운지 강이 얼었다. ✔ 주의: 요즘 날씨가 어찌나 추운지 모른다. (×) • 요즘 날씨가 **얼마나** 추운지 모른다.

2. 종결 부분

이유	왜냐하면	• −기 때문이다	• 그는 일을 잘한다. **왜냐하면** 경험이 많기 때문이다.
제한	단지, 다만	• −(으)ㄹ 뿐이다 • −(으)ㄹ 따름이다	• 결과는 중요하지 않다. **단지** 최선을 다할 뿐이다.
변화	점점	• −아/어지다 • −게 되다	• 한국에서 커피 소비량이 **점점** 많아지고 있다.
당위 · 의무	꼭, 반드시	• −아/어야 하다 • −지 않으면 안 되다	• 이번에는 **반드시** 성공해야 한다. • 약속은 **꼭** 지키지 않으면 안 된다.
부분 부정	꼭, 반드시	• −(으)ㄹ 필요는 없다	• 감기 걸렸을 때 약을 먹으면 빨리 낫지만 **꼭** 먹을 필요는 없다.

비유	마치	• –(으)ㄴ/는 것 같다 • –(으)ㄴ/는 듯하다	• 기분이 너무 좋아서 **마치** 하늘을 나는 듯했다.
결과	결국	• –고 말다	• 그에게 **결국** 설득 당하고 말았다.
의심	과연	• –(으)ㄹ까? • –(으)ㄴ가?/는가?	• **과연** 그렇게 하는 것이 옳을까?
추측	아마	• –(으)ㄹ 것이다 • –(으)ㄹ 것 같다	• **아마** 그는 오늘 수업에 늦을 것이다.
완료	이미, 벌써	• –았/었다	• 아직 새벽인데 그는 **이미** 일을 시작했다.
유사	거의	• –(이)나 마찬가지이다 • –(이)나 다름없다	• 회원이 2명이어서 **거의** 없는 것이나 마찬가지이다.
근접	하마터면	• –(으)ㄹ 뻔하다	• 뛰어가다가 **하마터면** 넘어질 뻔했다.

◗ 연습해 봅시다

◉ 알맞은 부사를 골라 보세요.

1. (비록, 만약) 시험에 불합격할지라도 공부를 포기해서는 안 된다.

2. (아무리, 얼마나) 생각해도 이번 부탁은 들어주기가 힘들다.

3. 올 여름에는 가뭄이 (아무리, 어찌나) 심한지 그 피해가 대단히 크다.

4. 과속하더니 (결국, 하마터면) 사고를 내고 말았다.

5. 환경오염을 막기 위해서는 개인의 노력이 (반드시, 마치) 필요하다.

6. 방학이 되면 그는 (벌써, 아마) 부모님을 만나기 위해 고향으로 떠날 것이다.

7. 무조건 세금을 줄이는 것이 (아마, 과연) 바람직한 일일까?

8. 여러 가지 사회적인 변화로 인해 1인 가구가 (점점, 이미) 많아지고 있다.

9. 두 사람이 (마치, 결국) 약속이라도 한 듯이 같은 시간에 나타났다.

10. 그 사람은 김치를 너무 잘 먹어서 (마치, 거의) 한국 사람이나 다름없다.

11. 칭찬을 받지 않아도 괜찮다. (단지, 혹시) 내가 해야 할 일을 할 뿐이다.

12. (아마, 혹시) 문제가 생긴다고 해도 그 사람의 책임은 아니다.

◎ 알맞은 것을 연결하고 문장을 완성해 보세요.

얼마나 ●	● 힘들어도 ●	● 배우가 되고 싶다
아무리 ●	● 다시 태어난다면 ●	● 한국 사람인 줄 알았다
비록 ●	● 한국어를 잘하는지 ●	● 보수가 좋을 것이다
만약 ●	● 일은 좀 힘들더라도 ●	● 포기하면 안 된다

1. _____

2. _____

3. _____

4. _____

◎ _____에는 알맞은 부사를 쓰고 ......에는 제시된 단어를 골라서 쓰세요.

> • 심각하다   • 몸은 멀리 있다   • 성공하다   • 먹다   • 많다
> • 열심히 공부하다   • 사고가 나다   • 가족   • 힘들다   • 예의가 바르다

1. 아동 학대 문제가 ___얼마나___ ___심각한지___ 대책을 빨리 찾아야 한다.

2. _____ 장학금을 받을 수 있을 것이다.

3. 그 아이는 _____ 만나는 사람들이 모두 칭찬한다.

4. 지난번에는 실패했지만 이번에는 _____.

5. _____ 포기하지 말고 최선을 다해야 한다.

6. 혼자 있을 때 _____ 당황하지 말고 119에 전화해야 한다.

7. _____ 마음만은 늘 가까이에 있을 것이다.

8. 영양제가 도움이 되기도 하지만 건강하면 _____.

9. 전에는 유기농 식품을 찾는 사람들이 적었는데 요즘에는 _____.

10. 우리는 친구지만 어렸을 때부터 같이 살아서 _____.

○ 다음을 보고 문장을 만들어 보세요.

만약 +		아무리 +	
복권에 당첨되다	휴대 전화가 없다	돈이 많다	열심히 공부하다
사진 작가가 되다	내가 너다	어려운 일을 맡다	가벼운 운동이다
과거로 돌아갈 수 있다	?	화가 나다	?

1.

	만약	-(으)면/ -(으)ㄴ/는다면 -(이)라면	-(으)ㄹ 것이다
보기		복권에 당첨된다면	당첨금을 모두 기부할 것이다.
①	만약		
②			
③			
④			
⑤			

2.

	아무리	-아/어도 -(이)라도	
보기		돈이 많아도	건강을 잃으면 아무 소용이 없다.
①	아무리		
②			
③			
④			
⑤			

● 다음을 보고 문장을 만들어 보세요.

비록 +	
늦다	야근을 하다
결과가 좋지 않다	부모님이 반대하시다
월급은 좀 적다	?

얼마나 +	
독서를 많이 하다	건강에 해롭다
크다	막히다
빠르다	?

1.

| 비록 | −더라도 / −(으)ㄹ지라도 |

보기		늦더라도	회의에 꼭 참석해야 한다.
①	비록		
②			
③			
④			
⑤			

2.

| 얼마나 | −(으)ㄴ/ 는지   −인지 |

보기	그 선생님은		독서를 많이 하는지	모르는 것이 없다.
①	시간이	얼마나		
②	길이			
③	미세먼지가			
④	관객들의 기대가			
⑤				

● 다음을 보고 문장을 만들어 보세요.

왜냐하면 +	
성공의 힘이 되다	시간을 아껴 쓸 수 있다
지식을 쌓을 수 있다	환경오염을 막을 수 있다
사고가 나기 쉽다	?

마치 +	
꿈을 꾸다	시간이 멈추다
하늘이 무너지다	한 폭의 그림
구름 위를 걷다	?

1.

	-아/어야 하다	왜냐하면	-기 때문이다
보기	좋은 습관을 길러야 한다.		성공의 힘이 되기 때문이다.
①	책을 많이 읽어야 한다.		
②	에너지를 절약해야 한다.	왜냐하면	
③	계획을		
④	과속을		
⑤			

2.

	-아/어서	마치	-(으)ㄴ/는 것 같다 -같다
보기	믿을 수 없는 일이 일어나서		꿈을 꾸는 것 같았다.
①	옛 모습이 많이 남아 있어서		
②	풍경이 너무나 아름다워서	마치	
③	요즘 결혼을 앞두고 너무 행복해서		
④	그 사람의 사고 소식을 듣고 나서		
⑤			

◦ 종합 연습

◦ 문장을 완성해 보세요.

1.

		한국어를 잘하다	
보기	만약	한국어를 잘하면	한국 회사에 취직할 것이다.
①	아무리		
②	얼마나		
③	비록	한국어를 잘하더라도	
④	점점		
⑤	단지	–	
⑥	아마		한국어를 잘할 것이다.

2.

		외롭다	
①	만약		
②	아무리		
③	얼마나		
④	비록		
⑤	점점		외로워진다.
⑥	단지	–	
⑦	아마		

➡ 알아봅시다 2

◉ 한국어 부사에는 반드시 부정표현과 같이 써야 하는 것이 있습니다. 항상 '안, 못, 모르다, 아니다' 등의 말과 같이 사용하며 부정의 정도를 나타냅니다.

• 부정표현이 필요한 부사

강한 부정	결코	• −지 않다, 못 하다 모르다, 없다…	• 남을 돕는 일은 **결코** 쉬운 일이 아니다.
	절대로		• 아무리 작은 것이라도 **절대로** 무시하면 안 된다.
	조금도		• 스스로 자원한 일이기 때문에 **조금도** 힘들지 않다.
	전혀		• 그 소문은 **전혀** 사실이 아니다.
	도저히	• −(으)ㄹ 수 없다…	• 이번 판결은 **도저히** 이해할 수가 없다.
약한 부정	그리 그다지	• −지 않다, 아니다…	• 예전에는 취업이 **그다지** 힘든 일이 아니었다.
	별로	• −지 않다, 못하다…	• 디자인은 예쁜데 품질이 **별로** 좋지 않다.
	좀처럼	• −지 않다, 안 하다…	• 그 사람은 **좀처럼** 화를 내지 않는다.
강한 긍정	여간	• −이/가 아니다 −지 않다	• 인재가 되기란 **여간** 어려운 일이 아니다.(= 아주 어렵다.)
	비단	• −(뿐)만이 아니다	• 피해를 입은 사람이 **비단** 나만이 아니었다.(= 아주 많다.)

➡ 연습해 봅시다

◉ 틀린 부분을 고쳐 쓰세요.

> **보기** 한국어 공부는 전혀 어렵다. ⋯⋯⋯⋯⋯⋯ *전혀 어렵지 않다.*

1. 최근 새로운 일을 시작했는데, 그 일이 여간 힘들다. ⋯⋯⋯⋯⋯⋯⋯⋯⋯⋯⋯⋯

2. 이번 영화는 그다지 내 마음에 든다. ⋯⋯⋯⋯⋯⋯⋯⋯⋯⋯⋯⋯⋯⋯⋯⋯⋯⋯⋯

3. 자신의 재산을 기부한다는 것은 결코 쉬운 일이다. ⋯⋯⋯⋯⋯⋯⋯⋯⋯⋯⋯⋯⋯

4. 비록 실패하더라도 나는 절대로 포기할 것이다. ⋯⋯⋯⋯⋯⋯⋯⋯⋯⋯⋯⋯⋯⋯⋯

5. 이 일에 대해서는 도저히 참으면 안 된다. ⋯⋯⋯⋯⋯⋯⋯⋯⋯⋯⋯⋯⋯⋯⋯⋯⋯

◆ 종합 연습

○ 문장을 완성해 보세요.

1. 내가 좀 도와 달라고   아무리 ....

2. 외국에서 혼자 사는 것은   여간 ....

3. 편식과 과식은 건강에   결코 ....

4. 나는 경제 문제에 대해   전혀 ....

5. 음주운전은   절대로 ....

6. 이번 제안은   도저히 ....

7. 세계 인구가   점점 ....

8. 너무 기뻐서   마치 ....

9. 그 여자는 눈이   얼마나 ....

10. 시험이 어렵다고 하는데   과연 ....

○ 앞에 있는 부사를 잘 보고 .... 부분을 완성해 보세요.

1. **만약** .... 사람들은 평화롭게 살 수 있을 것이다.

2. 요즘 경기가 **어찌나** .... 주말에도 시내 중심가가 한산하다.

3. 책을 쓴다는 것은 **여간** ....

4. 그 사전은 산 지 한 달밖에 안 돼서 **거의** ....

5. 근무 시간이 길어지는 것은 좋지 않다. **왜냐하면** ....

6. **혹시** .... 상담 선생님을 찾아가서 도움을 받아야 한다.

7. **비록** .... 인내심을 가져야 한다.

8. 9시에 시작한다고 했으니까 지금쯤 **아마** ....

9. 아침에 알람이 울리지 않아서 **하마터면** ....

10. 외국어는 어릴 때 배우는 것이 좋다고 한다. 하지만 **꼭** ....

○ 다음 부사를 사용해 '나'에 대해 10가지 이상 써 봅시다.

'나'는 어떤 사람입니까?

> **보기**　나는 아무리 화가 많이 나도 좀처럼 화를 내지 않는 사람이다.

1. 점점: _____

　_____

2. 여간: _____

　_____

3. 절대로: _____

　_____

4. 아무리: _____

　_____

5. 과연: _____

　_____

6. 좀처럼: _____

　_____

7. 전혀: _____

　_____

8. 만약: _____

　_____

9. 반드시: _____

　_____

10. ?　: _____

　_____

◎ 다음의 부사를 이용해 짧은 글을 써 보세요.

1.

| 반드시 왜냐하면 만약 | 봉사나 기부는 꼭 필요한 것입니다. 이런 봉사나 기부를 좀 더 많은 사람들이 실천하게 하려면 어떤 노력을 해야 할까요? |

주장	캠페인을 하다	봉사나 기부를 늘리기 위해서는 반드시 캠페인을 해야 한다.
이유	인식을 바꾸다	왜냐하면 캠페인은 봉사나 기부에 대한 사람들의 인식을 긍정적으로 바꿀 수 있기 때문이다.
가정	기부자가 늘다	만약 작지만 큰 변화를 이루는 모습을 TV에서 자주 보게 된다면 봉사나 기부를 하는 사람들이 늘어나게 될 것이다.

2.

| 반드시 왜냐하면 만약 | 직업을 선택할 때 고려해야 하는 것은 무엇입니까? |

주장	적성을 고려하다	
이유	업무 만족도가 올라가다	
가정	적성을 고려하지 않다	

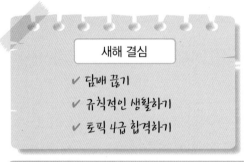

써 봅시다 2

○ 새해가 밝았습니다. [보기]와 같이 여러분의 결심을 써 보세요.

새해 결심

✔ 담배 끊기
✔ 규칙적인 생활하기
✔ 토픽 4급 합격하기

부사

• 왜냐하면　• 결코　• 반드시
• 아무리　• 비록　　?

보기

	올	해	는		결	코		담	배	를		피	우	지		않	을		것	
이	다	.		왜	냐	하	면		담	뱃	값	이		비	싸	서		경	제	적
부	담	도		크	고		건	강	도		많	이		나	빠	졌	기		때	
문	이	다	.		또		규	칙	적	인		생	활	을		하	고		토	픽
4	급	에		반	드	시		합	격	할		것	이	다	.					

(20 / 100)

나의 새해 결심

✔　　　　✔
✔　　　　✔
✔　　　　✔

(20 / 100 / 200)

08 연결 문장 바로 쓰기

글을 쓸 때는 앞 문장과 뒤 문장을 자연스럽게 연결해야 합니다. 그래서 그 내용에 맞는 적절한 '접속 부사'가 필요합니다. 먼저 '접속 부사'에는 어떤 것들이 있는지 살펴 본 다음에 접속 부사 대신 다양한 연결어미를 사용해서 두 문장을 연결해 봅시다.

그러므로 — 그러려면 — 그런데도 — 그래야 — 그랬더라면 — 그러다가

그러나 — 그리고 — 그러면서 — 그래서 — 그래도 — 그러면

1. 피곤하다. **그래서** 쉬고 싶다.

2. 열심히 공부해야 한다. **그러면 / 그래야** 합격할 수 있다.

3. 비가 온다. **그래도 / 그러나** 산에 갈 것이다.

4. 비행기 표를 싸게 사고 싶다. **그러려면** 빨리 예매해야 한다.

5. 급한 일이 있다. **그래도** 천천히 해야 실수를 줄일 수 있다.

6. 근무 환경이 좋다. **그리고** 월급도 많다.

7. 돈이 없다. **그러므로** 아르바이트를 해서 돈을 벌어야 한다.

8. 약을 먹었다. **그런데도 / 그러나 / 그래도** 낫지 않는다.

9. 일찍 일어나야 했다. **그랬더라면** 지각하지 않았을 것이다.

10. 최선을 다한다. **그러면** 좋은 결과를 얻을 것이다.

11. 영화를 보고 있었다. **그러다가** 나도 모르게 잠이 들었다.

12. 잘 가라고 말했다. **그러면서** 손을 흔들었다.

○ 접속 부사(그리고, 그래서, 그래도…)가 있는 두 문장을 하나로 연결하기 위해서는 연결 어미(–고, –아/어서, –아/어도…)가 필요합니다. 연결 어미는 각각의 의미에 따라 여러 가지 형태가 있습니다. 먼저 같은 의미를 가진 연결 어미의 종류를 알아보고 그 기능과 차이점을 살펴볼까요?

• 이유

	앞 뒤 내용, 주어 제약	V, A 제약	연결 부분 제약
–아/어서	• 앞, 뒤 내용 – 시간적으로 선·후 관계		–았/었어서 (×) –겠어서 (×)
–(으)니까	• 앞, 뒤 내용 – 시간적으로 선·후 관계 • 주로 주관적 이유, 당연한 이유를 말할 때 • 뒤 문장 – (으)ㄹ까요?, –(으)세요, –(으)ㅂ시다 (○)	없음	–겠으니까 (×)
–(으)ㄹ까 봐(서)	• 앞문장 내용 – 부정적인 결과 예상, 걱정 • 뒤 문장: 의무(–아/어야 한다) – × 　　　　　미래(–(으)ㄹ 것이다) – ×		–겠을까 봐 (×)
–느라고	• 같은 시간에 앞·뒤 두 가지를 동시에 못 하는 것 • 앞 문장에서 일을 하는 동안의 상태가 뒤 문장에 옴. 　예 ~느라고 힘들다, 바쁘다, 수고하다… • 앞 문장에서 한 행동 때문에 그 시간에 해야 할 일을 잊어버리거나 약속 시간에 늦을 때 　예 ~느라고 잊어버리다/늦다 • 앞 문장 – 부정의 의미를 가진 동사 × 　예 안 가다, 못 먹다, 잃어버리다, 고장 나다 등 • 앞 문장 – 일회성 동사 × / 상태 동사 × 　※ 대부분 진행의 '~고 있다'를 쓸 수 없는 동사 　예 늦게 일어나다, 감기에 걸리다. 놓치다, 알다… • 앞, 뒤 다른 주어 – ×	동사	–았/었느라고 (×) –겠느라고 (×)
–(으)므로	• '–아/어서'와 바꿔서 쓸 수 있으나 더 격식적임.		–겠으므로 (×)
–더니	• 주어 – '나', '우리' ×　앞, 뒤 다른 주어 × • 앞, 뒤 내용 – 시간적으로 선·후 관계	없음	–았/었더니 (×) –겠더니 (×)
–았/었더니	• 앞 문장 주어 –'나', '우리' • 앞, 뒤 내용 – 시간적으로 선·후 관계	동사	–더니 (×) –겠더니 (×)

	앞 뒤 내용, 주어 제약	V, A 제약	연결 부분 제약
−기 때문에 ※ N 때문에	• '−아/어서'와 바꿔 쓸 수 있음.	없음	−겠기 때문에 (×)
−기에 ※ −다/냐/라/자기에	• 뒤 문장 주어 −'나', '우리'만 가능		없음
−(으)ㄴ 덕분에 ※ N 덕분에	• 뒤 문장 내용 – 긍정적인 (좋은) 결과		−(으)ㄹ 덕분에 (×)
−(으)ㄴ/는 탓에 ※ N 탓에	• 뒤 문장 내용 – 원하지 않은 부정적인 (나쁜) 결과		−(으)ㄹ 탓에 (×)

※ 위에 있는 모든 이유의 연결어미 뒤에는 '−(으)ㄹ까요?', '−(으)세요', '−(으)ㅂ시다' 등의 형태가 절대로 올 수 없습니다. 단 '−(으)니까'는 올 수 있습니다.

◉ 다음은 잘못 쓴 문장들입니다. 왜 틀렸는지 알아봅시다.

예	틀린 이유	수정 후
1. 샤워해서 전화를 못 받았다.	− 샤워하는 시간, 전화를 받는 시간 같으므로 안 됨. − 선 · 후 관계가 아님.	• 샤워하느라고 전화를 못 받았다.
2. 합격할까 봐 열심히 공부했다.	− '합격하다'는 부정적인 결과가 아님.	• 떨어질까 봐 열심히 공부했다.
3. 시험에 떨어질까 봐 열심히 공부해야 한다.	− 뒤 문장에 의무표현 안 됨. └▶ '−아/어야 한다'	• 시험에 떨어질까 봐 열심히 공부한다.
4. 늦게 일어나느라고 지각했다.	− '일어나다'는 일회성 동사, − '늦게 일어나다' / '지각하다'는 선 · 후 관계이므로 안 됨.	• 늦게 일어나서 지각했다.
5. 비가 오느라고 약속을 취소했다.	− 앞 뒤 주어 (비, 사람) 달라서 안 됨. − 동시 관계가 아니라 선 · 후 관계.	• 비가 와서 약속을 취소했다.
6. 바빴느라고 운동을 못 했다.	− '바쁘다' 형용사는 쓸 수 없음. − '빴' 형태는 쓸 수 없음.	• 바빠서 운동을 못 했다. • 일을 하느라고 운동을 못 했다.
7. 그 사람이 있는지 모르느라고 인사를 못 했다.	− '모르다'는 부정의 의미가 있고 상태 동사이므로 안 됨. − 선 · 후 관계	• 그 사람이 있는지 몰라서 인사를 못 했다.
8. 날씨가 좋더니 산책을 했다.	− 앞 뒤 주어 (날씨, 사람) 달라서 안 됨.	• 날씨가 좋아서 산책을 했다.
9. 엄마가 없더니 아이가 울었다.	− 앞 뒤 주어 (엄마, 아이) 달라서 안 됨.	• 엄마가 없어서 아이가 울었다.

예	틀린 이유	수정 후
10. 내가 약속을 지키더니 부모님이 기뻐하셨다.	– 앞 문장 주어가 '나'이면 '–더니' 안 됨.	• 내가 약속을 지켰더니 / 지켜서 부모님이 기뻐하셨다.
11. 사람들이 보는 앞에서 넘어지기 때문에 창피했다.	– '넘어지다'는 현재 상태가 아니라 완료된 상태가 되어야 의미가 맞음.	• 사람들이 보는 앞에서 넘어졌기 때문에 창피했다.
12. 내가 이사를 했기에 친구가 도와주었다.	– 뒤 문장 주어 '친구' 안 됨. – '이사를 했다'는 완료된 상태이므로 의미가 맞지 않음.	• 친구가 이사를 하기에 내가 도와주었다.
13. 내가 한 음식이 맛있기에 친구들이 많이 먹었다.	– 뒤 문장 주어 '친구' 안 됨.	• 친구가 한 음식이 맛있기에 많이 먹었다.
14. 술을 많이 마시는 덕분에 건강이 나빠졌다.	– '건강이 나빠졌다'는 부정적인 결과. – '마시는 덕분에' 형태 오류	• 술을 많이 마신 탓에 / 마셔서 건강이 나빠졌다.
15. 외국어를 잘 한 탓에 취직을 잘했다.	– '취직을 잘했다'는 긍정적인 결과.	• 외국어를 잘 한 덕분에 / 잘해서 취직을 잘했다.
16. 급해서 서두르십시오.	– '–아/어서' 뒤에 '–(으)세요' 안 됨.	• 급하니까 서두르십시오.

1. 아래에 있는 여러 가지 <u>이유</u>를 보고 연결어미를 사용해 문장을 완성해 보세요.

> • <u>게임을 하다</u> • 최선을 다하다 • 실수하다 • 지각하다 • 돈을 벌다
> • 열심히 공부하다 • 운동을 못 하다 • 다이어트하다 • 버스를 놓치다

＋

보기　게임을 하느라고　　　숙제를 잊어버렸다.

① _____

② _____

③ _____

④ _____

⑤ _____

⑥ _____

⑦ _____

⑧ _____

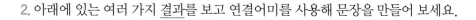

2. 아래에 있는 여러 가지 <u>결과</u>를 보고 연결어미를 사용해 문장을 만들어 보세요.

＋ ・<u>꿈을 이루다</u> ・서두르다 ・질서를 지켜야 하다 ・사고가 나다 ・승진하다
・잠을 못 자다 ・집을 사다 ・칭찬을 받다 ・감기에 걸리다

보기 최선을 다한 덕분에 드디어 <u>꿈을 이루었다.</u>

① _____

② _____

③ _____

④ _____

⑤ _____

⑥ _____

⑦ _____

⑧ _____

3. 다음 상황을 보고 이유를 나타내는 연결어미를 사용해서 짧은 글을 완성해 보세요.

친구와 싸운 이유와 화해하게 된 과정

_____

_____

_____

_____

_____

_____

외모(성형 수술, 다이어트)를 바꾼 이유와 그 후의 변화

못하는 것(이유), 못하던 것을 잘하게 된 과정

• 목적, 의도

	앞, 뒤 내용 제약, 주어 제약	V, A 제약	연결부분 제약
−기 위해서	• 뒤 문장은 목적을 이루기 위한 행동. • 앞, 뒤 문장 주어 일치. / 사람이 주어.	동사	−았/었기 위해서 (×) −겠기 위해서 (×)
−(으)려고	• 뒤 문장은 현재, 과거 (○) 미래 계획 (×) • 뒤 문장은 '−아/어야 한다' (×) • 앞, 뒤 문장 주어 일치. / 사람이 주어.		−았/었으려고 (×) −겠으려고 (×)
−고자	• 앞, 뒤 문장 주어 일치. / 사람이 주어.		−았/었고자 (×) −겠고자 (×)
−(으)ㄹ 겸해서	• 목적 1(생략 가능) + 목적 2 (두 가지 목적) • '−도 하고 −도 −(으)ㄹ 겸해서' 형태.		−(으)ㄹ 겸 했어서 (×)
−(으)려면 −고자 하면 (=자면)	• 뒤 문장에 '요구 조건' 필요함. <u>목적을 위해 필요한 것, 또는 행동.</u> 주로 '∼필요하다', '−아/어야 한다'형태		−았/었으려면 (×) −겠으려면 (×)
			−았/었고자 하면 (×) −겠고자 하면 (×)
−도록 −게	• 뒤 문장은 의도에 맞는 행동. • 앞, 뒤 다른 주어도 가능.	없음	−았/었도록 (×) −겠도록 (×)

❍ 다음은 잘못 쓴 문장들입니다. 왜 틀렸는지 알아봅시다.

예	틀린 이유	수정 후
1. 잊어버리지 않으려고 메모할 것이다.	– '∼것이다.' 미래 시제 안 됨.	• 잊어버리지 않으려고 메모했다.
2. 발음이 좋기 위해서 연습했다.	– '좋다'는 형용사라서 안 됨. – 앞, 뒤 주어 달라서 안 됨.	• 발음이 좋아지도록 연습했다.
3. 외국에 가면 여권이 필요하다.	– '요구 조건' 앞에 '(으)면' 안 됨.	• 외국에 가려면 여권이 필요하다.
4. 자원낭비를 줄이고자 재활용이 필요하다.	– 앞, 뒤 주어 달라서 안 됨.	• 자원낭비를 줄이고자 재활용을 한다/했다.
5. 많은 시민들이 참여하기 위해서 다양한 행사를 마련했다.	– 앞, 뒤 주어 달라서 안 됨.	• 많은 시민들이 참여하도록 다양한 행사를 마련했다.
6. 살이 빠지기 위해 운동한다.	– '빠지다' 주어는 사람이 아님.	• 살을 빼려고 운동한다.
7. 스트레스를 풀고 싶으려면 취미 활동을 해야 한다.	– '−고 싶다'는 형용사 (×)	• 스트레스를 풀려면 취미 활동을 해야 한다.

○ 다음은 이루고 싶은 목표들입니다. 그 목표를 위해서 어떻게 해야 하는지 써 보세요.

1.
| • 사회에 필요한 인재가 되다 | • 기회를 잡다 | • 전문가가 되다 |
| • 위기를 잘 극복하다 | • 사회 경험을 쌓다 | • 실수하지 않다 |

   ① ___사회에 필요한 인재가 되___ 기 위해서 다양한 분야의 지식과 경험을 쌓았다.

   ② _____ 려고 _____

   ③ _____ 려면 _____

   ④ _____ 도록 _____

2.
| • 건강하게 살다 | • 돈을 모으다 | • 세계 여행을 하다 |
| • 재미있게 살다 | • 외국 친구를 사귀다 | • 부모님이 실망하지 않다 |

   ① _____ 기 위해서 _____

   ② _____ 려고 _____

   ③ _____ 려면 _____

   ④ _____ 도록 _____

3.
| • 에너지 낭비를 줄이다 | • 문화유산을 보존하다 | • 동물들을 보호하다 |
| • 음식 쓰레기를 줄이다 | • 공기가 나빠지지 않다 | • 천연자원이 고갈되지 않다 |

   ① _____ 기 위해서 _____

   ② _____ 려고 _____

   ③ _____ 려면 _____

   ④ _____ 도록 _____

4.
| • 다른 나라 문화를 이해하다 | • 사고를 줄이다 | • 인종 차별을 없애다 |
| • 아이들이 잘 자라다 | • 노숙자를 돕다 | • 범죄를 줄이다 |

   ① _____ 기 위해서 _____

   ② _____ 려고 _____

   ③ _____ 려면 _____

   ④ _____ 도록 _____

• 경험과 발견

※ '경험'의 '(으)니까'는 '-기 때문에'로 바꾸면 어색하고 '이유'의 '-(으)니까'는 '-기 때문에'로 바꿔도 자연스럽다.

	앞 뒤 내용 제약, 주어 제약	V, A 제약	연결 부분 제약
-(으)니까 ※ 이유 제외	• 앞 내용 – 주어의 (주로 1인칭) 경험. 결과를 모르고 하는 행동. 뒤 내용 – ① 다른 사람의 반응. 　　　　　– ② 몰랐던 사실(상황) 발견. • 뒤 내용은 미래, 추측 (×) 자신의 행동 (×)		-았/었으니까(×) -겠으니까(×)
-아/어 보니까 ※ 이유 제외	• 앞 내용은 – 시도의 의미가 강조된 경험. (1인칭) • 뒤 내용 – 대상(2, 3인칭)에 대한 사실, 느낌. 몰랐던 사실(상황) 발견. ※ 경험의 결과로 또 다른 행동은 안 됨. • 뒤 내용은 미래, 추측 (×)	동사	-았/었어 보니까(×) -겠어 보니까(×)
-고 보니까	• 뒤 내용 – 예상과 다른, 미처 몰랐던 사실 발견.		-았/었고 보니까(×) -겠고 보니까(×)
-다가 보니까 ※ 이유 제외	• 앞 내용은 행동을 계속, 또는 반복하는 과정. • 뒤 내용은 자기도 모르게 나타난 결과. • '-게 되다, -아/어지다'같은 표현이 자주 사용됨.		-았/었다가 보니까(×) -겠다가 보니까(×)

○ 다음은 잘못 쓴 문장들입니다. 왜 틀렸는지 알아봅시다.

예	틀린 이유	수정 후
1. 버스가 출발하니까 비가 내렸다.	– '버스'는 1인칭 주어가 아님.	• 버스를 타고 출발하니까 비가 내렸다.
2. 백화점에 가니까 선물을 샀다.	– 뒤에 '샀다' 행동 안 됨. 백화점에 대한 내용 필요.	• 백화점에 가니까 사람이 많았다.
3. 결혼해 보니까 부모님의 사랑을 알았다.	– '알았다'는 단순 사실 결과. 상태나 정도의 발견이 아님.	• 결혼해 보니까 부모님의 사랑이 얼마나 깊은지 알게 됐다.
4. 계속 실패해 보니까 포기한다.	– '실패하다'는 시도하고 싶은 경험이 아님.	• 계속 실패하다가 보니까 포기하게 됐다.
5. 버스를 타고 보니까 잘못 탔다.	– '잘못 탔다. (행동) 안 됨.	• 버스를 타고 보니까 내가 타려던 버스가 아니었다.
6. 술을 마셔 보니까 취했다.	– '-어 보니까' 뒤에 행동 안 됨.	• 술을 마시다가 보니까 취했다.
7. 국제결혼을 하다가 보니까 문화 차이를 실감할 것이다.	– '결혼'은 반복하기 어려운 일. – '~을 것이다' (추측)' 안 됨.	• 국제결혼을 해서 살다 보니까 문화 차이를 실감하게 되었다.

1. 아래에 있는 여러 가지 <u>행동</u>을 보고 연결어미를 사용해 문장을 만들어 보세요.
(※ 경험을 나타내는 연결어미를 모두 사용하세요.)

• <u>한국어를 배우다</u>   • 전화를 걸다   • 매일 게임을 하다   • 그 배우를 직접 보다   • 정신을 차리다
• 그 컴퓨터를 쓰다   • 세일 기간에 백화점에 가다   • 인턴으로 일하다   • 시험 문제를 보다   ✚

보기   <u>한국어를 배워 보니까</u>   존댓말 때문에 좀 어렵지만 재미있다.

① _____

② _____

③ _____

④ _____

⑤ _____

⑥ _____

⑦ _____

⑧ _____

2. 아래에 있는 여러 가지 <u>결과</u>를 보고 연결어미를 사용해 문장을 만들어 보세요.

✚   • <u>시간이 빨리 가다</u>   • 미안하다고 했다   • 감기가 낫다   • 편하다   • 익숙해지다
• 아무도 없다   • 사랑하게 되다   • 80점이다   • 밤 10시가 되다

보기   바쁘게 일하다가 보니까   <u>시간이 빨리 갔다.</u>

① _____

② _____

③ _____

④ _____

⑤ _____

⑥ _____

⑦ _____

⑧ _____

3. 자신이 경험한 결과를 '–아/어 보니까'를 사용해서 써 보세요. (뒤 문장 '좋다'는 제외)

1. 그 옷	2. 그 화장품	① 그 옷을 입어 보니까 나에게 잘 어울렸다. ②
3. 그 신발	4. 그 라면	③ ④
5. 그 친구 집	6. 그 술	⑤ ⑥
?	?	⑦ ⑧
?	?	⑨ ⑩

4. 다음은 여러분이 한 행동입니다. 여러분이 발견한 결과에 대해서 한번 써 보세요.

① 오랜만에 고향에 가니까　　　　새로 지은 건물들이 많이 보였다.

② 냉장고 문을 여니까

③ 오후 5시에 은행에 가니까

④ 도서관에 가니까

⑤ 늦게 약속 장소에 가니까

⑥ 창문을 여니까

⑦ 선물 상자를 여니까

⑧ 산 정상에서 아래를 보니까

⑨ 아침에 일어나니까

5. '-고 보니까'를 써서 문장을 만들어 보세요.

① 뒤늦은 발견	• 보고서를 쓰고 보니까	다른 사람이 이미 쓴 내용이었다.
	•	
② 후회	•	괜히 했다는 생각이 들었다.
	•	
③ 착각 / 실수	•	아니었다.
	•	

6. '-다가 보니까'를 써서 문장을 만들어 보세요.

① 한국 친구를 만나서 이야기를 많이 하다가 보니까　한국말을 잘하게 되었다.

② 　　　　　　　　　　　　　　　　　　　　　　가족 간에 대화가 많아졌다.

③ 　　　　　　　　　　　　　　　　　　　　　　전화 요금이 많이 나왔다

④ 　　　　　　　　　　　　　　　　　　　　　　스트레스가 쌓였다.

⑤ 　　　　　　　　　　　　　　　　　　　　　　시간 가는 줄 몰랐다.

• 판단

	앞, 뒤 내용 제약	V, A 제약	연결 부분 제약
-기에(는)	• 앞 – 판단의 기준이 되는 행동. • 뒤 – 주로 판단한 결과를 나타내는 형용사가 옴.	동사	-았기에는 (×) -겠기에는 (×)

○ 다음은 잘못 쓴 문장들입니다. 왜 틀렸는지 알아봅시다.

예	틀린 이유	수정 후
1. 걸어서 가기에는 다리가 아팠다.	– '아팠다'는 판단 형용사 아님.	• 걸어서 가기에는 거리가 너무 멀다.
2. 지금 포기했기에는 너무 아깝다.	– '했기에는' 형태 오류.	• 지금 포기하기에는 너무 아깝다.
3. 이 책은 외국인이 보기에는 뜻을 이해할 수 없다.	– '이해할 수 없다'는 형용사 아님.	• 이 책은 외국인이 보기에는 어려운 단어가 많다.
4. 등산을 하기에는 지팡이가 필요하다.	– '필요하다'는 판단 형용사 아님.	• 등산을 하기에는 날씨가 좋지 않다.

1. 아래에 있는 조건들을 보고 '-기에는' 을 사용해서 문장을 만들어 보세요.

① 휴가 기간	2 일	➡	해외여행을 하기에는 너무 짧다.
	일주일		

② TOPIK 등급	2급	➡	
	3급		

③ 나이	10살	➡	
	50살		

④ 돈	천 원	➡	
	오천 원		

• 하나 더 추가

	앞, 뒤 내용 제약, 주어 제약	V, A 제약	연결 부분 제약
–고	• 앞 문장은 하나의 상황. 'N도'로 강조할 수 있음.	없음	없음
–(으)며	• 뒤 문장은 거기에 추가되는 상황. 'N도'로 강조할 수 있음. • '–(으)며'는 '–고'보다 격식적인 표현.		
• –(으)ㄹ 뿐만 아니라 • –(으)ㄹ 뿐더러	• 앞 문장은 하나의 상황. • 뒤 문장은 추가되는 더 심한 상황. 'N도 ~'로 강조할 수 있음.		–겠을 뿐만 아니라 (×) –았는 데다가 (×) –겠는 데다가 (×)
• –(으)ㄴ/는 데다가 • –(으)ㄴ/는 것은 물론이고	• 서로 연관성 있는 주제로 써야 함. • 긍정적인 내용끼리. 부정적인 내용 끼리 써야 함.		–았는 것은 물론이고 (×) –겠는 것은 물론이고 (×)

◉ 다음은 잘못 쓴 문장들입니다. 왜 틀렸는지 알아봅시다.

예	틀린 이유	수정 후
1. 맛도 좋을 뿐만 아니라 값도 비싸다.	– 앞은 긍정, 뒤는 부정 안 됨.	• 맛도 좋을 뿐만 아니라 값도 싸다.
2. 비가 왔는 데다가 바람도 불 었다.	– '왔는 데다가'는 형태 오류.	• 비가 온 데다가 바람도 불었 다.
3. 열심히 공부할 것은 물론이 고 건강을 위해 운동할 것 이다	– '할 것은 물론이고' 형태 오류	• 열심히 공부하는 것은 물론이 고 건강을 위해 운동도 할 것 이다
4. 그 아이는 키가 많이 클 뿐만 아니라 더 예뻐졌다.	– '클 뿐만 아니라' 시제 오류	• 그 아이는 키가 많이 컸을 뿐 만 아니라 더 예뻐졌다.
5. 한국의 봄은 바람이 많이 부 는 데다가 꽃이 핀다.	– 앞, 뒤 내용에 연관성 없음.	• 한국의 봄은 바람이 많이 부 는 데다가 건조하다.
6. 서로 신뢰한 것은 물론이고 배려할 줄 알아야 잘 지낼 수 있다.	– '신뢰한 것은' 시제 오류.	• 서로 신뢰하는 것은 물론이고 배려할 줄 알아야 잘 지낼 수 있다.

1. 제시된 내용을 보고 제시된 연결어미를 사용해서 한 문장으로 만드세요.

① 옛날 컴퓨터는 무겁다 / ❓ ➡ **옛날 컴퓨터는 너무 무거우며 속도도 느리다.**
－(으)며

② 발표 내용이 창의적이다 / ❓ ➡
－(으)ㄴ/는 데다가

③ 그 곳은 ❓ / 위험하다 ➡
－(으)ㄴ/는 것은 물론이고

④ 성격이 급하다 / ❓ ➡
－(으)ㄹ 뿐만 아니라

⑤ ❓ / 임금도 높지 않다. ➡
－고

⑥ 속도가 빠르다 / ❓ ➡
－(으)ㄹ 뿐더러

⑦ 가족도 없이 혼자 살다 / ❓ ➡
－(으)ㄴ/는 데다가

⑧ 고양이는 혼자 잘 놀다 / ❓ ➡
－(으)ㄹ 뿐더러

⑨ 누구나 할 수 있다 / ❓ ➡
－(으)ㄹ 뿐만 아니라

⑩ 그 아이는 ❓ / 적극적이다 ➡
－(으)ㄴ/는 데다가

⑪ ❓ / 운동도 잘하다. ➡
－(으)ㄴ/는 것은 물론이고

⑫ ❓ / 자격증도 많다 ➡
－(으)ㄹ 뿐더러

⑬ ❓ / 결혼하기도 어렵다 ➡
－(으)/는 것은 물론이고

⑭ 공기가 나빠졌다 / ❓ ➡
－(으)ㄴ/는 데다가

⑮ 사용법도 쉽다 / ❓ ➡
－고

2. 아래에 있는 대상을 선택한 후, 좋은 점이나 나쁜 점 두 가지를 써 보세요.

음식, 게임, 남자 친구, 여자 친구, 한국어, 날씨, 가수, 내가 여행한 곳,
영화배우, 친구, 남편, 아내, 이번에 받은 선물, 선생님, 물건, 운동(수영, 축구…),
전통시장, 그 날, 그 영화, 한복, 한옥, 우리 부모님, 여행, 그 일,
교통수단(지하철, 자전거…), 계절(봄, 여름…), 책, 수업, 그 학교, 그 회사

좋은 것끼리

① 음식 : 김밥은 맛있을 뿐만 아니라 값도 싸다.

②

③

④

⑤

⑥

⑦

나쁜 것끼리

① 책 : 그 책은 두꺼운 데다가 외국인이 읽기에는 너무 어렵다.

②

③

④

⑤

⑥

⑦

• 상반, 대조

	앞, 뒤 내용 제약	V, A 제약	연결 부분 제약
−지만 −(으)나	• 앞과 뒤가 서로 상반, 대조되는 것. • '−(으)나'는 '−지만'보다 격식적인 표현.	없음	없음
−(으)ㄴ/는 반면에			−았는 반면에 (×) −겠는 반면에 (×)
−(으)ㄴ/는 데 반해	• 앞과 뒤가 서로 상반, 대조되는 내용. • 앞과 뒤의 내용 주제가 비슷해야 함.	없음	−았는 데 반해 (×) −겠는 데 반해 (×)
−(으)ㄴ/는가 하면 −도			−았는가 하면 (×) −겠는가 하면 (×)

◉ 다음은 잘못 쓴 문장들입니다. 왜 틀렸는지 한번 알아봅시다.

예	틀린 이유	수정 후
1. 키는 컸으나 체력은 좋아졌다.	− 뒤 문장 상반된 내용이 아님.	• 키는 컸으나 체력은 나빠졌다.
2. 장점이 있는가 하면 단점이 있다.	− 뒤 문장 '단점이'는 어색함.	• 장점이 있는가 하면 단점도 있다.
3. 자유가 있은 반면에 책임도 있다.	− '있은'은 형태 오류.	• 자유가 있는 반면에 책임도 있다.
4. 고장이 잘 나지 않는 데 반해 사람들이 많이 산다.	− 서로 관계있는 내용이 아님.	• 고장이 잘 나지 않는 데 반해 쓰기가 불편하다.

1. 제시된 내용을 보고 연결 어미를 사용해서 한 문장으로 만드십시오.

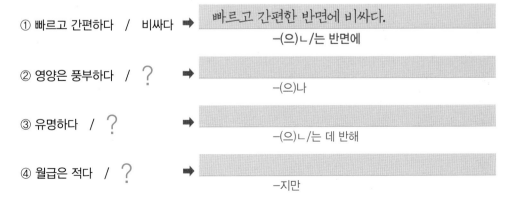

① 빠르고 간편하다 / 비싸다 ➡ 빠르고 간편한 반면에 비싸다.
−(으)ㄴ/는 반면에

② 영양은 풍부하다 / ❓ ➡
−(으)나

③ 유명하다 / ❓ ➡
−(으)ㄴ/는 데 반해

④ 월급은 적다 / ❓ ➡
−지만

⑤ 그 영화는 오락성은 뛰어나다 / ? ➡

-(으)ㄴ/는 데 반해

⑥ ? / 부정적인 면도 있다 ➡

-(으)ㄴ/는가 하면 -도

⑦ ? / 교환, 환불이 불가능하다 ➡

-(으)ㄴ/는 반면에

⑧ ? / 성격은 바꾸기 어렵다 ➡

-(으)나

⑨ 돈을 벌기는 어렵다 / ? ➡

-(으)ㄴ/는 반면에

⑩ 실패할 가능성이 있다 / ? ➡

-(으)ㄴ/는가 하면 -도

⑪ ? / 졸업 조건은 까다롭다 ➡

-(으)ㄴ/는 데 반해

⑫ ? / 실용성이 없다 ➡

-(으)나

⑬ 그 나라는 물가가 싸다 / ? ➡

-지만

2. 다음 장점과 단점을 두 가지 이상 생각해서 대조 표현으로 써 보세요.

자유 여행

장점	단점
① 가고 싶은 곳에 갈 수 있다.	시간이 많이 걸린다.
② _____	_____

➡ 자유 여행은 가고 싶은 곳에 갈 수 있는 반면 시간이 많이 걸린다.

➡

도시 생활

장점	단점
① _____	_____
② _____	_____
➡	
➡	

광고

장점	단점
① _____	_____
② _____	_____
➡	
➡	

소셜 미디어 (SNS)

장점	단점
① _____	_____
② _____	_____
➡	
➡	

진로 선택 (창업)

장점	단점
① _____	_____
② _____	_____
➡	
➡	

- 일반적인 예상과 다른 결과

	앞, 뒤 내용 제약	V, A 제약	연결 부분 제약
−(으)ㄴ/는데도 불구하고	• 앞 문장은 어떤 행동이나 상태. • 뒤 문장은 예상과 다른 결과. 　미래 시제는 잘 안 씀.	없음	−겠는데도 불구하고 (×)
−(으)면서도	• 앞 문장은 어떤 행동이나 상태. • 뒤 문장은 예상과 다른 반응 (행동). 　미래 시제는 잘 안 씀. • 앞, 뒤 문장 주어 일치 필수.		−겠으면서도 (×)
−고도	• 앞 문장은 이미 완료된 행동. • 뒤 문장은 예상과 다른 반응 (행동). 　미래 시제는 잘 안 씀. • 앞, 뒤 문장 주어 일치 필수.	동사 (행동)	−았고도 (×) −겠고도 (×)

❍ 다음은 잘못 쓴 문장들입니다. 왜 틀렸는지 한번 알아봅시다.

예	틀린 이유	수정 후
1. 친구가 어려우면서도 돕지 않았다.	− 앞 뒤 주어 불일치.	• 친구가 어려운데도 돕지 않았다.
2. 감기에 걸렸고도 쉬었다.	− 앞 '걸렸고도' 형태 오류. − 예상과 다른 결과 아님.	• 감기에 걸리고도 쉬지 않았다.
3. 커피를 많이 마시고도 잠을 잘 잘 것이다.	− 뒤 문장 시제 어색함.	• 커피를 많이 마시고도 잠을 잘 잤다.
4. 열심히 공부하는데도 시험을 못 봤다.	− '공부하는데도' 시제 오류.	• 열심히 공부했는데도 시험을 못 봤다.
5. 부모님이 반대하는데도 결혼할 것이다.	− 뒤 문장 시제 어색함.	• 부모님이 반대하는데도 결혼했다.
6. 잘못을 하는데도 사과하지 않았다.	− '∼하는데도' 시제 오류.	• 잘못을 했는데도 사과하지 않았다. • 잘못을 하고도 사과하지 않았다.
7. 바쁘면서도 연락을 자주 하지 않았다.	− 예상과 다른 결과 아님.	• 바쁘면서도 자주 연락했다.
8. 돈이 많고도 쓰지 않았다.	− 형용사는 안 됨.	• 돈이 많으면서도 쓰지 않았다. • 돈이 많은데도 쓰지 않았다.
9. 옷이 마음에 들지 않고도 샀다.	− '마음에 들다' 행동 아님.	• 옷이 마음에 들지 않는데도 샀다.

1. 아래에 있는 상황에 맞게 '–(으)ㄴ/는데도'를 사용해서 문장을 완성해 보세요.

> • 경제적 여유가 있다 • 시간적 여유가 없다 • 성공할 가능성이 별로 없다 • 할 일이 많다
> • 경제적 여유가 없다 • 한가하다 • 어리다 • 비가 오다 • 실력이 뛰어나다

＋

> **보기** 경제적 여유가 있는데도 (불구하고)   항상 돈이 없다고 불평한다.

① _____

② _____

③ _____

④ _____

⑤ _____

⑥ _____

⑦ _____

⑧ _____

2. 아래에 있는 상황에 맞게 '–(으)면서도'나 '–고도'를 사용해서 문장을 완성하세요.

> • 파티에 초대받다 • 잘못을 하다 • 그 사실을 알다 • 여자이다 • 힘들다고 말하다
> • 편지를 받다 • 질문을 받다 • 어려운 일을 겪다 • 너무 맵다고 하다

＋

> **보기** 파티에 초대받고도   가지 않았다.

① _____

② _____

③ _____

④ _____

⑤ _____

⑥ _____

⑦ _____

⑧ _____

3. 다음 상황을 보고 이야기를 만들어 보세요.

> • 그 사람은 암에 걸렸다. 왜 암에 걸렸을까?
>
>   ('-데도 불구하고, -(으)면서도, -고도'를 사용해서 써 보세요.)
>
> _____
>
> _____
>
> _____
>
> _____
>
> _____

4. 다음 상황을 보고 이야기를 만들어 보세요.

> • 모두가 그 사람을 존경한다. 존경받는 이유는 무엇일까?
>
>   ('-데도 불구하고, -(으)면서도, -고도'를 사용해서 써 보세요.)
>
> _____
>
> _____
>
> _____
>
> _____
>
> _____

• 예상보다 더 나쁜 결과

	앞, 뒤 내용 제약	V, A 제약	연결 부분 제약
–기는커녕 ※ –기는 고사하고	• 앞의 것보다 더 부정적인 상황이나 완전히 상반된 내용이 뒤에 옴. • 강조할 때 '오히려'를 쓸 수 있음. • 긍정적인 상황에는 쓸 수 없음. • 앞에 부정 표현(안~, 못~ 등) 안 됨.	없음	–았기는커녕 (×) –겠기는커녕 (×)

❍ 다음은 잘못 쓴 문장들입니다. 왜 틀렸는지 알아봅시다.

예	틀린 이유	수정 후
1. 야단을 치기는커녕 칭찬을 했다.	– '칭찬을 했다' 긍정적인 상황	• 칭찬을 하기는커녕 야단을 쳤다.
2. 파티에 안 오기는커녕 전화도 하지 않았다.	– '안 오기는커녕' 부정표현이므로 안 됨.	• 파티에 오기는커녕 전화도 하지 않았다.
3. 내일 비가 오겠기는커녕 구름 한 점 없이 맑을 것이다.	– '겠기는커녕' 형태 오류. – 뒤에 긍정적인 상황 안 됨.	• 내일 날씨가 맑기는커녕 비도 오고 바람도 불 것이다.
4. 월급이 오르기는커녕 근무 환경이 더 좋아졌다.	– '월급이 오르다' 뒤에 긍정적인 상황 안 됨.	• 월급이 오르기는커녕 근무 환경이 더 나빠졌다.

❍ 아래 의문들에 '–기는커녕'을 써서 대답해 보세요.

1. 여행이 즐거웠을까? ➡
2. 가족들은 대화를 많이 할까? ➡
3. 학생들은 열심히 공부할까? ➡
4. 사람들은 매일 운동을 할까? ➡
5. 120까지 살면 행복할까? ➡
6. 평화로운 세상이 올까? ➡
7. 조기 교육이 도움이 될까? ➡
8. 직장인들은 일을 즐길까? ➡
9. 일자리가 늘어날까? ➡

• 가정(단순가정, 특수가정)

	앞 뒤 내용 제약, 주어 제약	V, A 제약	연결 부분 제약
–(으)면	• 단순가정 (비가 오면… 졸업을 하면… 봄이 오면…) • 특수가정 (남자가 되면… 새처럼 날 수 있으면…) ※ 앞에 만일에(만약에)를 쓰는 것이 좋음. • 뒤 문장 – 일반적인 결과나 미래 예측, 의지 '–(으)ㄹ 것이다, –(으)ㄹ 것 같다, –고 싶다.'	없음	없음
–ㄴ/는 다면	• 특수 상황 가정(실현 가능성 낮은 가정) 만 • 뒤 문장 – 일반적인 결과나 미래 예측, 의지		
–다(가) 보면	• 앞 – 반복, 계속되는 행동. • 뒤 문장 – 일반적인 결과나 미래 예측	동사 (행동)	–았/었다 보면 (×) –겠다 보면 (×)
–다가는	• 앞 – 반복, 계속되는 행동. • 뒤 문장 – 일반적인 결과나 나쁜 결과 예측		–았/었다가는 (×) –겠다가는 (×)

❍ 다음은 잘못 쓴 문장들입니다. 왜 틀렸는지 한번 알아봅시다.

예	틀린 이유	수정 후
1. 맛있는 음식을 먹으면 만들 어야 한다.	– 내용이 선·후 관계가 아님. – 뒤 문장에 예상되는 결과 필요함.	• 맛있는 음식을 먹으면 행복하다.
2. 졸업하면 취직했다.	– 뒤 문장에 완료된 행동 안 됨.	• 졸업하면 취직할 것이다.
3. 버스를 타면 학교에 간다.	– 일반적인 결과나 예측이 없음. 단순히 이어지는 상황임.	• 버스를 타면 학교에 갈 수 있 다.
4. 오늘 운동을 하다가 보면 건강하다.	– 일회성 행동은 안 됨. – 뒤 문장 현재 상태 표현 안 됨.	• 계속 운동을 하다가 보면 건강 해질 것이다. / 건강해진다
5. 버스에서 졸리다가 보면 내릴 정류장을 놓칠 수 있 다.	– '졸리다'는 행동 동사가 아님.	• 버스에서 졸다가 보면 내릴 정 류장을 놓칠 수 있다.
6. 바쁘다가는 일을 빨리 끝 낼 것이다.	– '바쁘다'는 행동 동사 아님. – 뒤 문장에 좋은 결과 안 됨.	• 너무 바쁘게 일하다가는 실수 할 수도 있다.
7. 나이가 든다면 주름이 생 겼다.	– '나이가 들다' 특수 가정 아님. '생겼다'는 시제 오류.	• 나이가 들면 주름이 생길 것이 다.
8. 부끄럽다가 보면 발표를 못 한다.	– '부끄럽다' 형용사 안 됨.	• 부끄러워하다 보면 발표를 못 한다.
9. 영원히 늙지 않으면 좋다.	– '좋다'는 현재 상황 표현 안 됨.	• 영원히 늙지 않으면 좋겠다.

1. 다음은 가정할 수 있는 상황들입니다. 예상되는 상황을 추측해서 써 보세요.

가정	예측, 계획
① 1년 전으로 돌아가다 ➡	1년 전으로 돌아간다면 더 열심히 공부하고 싶다.
② 한 달 밖에 살 수 없다 ➡	
③ 남자(여자)가 되다 ➡	
④ 물이 부족하다 ➡	
⑤ 갑자기 해고되다 ➡	

2. 다음은 걱정하는 내용들입니다. 해결방법을 제시해 보세요.

걱정	해결 방법 제시
① 한국말을 잘 못하다 ➡	한국 사람들과 자주 이야기하다 보면 잘하게 될 것이다.
② 살이 안 빠지다 ➡	
③ 경험이 없어서 일을 못하다 ➡	
④ 모아 놓은 돈이 없다 ➡	
⑤ 친구가 없다 ➡	

3. 다음은 현재의 나쁜 습관과 행동들입니다. 결과를 예측하고 충고해 보세요.

나쁜 습관 · 행동	충고
① 게임만 계속 하다 ➡	게임만 계속 하다가는 다른 일은 아무것도 못 할 것이다.
② 담배를 많이 피우다 ➡	
③ 스마트폰만 보다 ➡	
④ 계속 놀기만 하다 ➡	
⑤ 계속 과로하다 ➡	

- 전제 조건

	앞 뒤 내용 제약, 주어 제약	V, A 제약	연결 부분 제약
−아/어야	• 무엇을 하기 위해 꼭 필요한 조건. • 뒤 문장 내용은 주로 '∼(으)ㄹ 수 있다'−가능 또는 결과.	없음	−았어야 (×) −겠어야 (×)
−는 한	• 앞−반드시 필요한 조건(제한 강조). • 뒤 내용은 그런 조건이 있을 때 반드시 나타나는 결과, 상태.(현재, 미래)	동사 있다, 없다	−았는 한 (×) −(으)ㄴ 한 (×) −겠는 한 (×)
−지 않고서는 N이/가 아니고서는	• '−지 않으면'의 강조. • 뒤 문장 내용은 '∼(으)ㄹ 수 없다'−불가능.	없음	−았지 않고서는 (×) −겠지 않고서는 (×)
−되	• 앞−부분적으로 동의하지만 제한 조건 있음. '무엇이 가능하지만, 단∼'−강조. • 뒤−'아/어야 한다', '−(으)면 안 된다'	동사	−았되 (×) −겠되 (×)

○ 다음은 잘못 쓴 문장들입니다. 왜 틀렸는지 한번 알아봅시다.

예	틀린 이유	수정 후
1. 비자를 받아야 입국했다.	− '입국했다' 과거 안 됨.	• 비자를 받아야 입국할 수 있다.
2. 우리가 함께 한 한 두렵지 않다.	− '(으)ㄴ 한' 형태 오류.	• 우리가 함께 하는 한 두렵지 않다.
3. 연습하지 않고서는 완벽해지지 않았다.	− '−지 않았다.' 안 됨.	• 연습하지 않고서는 완벽해질 수 없다.
4. 이야기를 하되 작은 소리로 한다.	− '∼한다' 요구 조건 아님.	• 이야기를 하되 작은 소리로 해야 한다.
5. 자격이 있어야 신청할 수 없다.	− '할 수 없다.' 안 됨.	• 자격이 있어야 신청할 수 있다.
6. 돈을 많이 벌어야 집을 살 것이다.	− '살 것이다.' 안 됨.	• 돈을 많이 벌어야 집을 살 수 있다.
7. 양보하지 않는 한 해결할 수 없었다.	− '∼없었다.' 시제 오류.	• 양보하지 않는 한 해결할 수 없다.
8. 도움이 없는 한 성공할 수 있다.	− '할 수 있다' 안 됨.	• 도움이 없는 한 성공할 수 없다.
9. 쉬어야 스트레스가 풀릴 수 있다.	− '풀리다'는 피동이므로 '풀릴 수 있다' 안 됨.	• 쉬어야 스트레스가 풀린다. • 쉬어야 스트레스를 풀 수 있다.
10. 잘 먹되 편식하는 편이다.	− '∼편이다' 요구 조건 아님.	• 잘 먹되 편식하면 안 된다.

1. 아래에 있는 여러 가지 <u>조건</u>을 보고 연결어미를 사용해 문장을 만들어 보세요.

> • <u>충분히 연습하다</u> • 어려움을 겪다 • 학생이다 • 계획을 세우다 • 부모가 되지 않다
> • 개인의 자유를 존중하다 • 일을 즐기다 • 친구가 옆에 있다 • 아르바이트를 하다

보기 <u>충분히 연습하는 한</u>   실수하지 않을 것이다.

① _____

② _____

③ _____

④ _____

⑤ _____

⑥ _____

⑦ _____

⑧ _____

2. 아래에 있는 여러 가지 <u>결과</u>를 보고 조건의 연결어미를 사용해 문장을 만들어 보세요.

> • <u>즐겁게 일할 수 있다</u> • 흡연구역에서만 피워야 되다 • 신뢰를 얻을 수 없다 • 포기하지 않다
> • 인간관계가 좋아지다 • 지나치면 안 되다 • 행복할 수 없다 • 효과가 있다 • 장수할 수 없다

보기 그 일을 좋아해야   <u>즐겁게 일할 수 있다.</u>

① _____

② _____

③ _____

④ _____

⑤ _____

⑥ _____

⑦ _____

⑧ _____

3. '-아/어야, -는 한, -지 않고서는'을 사용해서 두 가지 이상 써 보세요.

성공의 조건	실패를 두려워하지 않아야 성공할 수 있다.
신뢰의 조건	
좋은 부모의 조건	

4. 다음 문장을 '-되'를 사용해서 완성해 보세요.

건강하게 살을 빼려면	먹는 양을 줄이되 몸에 필요한 영양소를 골고루 섭취해야 한다.
경제적인 소비를 하려면	
?에 중독되지 않으려면	

• 결과에 상반되는 가정

	앞 뒤 내용 제약, 주어 제약	V, A 제약	연결 부분 제약
–아/어도 –다(라)고 해도 ※ 가정	• 앞 – 결과에 영향을 미칠 수 있는 조건, 가정 • 뒤 – 일반적인 예상과 다른 결과 (현재, 미래) • '아무리 –아/어도' (강조) –'정도'가 있는 경우	없음	–겠어도 (×)
–더라도 –다(라)고 하더라도	• 앞 – 결과에 영향을 미칠 수 있는 가정 • 뒤 – 일반적인 예상과 다른 결과 (미래) • '아무리 –더라도' (강조) –'정도'가 있는 경우		–겠더라도 (×)
–(으)ㄹ지라도 –다(라) 할지라도	• 앞 –결과에 영향을 미칠 수 있는 조건, 가정 • 뒤 –일반적인 예상과 다른 결과 (현재, 미래) • '비록 –(으)ㄹ지라도' (강조) –'정도'가 있는 경우		–겠을지라도 (×)

※ 가정이 아니라 사실을 나타내는 '–아/어도'의 경우 – 뒤 부분에 과거 시제 가능.
아무리 불러도 오지 않았다. (○) / 아무리 부탁해도 거절했다. (○)

○ 다음은 잘못 쓴 문장들입니다. 왜 틀렸는지 알아봅시다.

예	틀린 이유	수정 후
1. 키는 작더라도 농구를 잘한다.	– '–더라도'는 가정 상황으로 '잘한다'와 어울리지 않음.	• 키는 작아도 농구를 잘한다. • 키는 작더라도 농구를 잘 할 수 있다.
2. 죽어도 말하지 않았다. 헤어져도 사랑했다.	– 뒤 부분 시제 어색.	• 죽어도 말하지 않을 것이다. • 헤어져도 사랑한다. 헤어져도 사랑할것이다.
3. 비가 왔어도 갈 것이다.	– 앞은 과거 내용, 뒤는 미래 의지를 강조하므로 어색함.	• 비가 와도 갈 것이다.
4. 사용하겠어도 교환할 수 있다.	– '–겠어도' 형태 오류	• 사용해도 교환할 수 있다.
5. 어려워도 포기한다.	– 뒤 내용 상반된 결과 아님.	• 어려워도 포기하지 않는다.
6. 죽을지라도 희망을 버리지 않는다.	– '지라도' 가정을 나타내므로 뒤 내용에 현재 시제 어색.	• 죽을지라도 희망을 버리지 않을 것이다.
7. 아무리 우산이 있어도 쓰지 않는다.	– 정도를 나타내지 않으므로 '아무리'를 쓰는 것이 어색.	• 우산이 있어도 쓰지 않는다.
8. 얼마나 힘들어도 참을 수 없다.	– 기대와 다른 결과 아님. – 강조할 때 '얼마나' 안 됨.	• 아무리 힘들어도 참을 수 있다.

1. 다음에 제시된 앞 문장의 내용을 보고 문장을 완성하세요.

1. 나와 문화가 다르다 / ❓ ➡ 나와 문화가 달라도 그 문화를 존중하는 태도가 필요하다.

2. 시간이 많다 / ❓ ➡

3. 위험하다 / ❓ ➡

4. 슬프다 / ❓ ➡

5. 가난하다 / ❓ ➡

6. 스트레스가 쌓이다 / ❓ ➡

7. 감기에 걸리다 / ❓ ➡

8. 언어 장벽이 있다 / ❓ ➡

9. 복권에 당첨되다 / ❓ ➡

10. ❓ / 포기하면 안 된다 ➡

11. 마음에 안 들다 / ❓ ➡

12. ❓ / 실수할 수 있다 ➡

13. 돈이 많다 / ❓ ➡

14. 아무리 경험이 많다 / ❓ ➡

15. 바쁘다 / ❓ ➡

16. ❓ / 취업이 어렵다 ➡

17. ❓ / 살이 찌지 않는다 ➡

18. 나이가 어리다 / ❓ ➡

19. ❓ / 설득할 수 없다 ➡

20. 화가 나다 / ❓ ➡

• 소용없는 가정 (후회, 아쉬움, 다행, 결과 인정)

	앞 뒤 내용 제약, 주어 제약	V, A 제약	연결 부분 제약
−았/었으면 −았/었다면 −았/었더라면	• 앞 – 과거에 일어나지 않았던 상황 가정. • 뒤 – 달라졌을 상황(예상되는 결과) 추측. 주로 후회나 아쉬움, 다행을 표현. • 뒤 문장 형태는 '∼았/었을 것이다'.	없음	−겠으면 (×) −겠다면 (×) −겠더라면 (×)

−았/었어도
−았/었다고 해도
았/었더라도
	• 앞 – 과거에 일어나지 않았던 상황 가정.
	• 뒤 – 그래도 달라지지 않았을 상황 추측.
	  (앞, 뒤 서로 상반된 내용)
	  바뀌지 않았을 결과를 인정하는 표현.
	• 뒤 문장 형태는 '∼았/었을 것이다'.
			−겠어도 (×)
			−겠다고 해도 (×)
			−겠더라도 (×)

◯ 다음은 잘못 쓴 문장들입니다. 왜 틀렸는지 알아봅시다.

예	틀린 이유	수정 후
1. 일찍 일어났으면 지각하지 않았다.	– '−지 않았다' 시제 오류.	• 일찍 일어났으면 지각하지 않았을 것이다.
2. 평소에 운동을 열심히 했더라면 건강이 나빠졌을 것이다.	– 예상되는 결과 아님.	• 평소에 운동을 열심히 했더라면 건강이 나빠지지 않았을 것이다.
3. 시험에 합격하겠다면 그 학교에 갈 수 있었을 것이다.	– '하겠다면' 형태 오류.	• 시험에 합격했다면 그 학교에 갈 수 있었을 것이다.
4. 재능이 있었더라도 성공했을 것이다.	– 앞, 뒤 상반된 내용 아님.	• 재능이 있었더라도 성공하지 못 했을 것이다.
5. 일찍 예매했다면 표를 살 수 있다.	– '∼수 있다' 시제 오류.	• 일찍 예매했다면 표를 살 수 있었을 것이다.
6. 미리 연락을 했더라도 만났다.	– 앞, 뒤 상반된 내용 아님. – '만났다' 시제 오류.	• 미리 연락을 했더라도 만나지 못 했을 것이다.
7. 음주 운전을 했다면 사고가 나지 않았을 것이다.	– 예상되는 결과 아님.	• 음주 운전을 했다면 사고가 났을 것이다. • 음주 운전을 하지 않았다면 사고가 나지 않았을 것이다.
8. 사과를 했어도 화가 풀렸을 것이다.	– 앞, 뒤 상반된 내용 아님.	• 사과를 했다면 화가 풀렸을 것이다. • 사과를 했더라도 화가 풀리지 않았을 것이다.

1. 다음을 보고 '-았/었더라면'으로 과거의 상황을 가정해서 써 보세요.

	가정	다른 결과
①	안전 규칙을 지켰더라면	사고가 나지 않았을 것이다. (이미 사고가 났다.)
②		후회하지 않았을 것이다. (지금 후회한다.)
③		시험을 잘 봤을 것이다. (시험을 잘 못 봤다.)
④		문제를 잘 해결했을 것이다. (문제를 잘 해결하지 못 했다.)
⑤		싸우지 않았을 것이다. (싸웠다.)

2. 다음 결과를 보고 '-았/었더라도'로 과거 상황을 가정해서 써 보세요.

	가정	같은 결과
①	꿈을 이루지 못했더라도	자신의 삶에 만족했을 것이다.
②		부모님은 나를 사랑했을 것이다.
③		결혼했을 것이다.
④		거절했을 것이다.
⑤		끝까지 희망을 잃지 않았을 것이다.

3. 범죄자가 된 사람이 있습니다. 이 사람은 범죄자가 되지 않을 수도 있었습니다. 어떻게 하면 범죄자가 되지 않을 수 있었는지 과거의 상황을 가정해서 써 보세요. ('-았/었더라면'을 사용해서 쓰세요.)

따뜻하고 행복한 가정에서 자랐더라면 범죄자가 되지 않았을 것이다. 그리고⋯

---

4. 흥행에 실패한 영화가 있습니다. 이 영화는 성공할 수도 있었습니다. 어떻게 하면 성공할 수 있었는지 과거의 상황을 가정해서 써 보세요. ('-았/었더라면'을 사용해서 쓰세요.)

배우들이 더 연기를 잘했더라면 흥행에 성공했을 것이다. 그리고⋯

---

5. 아낌없이 주는 나무처럼 나에게 모든 것을 아낌없이 주는 사람이 있습니다. 가능한 최악의 상황들을 가정해도 변하지 않을 그 사람의 사랑에 대해서 써 보세요. ('-았/었더라도'를 사용해서 쓰세요.)

내가 큰 잘못을 했더라도 그 사람은 나를 용서했을 것이다. 그리고⋯

외국인을 위한
한국어 문장 쓰기의 모든 것
(중급)

2

풍부하게
쓰기

장

01 명사형 만들기

명사는 문장에서 '무엇이', '무엇을', '무엇이다'의 자리에 쓰입니다. 그런데 명사가 와야 할 자리에 서술어나 문장이 올 수도 있습니다. 그럴 경우 어떻게 해야 하는지 한번 알아볼까요?

N은/는	N	을/를	V
아이들은	아이스크림	아이스크림을 (○)	좋아한다
	달다	달다를 (×) 달을 (×) <u>?</u> (○)	
	게임하다	게임하다를 (×) 게임하를 (×) <u>?</u> (○)	
	친구들과 놀다	놀다를 (×) 놀을 (×) <u>?</u> (○)	

N	이/가	A
운동	운동이 (○)	중요하다
규칙적으로 운동하다	운동하다가 (×) 운동하가 (×) <u>?</u> (○)	
좋은 친구를 사귀다	사귀다가 (×) 사귀가 (×) <u>?</u> (○)	
계획표를 만들다	만들다가 (×) 만들이 (×) <u>?</u> (○)	

알아봅시다 1

◉ 명사형은 서술어에 '-(으)ㄴ/는 것, -기, -(으)ㅁ' 등을 붙여서 만들 수 있습니다. 그런데 뒤에 어떤 서술어를 쓰느냐에 따라서 더 자연스러운 명사형이 있습니다.

• -는 것

		서술어	예문
V-는 것	조사	좋다, 중요하다, 필요하다 등 대부분의 서술어	• 규칙적으로 운동하는 것이 중요하다.
A-(으)ㄴ 것			• 돈이 많다고 해서 다 행복한 것은 아니다.

연습해 봅시다

◉ '-는 것'을 사용해서 문장을 다시 써 보세요.

1. <u>시골은</u> 장점이 있다.
   ↳ 시골에서 살다

➡ 시골에서 사는 것은 장점이 있다.

2. <u>자전거는</u> 환경보호에 도움이 된다.
   ↳ 자전거를 타다

➡ _____

3. <u>인터넷 쇼핑은</u> 편리하다.
   ↳ 인터넷에서 물건을 사다

➡ _____

4. <u>외국어 실력이</u> 중요하다.
   ↳ 외국어 실력을 갖추다

➡ _____

5. 나는 <u>책을</u> 좋아한다.
   ↳ 책을 읽다

➡ _____

6. <u>친구를</u> 봤다.
   ↳ 친구가 뛰어가다

➡ _____

7. <u>그것이</u> 싫다.
   ↳ 싫은데 좋은 척하다

➡ _____

8. <u>사진에</u> 관심이 있다.
   ↳ 사진을 촬영하다

➡ _____

○ '-는 것'을 써서 한 문장으로 만들어 보세요.

1. 혼자 영화 보다 / 좋아하다	➡	혼자 영화 보는 것을 좋아한다.
2. 자신의 적성을 알다 / 중요하다	➡	
3. ? / 재미있다	➡	
4. ? / 어렵다	➡	
5. 공부가 가장 중요하다 / 아니다	➡	
6. ? / 좋다	➡	
7. 먹고 싶다 / 없다	➡	
8. ? / 보다	➡	

○ 여러분은 무엇을 좋아합니까? 써 보세요.

보기　나는　　친구와 산책하며 이야기하는 것을　　좋아한다.

1. 나는

2.

3.

• –기

		서술어	예문
V/A –기	가	쉽다, 어렵다, 힘들다, 좋다, 나쁘다 편하다, 불편하다, 미안하다, 싫다	• 부탁을 거절하기가 어렵다. • 부탁하기가 미안하다.
	를	바라다, 기대하다, 기다리다 원하다, 좋아하다, 싫어하다 권하다, 요청하다, 시작하다 끝내다, 반복하다, 포기하다	• 시험에 합격하기를 바란다. • 비가 내리기 시작했다. ✔ 주의: 비가 내리기를 시작했다. (×)
	에	좋다, 나쁘다, 편하다, 불편하다	• 이 집은 혼자 살기에 좋다.

→ 연습해 봅시다

○ '–기'를 써서 문장을 다시 써 보세요.

1. 한국어가 어렵다.
   ┗► 한국어로 말하다

➡ 한국어로 말하기가 어렵다.

2. 내 취미는 요리이다.
   ┗► 요리하다

➡

3. 연락을 기다린다.
   ┗► 연락이 오다

➡

4. 한국 생활이 힘들다.
   ┗► 한국에서 살다

➡

5. 도움을 기대했다.
   ┗► 도와주다

➡

6. 운동을 싫어한다.
   ┗► 운동하다

➡

7. 그림을 좋아한다.
   ┗► 그림을 그리다

➡

8. 합격을 바란다.
   ┗► 시험에 합격하다

➡

9. 다이어트에 좋다.
   ┗► 살을 빼다

➡

10. 사용에 불편하다.
    ┗► 사용하다

➡

o '−기'를 써서 한 문장으로 만들어 보세요.

1. 꿈이 이루어지다 / 바라다	➡ 꿈이 이루어지기를 바란다.
2. 일자리를 구하다 / 힘들다	➡
3. ? / 원하다	➡
4. ? / 싫다	➡
5. 대학원에 진학하다 / 포기하다	➡
6. 만드는 법을 배우다 / 쉽다	➡
7. ? / 시작하다	➡
8. ? / 기다리다	➡

o 환경을 보호하기 위해 해야 할 일을 '−기'를 사용해 다시 써 보세요.

• 일회용 컵 사용을 줄인다.	1. 일회용 컵 사용 줄이기
• 대중교통을 이용한다.	2.
• 쓰레기를 분리수거 한다.	3.
• ?	4.
• ?	5.

- −(으)ㅁ

		서술어	예문
V/A−(으)ㅁ	이	분명하다, 확실하다, 틀림없다 발견되다, 드러나다, 밝혀지다 증명되다, 있다, 없다	• 그 사실이 거짓임이 드러났다. • 그것이 사실임이 분명하다.
	을	알다, 모르다, 깨닫다, 느끼다 기억하다, 알리다, 주장하다 밝히다, 드러내다, 반영하다 뜻하다, 의미하다, 후회하다	• 그 사실이 거짓임을 안다. • 취업률이 증가했음을 의미한다.

● 연습해 봅시다

◎ '−(으)ㅁ'을 써서 문장을 다시 써 보세요.

1. 사실을 안다.
  ↳ 그 소문이 거짓이다

➡ 그 소문이 거짓임을 안다.

2. 잘못을 깨달았다.
  ↳ 내가 잘못했다

➡

3. 감소를 의미한다.
  ↳ 줄어들고 있다

➡

4. 빈부격차를 반영한다.
  ↳ 빈부격차가 심화되고 있다

➡

5. 불법이 드러났다.
  ↳ 법을 어겼다

➡

6. 계획을 밝혔다.
  ↳ 계획이 있다

➡

7. 진실이 밝혀졌다.
  ↳ 그 사람의 말이 사실이다

➡

8. 실수가 분명하다.
  ↳ 실수했다

➡

9. 감정을 느꼈다.
  ↳ 미안하다

➡

10. 피해를 주장했다.
  ↳ 피해를 입었다

➡

● '–(으)ㅁ'을 써서 한 문장으로 만들어 보세요.

1. 그것이 사랑이다 / 모르다	➡ 그것이 사랑임을 몰랐다.
2. 그것이 사실이 아니다 / 주장하다	➡
3. 그 사람은 부족하다 / 없다	➡
4. 흡연율이 감소했다 / 알 수 있다	➡
5. ? / 확실하다	➡
6. ? / 깨닫다	➡
7. ? / 안다	➡
8. ? / 느끼다	➡

● 과거에 했거나 있었던 일을 '–(으)ㅁ'을 사용해 간단하게 써 보세요.

1. 주말에 했거나 있었던 일	• 친구 생일 파티에 갔음. • 가족들과 영상 통화를 함. •
2. 돈을 아끼기 위해 했던 일	• • •
3. 여행을 가기 전에 한 일	• • •

→ 종합 연습

◉ 문장을 완성해 보세요.

> **보기** 부모는 누구나 _____자식이 건강하게 자라기를_____ 바란다.

---

1. 나는_____ 바란다.

2. 그 사람은_____ 싫어한다.

3. 일에 집중이 안 될 때는_____ 좋다.

4. 아직까지 오지 않는 걸 보니_____ 분명하다.

5. 내 취미는_____ 이다.

6. 그 책은_____ 어렵다.

7. _____ 쉽지 않다.

8. 한국에 몇 년 동안 살았지만 사투리는_____ 힘들다.

9. 감기에 걸렸을 때는_____ 좋다.

10. 가을은_____ 좋은 계절이다.

11. _____ 기다리고 있다.

12. 그 선배는 나에게_____ 권했다.

문형	예문
-(으)ㅁ	
-(으)ㅁ으로써	자신과의 싸움에서 이김으로써 꿈을 이루었다.
-(으)ㅁ에 따라	과학기술이 발달함에 따라 우리의 생활도 편리해졌다.
-(으)ㅁ으로 인해	결과만을 중시함으로 인해 생기는 사회 문제가 많다.
-(으)ㅁ에도 불구하고	열심히 공부했음에도 불구하고 시험에 떨어졌다.
-기	
-기 전에	병원에 가기 전에 먼저 진료 예약을 해야 한다.
-기 때문에	휴일이기 때문에 백화점에 사람이 많다.
-기 위해서	한국어를 공부하기 위해서 한국에 왔다.
-기가 쉽다	칭찬만 받으면 자만하기가 쉽다.
-기는 하지만	한국 생활이 외롭기는 하지만 자유로워서 좋다.
-기는커녕	인사를 하기는커녕 얼굴도 못 봤다.
-기에 (이유)	제주도가 좋다고 하기에 제주도에 가 보기로 했다.
-기에는 (판단)	유학을 가기에는 아직 나이가 어리다.
-기 때문이다	그 사람이 인기가 많은 이유는 성격이 좋기 때문이다.
-기에 이르다	대부분의 사람들이 반대하기에 이르렀다.
-기로 하다	한국인 친구와 언어교환을 하기로 했다.
-기로 유명하다	이 식당은 물냉면이 맛있기로 유명하다.
-기 마련이다	세월이 가면 늙기 마련이다.
-기 나름이다	모든 일은 생각하기 나름이다.
-기만 하다	내일이 시험인데 놀기만 한다.
-기 시작하다	어제부터 한국어를 배우기 시작했다.
-기를 기다리다	비가 그치기를 기다렸다.
-기까지 하다	그 친구는 성격이 좋은데다가 예쁘기까지 하다.
-기도 하고 -기도 하다	휴일에는 집에서 영화를 보기도 하고 책을 읽기도 한다.
-(으)ㄴ/는 것	
-것으로 나타났다	조사결과 1인 가구가 점점 늘어나는 것으로 나타났다.
-것이 틀림없다	여자 친구가 생긴 것이 틀림없다.
-것은 물론이고	그 영화는 재미있는 것은 물론이고 감동도 있다.

→ 연습해 봅시다

◎ 알맞은 문형을 찾아 문장을 완성해 보세요.

> • –기 나름이다   • –기만 하다   • –기를 기다리다   • –(으)ㄴ/는 것으로 나타났다
> • –기 마련이다   • –기로 유명하다   • –기로 하다   • –기 때문이다   • –기가 쉽다

1. 내가 그 친구를 좋아하는 이유는 _____친절하기 때문이다_____.
   친절하다

2. 이번 방학 때 친구와 _____.
   제주도에 가다

3. 일교차가 심하면 _____.
   감기에 걸리다

4. 그 사람은 대답은 하지 않고 _____.
   웃다

5. 모든 일은 _____.
   마음먹다

6. 조사 결과 _____.
   흡연율이 줄어들다

7. 그 식당은 _____.
   비빔밥이 맛있다

8. 우리는 카페에서 _____.
   소나기가 그치다

9. 세월이 가면 _____.
   모든 것은 변하다

10. 친구와 싸운 이유는 _____.
    친구가 다른 사람에게 내 비밀을 말하다

○ 알맞은 것을 연결하고 문장을 완성해 보세요.

전화를 하다			–기 전에			시간이 너무 늦었다
칭찬을 듣다			–기에는			보람이 있다
꿈을 이루다			–기 위해서			오히려 혼만 났다
남의 탓을 하다			–기는 하지만			자신의 행동에 대해 생각해 봐야 한다
봉사활동은 힘들다			–기는커녕			노력하고 있다

의학기술이 발달하다			–기 때문에			미리 예매해야 한다
가정형편이 어려웠다			–음에도 불구하고			평균 수명이 길어졌다
주말에는 표가 없다			–(으)ㅁ에 따라			학업을 포기하지 않았다
그 영화가 감동적이라고 하다			–기에			분위기도 좋다
그 식당은 음식이 맛있다			–것은 물론이고			영화관에서 보려고 한다

1. 전화를 하기에는 시간이 너무 늦었다.

2. _____

3. _____

4. _____

5. _____

6. 의학 기술이 발달함에 따라 평균 수명이 길어졌다.

7. _____

8. _____

9. _____

10. _____

종합 연습

○ _____에 알맞게 써 보세요.

1. 동아리에 가입하려면 _____가입 선청서를 내기만_____하면 된다.
　　　　　　　　　　　　　가입 신청서를 내다

2. _____ 때문에 그에게 일을 맡겼다.
　　　　그 사람이 믿을 만하다

3. 회사에 다니면서 _____하지만 할 만하다.
　　　　　　　　　공부를 하기가 힘들다

4. _____기다리고 있다.
　　　인터넷으로 구입한 물건이 도착하다

5. _____ 마련이다.
　　　죄를 지으면 벌을 받는다

6. 올해부터는 꼭 _____ 했다.
　　　　　　매일 규칙적으로 운동하다

7. _____ 위해서는 먼저 실력을 쌓아야 한다.
　　　좋은 곳에 취업하다

8. 모든 일은 _____ 나름이다.
　　　　　　　생각하다

9. _____ 불구하고 좋은 결과를 얻지 못했다.
　　　최선을 다했다

10. 조사 결과 _____ 나타났다.
　　　육아 휴직을 하는 남성이 늘고 있다

11. _____ 따라 노인 일자리 문제가 심각해졌다.
　　　평균 수명이 연장되다

12. 설악산은 _____ 유명하다.
　　　　단풍이 아름답다

○ 문장을 완성해 보세요.

1. 한국어를 잘하기 위해서는

한국어 문장을 많이 보는 것이 좋다.

2. 건강한 삶을 살기 위해서는

3. 내가 그 사람을 좋아하는 이유는

4. 내가 한국어를 배우는 이유는

5. 대중교통을 이용하는 것은

환경오염을 줄이는 데 도움이 된다.

6.

쉬운 일이 아니다.

7.

인생에서 아주 중요한 일이다.

8.

?

써 봅시다 2

1. 건강한 삶을 살기 위해 중요한 것은 무엇일까요? 왜 그렇게 생각합니까?
   아래 표현을 모두 이용해서 여러분의 생각을 써 보세요.

- ~는 것이 중요하다/좋다/필요하다
- 왜냐하면 ~기 때문이다
- 그러므로/따라서 ~는 것이 좋다

건강한 삶을 살기 위해서는
_____

_____

_____

_____

2. 어떤 목표를 이루기 위해서 노력한 적이 있습니까? 노력하는 과정에서 어떻게 어려
   움을 이겼는지, 그렇게 한 이유는 무엇인지 아래의 표현을 이용해서 써 보세요.

- -기 위해서~
- -음에도 불구하고~
- -기 때문이다

_____

_____

_____

_____

_____

문장에서 어떤 명사를 더 구체적으로 표현하려면 어떻게 해야 할까요? 명사 앞에 서술어나 문장을 써서 그 명사를 더 자세하게 설명할 수 있습니다. 그럼, 명사를 꾸미는 방법에 대해 알아볼까요?

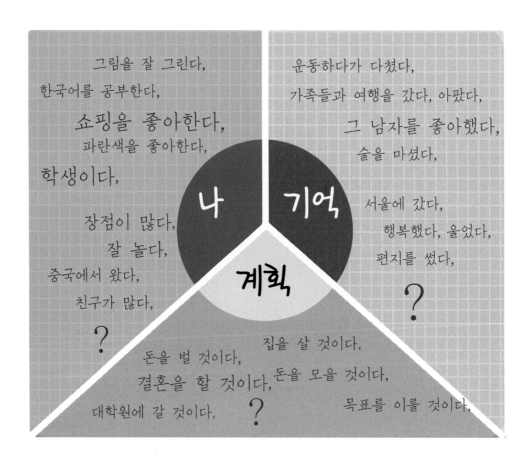

나
그림을 잘 그린다,
한국어를 공부한다,
쇼핑을 좋아한다,
파란색을 좋아한다,
학생이다,
장점이 많다,
잘 놀다,
중국에서 왔다,
친구가 많다,
?

기억
운동하다가 다쳤다,
가족들과 여행을 갔다, 아팠다,
그 남자를 좋아했다,
술을 마셨다,
서울에 갔다,
행복했다, 울었다,
편지를 썼다,
?

계획
돈을 벌 것이다,
집을 살 것이다.
결혼을 할 것이다, 돈을 모을 것이다,
대학원에 갈 것이다.
?
목표를 이룰 것이다,

알아봅시다 1

• 관형형을 만드는 방법

	동사	형용사	명사+이다/아니다	있다/없다		
현재	-는	-(으)ㄴ	-인/아닌	-있는/없는	+	N
과거	-(으)ㄴ -던, -았/었던	-던 -았/었던	-이던/아니던 -이었던/아니었던 -였던	-있던/없던 -있었던/없었던		
미래	-(으)ㄹ	-				

동사	현재	과거	미래	형용사	현재	과거
가다	가는	간/가던/갔던	갈	예쁘다	예쁜	예쁘던/예뻤던
먹다	먹는	먹은/먹던/먹었던	먹을	중요하다	중요한	중요하던/중요했던
주다	주는	준/주던/주었던	줄	필요하다	필요한	필요하던/필요했던
살다	사는	산/살던/살았던	살	친절하다	친절한	친절하던/친절했던
만나다	만나는	만난/만나던/만났던	만날	심각하다	심각한	심각하던/심각했던
만들다	만드는	만든/만들던/만들었던	만들	춥다	추운	춥던/추웠던
듣다	듣는	들은/듣던/들었던	들을	맵다	매운	맵던/매웠던
돕다	돕는	도운/돕던/도왔던	도울	파랗다	파란	파랗던/파랬던
좋아하다	좋아하는	좋아한/좋아하던 좋아했던	좋아할	멀다	먼	멀던/멀었던
				높다	높은	높던/높았던
유행하다	유행하는	유행한/유행하던 유행했던	유행할	보고 싶다	보고 싶은	보고 싶던/보고 싶었던
				괜찮다	괜찮은	괜찮던/괜찮았던

이다	현재	과거	있다/없다	현재	과거
부자이다	부자인	부자이던/부자였던	재미있다	재미있는	재미있던/재미있었던
학생이다	학생인	학생이던/학생이었던	맛없다	맛없는	맛없던/맛없었던
아니다	아닌	아니던/아니었던	필요 없다	필요 없는	필요없던/필요없었던
규칙적이다	규칙적인	규칙적이던/규칙적이었던	소용없다	소용없는	소용없던/소용없었던

→ 연습해 봅시다

○ 두 문장을 한 문장으로 만들어 보세요.

1. 그 사람은 <u>축구 선수이다.</u> / 그 사람은 <u>세계적으로 유명하다.</u>

➡ 　　 그 사람은 세계적으로 유명한 축구 선수이다.

2. 나는 <u>입맛이 없다.</u> / 나는 <u>요즘 고민이 많다.</u>

➡

3. <u>선물을 샀다.</u> / 나는 <u>이 선물을 여자 친구에게 줄 것이다.</u>

➡

4. 나는 <u>동생이 있다.</u> / 내 <u>동생은 배우이다.</u>

➡

5. <u>휴대 전화가 고장이 났다.</u> / 그 <u>휴대 전화는 산 지 얼마 안 됐다.</u>

➡

○ 문장을 완성해 보세요.

1. 어제 만났다 / 사람 ➡	어제 만난 사람이	마음에 든다.
2. 친구에게 빌렸다 / 책 ➡		
3. 눈이 내리다 / 풍경 ➡		
4. 디자인이 예쁘다 / 상품 ➡		
5. ? / 남자 ➡		
6. ? / 그 친구 ➡		
7. ? / 카페 ➡		
8. ? / 공연 ➡		

○ 문장을 확장해 보세요.

1. 그 친구는 아르바이트를 찾고 있다.

➡ 용돈이 부족한 그 친구는 아르바이트를 찾고 있다.

➡ 용돈이 부족한 그 친구는 주말에 할 수 있는 아르바이트를 찾고 있다.

2. 요즘 대학생들은 직장을 선호한다.

➡

➡

3. 나는 계획을 세웠다.

➡

➡

4. 그 학생은 외국인을 도와주었다.

➡

➡

○ 명사를 꾸며 보세요.

1. 나는 ____같은 방에 살고 있는____ 친구와 ____새로 생긴____ 식당에 갔다.

2. _____ 나는 _____ 음식을 먹고 싶다.

3. _____ 그 사람은 _____ 용기가 없다.

4. 내가 _____ 회사는 _____ 회사이다.

5. 나는 _____ 사람과 _____ 곳에 가고 싶다.

┌→ 알아봅시다 2 ┐

◉ 명사를 꾸미는 말 그 자체가 뒤에 오는 명사의 구체적인 내용을 포함하고 있는 경우가
있습니다. 다음을 확인해 봅시다.

• 짧은 관형절과 긴 관형절

		N	예문
–(으)ㄴ, –는, (으)ㄹ	사실 욕심 결심 목적	사건, 사고, 기억, 경험 용기, 가능성, 시간, 경우	• 아는 단어도 생각이 안 나는 경우가 있다.
–다는 (–라는, –냐는, –자는)		생각, 말, 주장, 견해, 고백 느낌, 오해, 약속, 질문, 이론 명령, 요청, 소문, 소식, 뉴스 연락, 정보, 보고, 뜻, 의미	• 가는 말이 고와야 오는 말이 곱다는 말이 있다.

┌→ 연습해 봅시다 ┐

◉ 맞는 문장에 ✓하세요.

1.	시험에 합격한 연락을 받았다.	(	)
	시험에 합격했다는 연락을 받았다.	(	)
2.	나는 어릴 때 나무에서 떨어진 경험이 있다.	(	)
	나는 어릴 때 나무에서 떨어졌다는 경험이 있다.	(	)
3.	친구가 결혼한 소식을 들었다.	(	)
	친구가 결혼한다는 소식을 들었다.	(	)
4.	나는 그 사람을 만난 기억이 없다.	(	)
	나는 그 사람을 만났다는 기억이 없다.	(	)
5.	처음 보는 사람에게 결혼한 질문은 실례이다.	(	)
	처음 보는 사람에게 결혼했냐는 질문은 실례이다.	(	)

◘ 문장을 완성해 보세요.

1. <u>　　　　　그 사람을 만난　　　　　　　</u> (그 사람을 만나다) 기억이 없다.

　 <u>　나는 이 음식을 먹어 본　　　　　　　　　　　　　</u>

2. <u>　　　　　　　　　　　　　　　　　　　</u> (여가를 즐기다) 시간이 없다.

　 <u>　　　　　　　　　　　　　　　　　　　　　　　</u>

3. <u>　　　　　　　　　　　　　　　　　　　</u> (혼자 여행을 가다) 용기가 없다.

　 <u>　　　　　　　　　　　　　　　　　　　　　　　</u>

4. <u>　　　　　　　　　　　　　　　　　　　</u> (중요한 약속을 잊어버리다) 경우가 있다.

　 <u>　　　　　　　　　　　　　　　　　　　　　　　</u>

5. <u>　　　　　　　　　　　　　　　　　　　</u> (한국어를 잘 몰라서 실수하다) 경험이 있다.

　 <u>　　　　　　　　　　　　　　　　　　　　　　　</u>

6. <u>　　　　　　　　　　　　　　　　　　　</u> (시험에 합격하다) 가능성이 없다.

　 <u>　　　　　　　　　　　　　　　　　　　　　　　</u>

7. <u>　　　　　　　　　　　　　　　　　　　</u> (그 말을 듣다) 기억이 난다.

　 <u>　　　　　　　　　　　　　　　　　　　　　　　</u>

8. <u>　　　　　　　　　　　　　　　　　　　</u> (부자가 되고 싶다) 욕심이 없다.

　 <u>　　　　　　　　　　　　　　　　　　　　　　　</u>

9. <u>　　　　　　　　　　　　　　　　　　　</u> (부모님을 찾아뵈다) 시간이 없다.

　 <u>　　　　　　　　　　　　　　　　　　　　　　　</u>

10. <u>　　　　　　　　　　　　　　　　　　　</u> (비행기가 추락하다) 사고가 발생했다.

　 <u>　　　　　　　　　　　　　　　　　　　　　　　</u>

○ 문장을 완성해 보세요.

1. <u>우리 회사 사장이 바뀐다는</u>　　　(우리 회사 사장이 바뀐다)　소문을 들었다.

    <u>내가 짝사랑했던 사람이 결혼한다는</u>

2. _____　(오늘 모임이 취소됐다)　연락을 받았다.

3. _____　(벼는 익을수록 고개를 숙인다)　말이 있다.

4. _____　(왜 한국어를 공부해요?)　질문을 받는다.

5. _____　(거짓말을 했다)　고백을 했다.

6. _____　(그 사람이 아주 대단하다)　생각이 들었다.

7. _____　(올해 꼭 살을 빼야겠다)　결심을 했다.

8. _____　(그 친구가 잘 지내고 있다)　소식을 들었다.

9. _____　(대중교통 요금이 인상된다)　뉴스를 봤다.

10. _____　(다시 돌아오겠다)　약속을 했다.

종합 연습

○ 문장을 완성해 보세요.

1. 그 사람이 _____ 건강을 유지하는 _____ 비결은 운동이다.

2. 나는 _____ 경험이 있다.

3. 서울은 _____ 도시이다.

4. _____ 분이 우리 선생님이다.

5. _____ 느낌이 들었다.

6. 감정을 표현하지 않으면 _____ 오해를 받기 쉽다.

7. 요즘 _____ 영화가 없다.

8. _____ 방법은 간단하다.

9. 한국어는 _____ 생각이 든다.

10. _____ 곳으로 여행을 가고 싶다.

11. _____ 사람이 부럽다.

12. 나는 이번 방학에 _____ 계획이다.

13. 그 사람은 아직 _____ 준비가 안됐다.

14. 나는 _____ 날을 좋아한다.

15. _____ 말을 들었다.

ꟷ 써 봅시다

o 여러분은 어떤 집에서 살고 싶습니까? '내가 살고 싶은 집'에 대해 써 보세요.

보기

　　　　　　나는 창이 큰 집에서 살고 싶다. 그래서 창 밖으로 항상 아름다운 풍경을 볼 수 있었으면 좋겠다. 또한 해가 잘 들어와서 집이 항상 밝고 따뜻했으면 좋겠다. 그리고 마당이 있는 집에서 살고 싶다. 마당에 꽃도 심고 채소도 심고 싶다. 마당이 있으면 예쁜 꽃으로 가득한 정원을 꾸밀 수 있고 내가 직접 기른 채소를 먹을 수 있다. 화창한 날에는 마당에서 차도 마시고 운동도 할 수 있다. 하지만 무엇보다 사랑하는 사람들과 함께 사는 집이야말로 내가 살고 싶은 세상에서 가장 따뜻하고 아름다운 집일 것이다.

나는 (　　　　　　　　　　　　　　　　　) 집에서 살고 싶다.

03 서술절 만들기

한국어 문장에는 주어가 2개인 것처럼 보이는 유형이 있습니다. '토끼는 귀가 길다'와 같은 문장이 그 예인데, 이러한 문장 유형은 한국어의 특징이기도 합니다. 함께 살펴볼까요?

○ 토끼를 묘사하는 문장을 만들어볼까요?

① 토끼는 _____ 귀가 길다 _____

② 토끼는 _____ 눈이 빨갛다 _____

③ 토끼는 _____ 앞발이 짧다 _____

◦ 서술절은 문장에서 '어떻다'와 '무엇이다'를 설명합니다. 서술어 자리에 '주어+서술어'
가 오는데, 서술어로는 주로 형용사가 많이 옵니다.

1. N₁은/는 N₂이/가 A/V	• 기린은 목이 길다. • 그 나라는 음식 문화가 발달했다.	✓ 주의
2. N₁은/는 N₂이/가 있다 [없다]	• 우리 어머니는 음식 솜씨가 있다. • 나는 요즘 여유가 없다.	① N₁ ⊃ N₂ ➡ 'N₁의 N₂' 예 기린은 목이 길다 = 기린의 목이 길다
3. N₁은/는 N₂이/가 N₃이다	• 그 사람은 취미가 등산이다. • 그 사람은 성격이 긍정적이다.	② 문어체로 쓸 때 예 긍정적인다 (×) 긍정적이다 (○)

→ **연습해 봅시다**

◦ 다음을 보고 문장을 완성해 보세요.

> • 이성 친구   • 취미   • 자원   • 인간 관계   • 설득력   • 유머감각   • 성격   • 나쁜 습관
> • 한국 친구   • 능력   • 새를 키우는 것   • 교사   • 정   • 인내심   • 빚   • 목소리

1. 나는 _____이성 친구가 / 취미가_____ 생겼다.

2. 그 나라는 _____ 풍부하다.

3. 그 학생은 _____ 부족하다.

4. 그 가수는 _____ 좋다.

5. 그 사람은 _____ 있다.

6. 그 주장은 _____ 없다

7. 그 영화의 주인공은 _____ 이다.

8. 그 선수는 취미가 _____ 이다.

◉ 다음을 보고 문장을 만들어 보세요.

보기　　　N	무엇이	어떠하다
내 친구, 최고 경영자 나, 그 작가, 그 모델 자취생, 우리 집 그 신상품, 그 강아지 그 배우, 그 환자	성격, 축구 실력, 상상력 인기, 유머감각, 지식, 돈 음식 솜씨, 전망, 다리 잠, 능력, 얼굴, 키, 품질 건강 상태, 연기력, 디자인	좋다, 나쁘다, 뛰어나다 풍부하다, 있다, 없다, 많다 높다, 유명하다, 크다 예쁘다, 짧다, 길다

보기 를 보고 쓴 문장	내가 쓴 문장
1. 내 친구는 성격이 좋다.	내 친구는 성적이 좋다.
2.	
3.	
4.	
5.	
6.	
7.	
8.	
9.	
10.	

◉ 다음 사진을 보고 알맞은 문장을 써 보세요.

1.

하회 탈춤

• 안동은 _____

2.
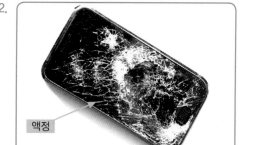
액정

• 이 휴대 전화는 _____

◉ 다음을 보고 문장을 만들어 보세요.

보기 　　　N	무엇이	무엇이다
나, 내 친구, 이 영화, 그 드라마 그 책, 우리 집 고양이 우리 한국어 선생님, 그 배우 이 커피 원두, 그 사람, 그 뮤지컬	나이, 키, 몸무게, 성격, 전공 직업, 작가, 고향, 감독, 배우 이름, 취미, 내용, 제목, 자녀 원산지, 공연시간	한국학, 165cm, 22살 긍정적, '사랑', 2시간, 1명 노벨 문학상 수상자, 베트남 교수, 8kg, 유명한 사람 요가, 독서, 인상적, 감동적

보기 를 보고 쓴 문장	내가 쓴 문장
1. 이 영화는 제목이 '사랑'이다.	이 영화는 감독이 유명한 사람이다.
2.	
3.	
4.	
5.	
6.	
7.	
8.	
9.	
10.	

◉ 다음 사진을 보고 알맞은 문장을 써 보세요.

1.

• 이 책은 _____

2.

몸무게: 5kg

• 이 거북이는 _____

→ 써 봅시다 1

○ 다음 지도를 보고, 한국의 볼거리와 먹을거리를 소개해 보세요.

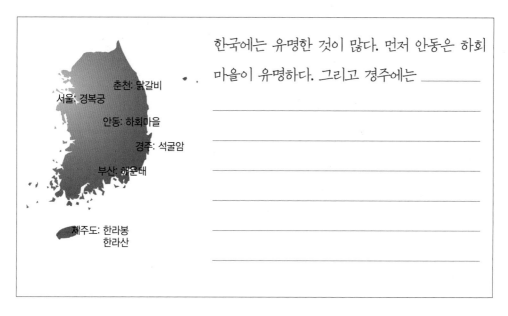

한국에는 유명한 것이 많다. 먼저 안동은 하회

마을이 유명하다. 그리고 경주에는 _____

_____

_____

_____

_____

_____

○ 여러분의 친구나 가족은 어떤 사람입니까? 소개해 보세요.

나와의 관계:
이 름:
• 성격 : _____
• 취미 : _____
• 꿈 : _____
• 별명 : _____
• 애창곡 : _____
• 외모 특징 : 눈, 코, 입, 피부, 다리, 이마 등

나는 _____ 에 대해 소개하고자 한다.

그는 성격이 _____

_____

_____

_____

_____

_____

04 부사어 만들기

글을 더 구체적이고 실감나게 쓰고 싶을 때 어떻게 하면 좋을까요? 그럴 때 부사 및 부사어를 활용해 봅시다. 글의 수준뿐만 아니라 여러분의 표현력도 향상되는 것을 느낄 수 있을 것입니다.

◦ 다음 글에는 어떤 차이가 있습니까?

비가 많이 내리는 밤이었다. 그는 조용히 빈 집에 들어갔다. 그동안 너무 바빴던 그는 건강이 많이 나빠져서, 식은땀을 줄줄 흘렸다. 그의 가방 속에서는 수십 분째 전화벨이 계속 울리고 있었지만 그는 전화를 받지 않았다.

비가 퍼붓듯이 내리는 밤이었다. 그는 소리 없이 빈 집에 들어갔다. 그동안 눈코 뜰 새 없이 바빴던 그는 건강이 많이 나빠져서, 식은땀을 비 오듯이 흘렸다. 그의 가방 속에서는 수십 분째 전화벨이 끊임없이 울리고 있었지만 그는 전화를 받지 않았다.

→ 알아봅시다 1

○ 부사 및 부사어는 문장에서 '어떻게'를 나타냅니다. 서술어 앞에서 정도나 상태, 태도 등을 보충 설명해 주는 것입니다. 부사어는 '-이, -게, -도록, -듯이' 등을 이용해서 만들 수 있습니다. 또한 이런 부사어는 관용적으로 쓰이는 경우가 많습니다.
그럼 어떤 표현들이 있는지 한번 살펴볼까요?

• 부사를 만드는 방법과 예

	뜻	예문	예
-이	구체적 설명	• 그가 한 마디 말도 없이 떠났다. • 오랜만의 휴가를 부담 없이 즐겼다. • 그 곳은 변함없이 아름다웠다.	부담 없이, 틀림없이, 끊임없이 변함없이, 계획 없이, 이유 없이 어쩔 수 없이, 할 수 없이, 턱없이 터무니없이, 꾸밈없이, 말도 없이 더할 나위 없이, 눈코 뜰 새 없이 아낌없이, 쓸데없이, 상관없이…
-게		• 나는 아무도 모르게 집을 나왔다. • 나도 모르게 한숨이 나왔다. • 하루가 다르게 경제가 성장한다.	남모르게, 나도 모르게, 색다르게 눈부시게, 몰라보게, 발 빠르게 하루가 다르게, 남들과 다르게 끝나기가 무섭게, 신바람 나게 기대와 다르게, 예상과 다르게 오늘날과 다르게, 눈물 나게…
-듯이	비유	• 그는 땀을 비 오듯이 흘렸다. • 그는 거짓말을 밥 먹듯이 한다. • 돈을 물 쓰듯이 쓰면 안 된다.	물 쓰듯이, 밥 먹듯이, 비 오듯이 눈 녹듯이, 춤추듯이, 물 흐르듯이 가뭄에 콩 나듯이, 불 보듯이 물밀듯이, 다람쥐 쳇바퀴 돌 듯 칼로 무 자르듯이, 누구나 그렇듯이 바늘 가는 데 실 가듯이…
-도록	정도	• 그 말을 귀가 따갑도록 들었다. • 목이 터지도록 노래를 불렀다. • 눈이 빠지도록 방학을 기다렸다.	눈이 빠지도록, 목이 빠지도록 귀에 못이 박히도록, 귀가 따갑도록 입에 침이 마르도록, 허리가 휘도록 손이 발이 되도록, 파김치가 되도록 입이 귀에 걸리도록, 문턱이 닳도록 코가 납작해지도록, 목이 터지도록…

→ 연습해 봅시다

○ '−이'를 활용해 비슷한 의미의 문장을 써 보세요.

> • 소리 없다   • 할 수 없다   • 사랑 없다   • 상관없다   • 눈코 뜰 새 없다
> • 끊임없다   • 쓸데없다   • 변함없다   • 틀림없다   • 아낌없다   • 이유 없다

보기　그가 조용히 다가왔다.　➡ 그가 ＿＿＿＿ 소리 없이 ＿＿＿＿ 다가왔다.

1. 그는 꿈을 이루기 위해 계속 노력했다. ➡ 그는 꿈을 이루기 위해 ＿＿＿＿＿ 노력했다.

2. 이곳은 지원할 때 국적에 제한이 없다. ➡ 이곳은 국적에 ＿＿＿＿＿＿ 지원할 수 있다.

3. 일이 많아서 요즘 너무 바쁘다. ➡ 일이 많아서 요즘 ＿＿＿＿＿＿＿ 바쁘다.

4. 그 사람은 분명히 교수일 것이다. ➡ 그 사람은 ＿＿＿＿＿＿＿ 교수일 것이다.

5. 10년이 흘러도 그녀는 여전히 아름다웠다. ➡ 10년이 흘러도 그녀는 ＿＿＿＿＿ 아름다웠다.

6. 사람은 사랑이 꼭 필요하다. ➡ 사람은 ＿＿＿＿＿＿＿＿ 살 수 없다.

7. 그는 소용없는 일에 돈을 쓴다. ➡ 그는 ＿＿＿＿＿＿＿＿ 돈을 쓴다.

8. 그 부탁을 거절하고 싶었지만 받아들였다. ➡ 나는 친구의 부탁을 ＿＿＿＿＿ 받아들였다.

9. 이상하게 우울한 날이다. ➡ ＿＿＿＿＿＿＿＿ 우울한 날이다.

10. 부모는 모든 것을 자식에게 준다. ➡ 부모는 모든 것을 ＿＿＿＿＿ 자식에게 준다.

○ 다음 문장을 써 보세요.

1. 나는　　| 꾸밈없이 |　＿＿＿＿＿＿＿＿＿＿＿＿＿＿＿＿

2. 이번 달에는 용돈이　　| 턱없이 |　＿＿＿＿＿＿＿＿＿＿＿＿＿＿＿＿

3. 인생을　　| 계획 없이 |　＿＿＿＿＿＿＿＿＿＿＿＿＿＿＿＿

4. ＿＿＿＿＿　　| |　＿＿＿＿＿＿＿＿＿＿＿＿＿＿＿＿

❍ '−게'를 활용해 비슷한 의미의 문장을 써 보세요.

> • 색다르다 • 뜻하지 않다 • 기대와 다르다 • 눈물나다 • 눈부시다 • 아무도 모르다
> • 발 빠르다 • 몰라보다 • 남들과 다르다 • 하루가 다르다 • 끝나기가 무섭다

보기 그 요리사가 새로운 요리를 만들었다. ➡ 그 요리사가 <u>색다르게</u> 요리를 만들었다.

1. 시민들은 재난에 빨리 대응했다. ➡ 시민들은 재난에 _____ 대응했다.

2. 아이가 날마다 쑥쑥 큰다. ➡ 아이가 _____ 큰다.

3. 영화가 재미있을 것 같았지만 재미없었다. ➡ _____ 그 영화는 재미없었다.

4. 개성 있는 옷차림이 좋다. ➡ _____ 옷을 입는 것이 좋다.

5. 그 영화는 아주 감동적이다. ➡ 그 영화는 _____ 감동적이다.

6. 내 고향은 많이 바뀌어 있었다. ➡ 내 고향은 _____ 바뀌어 있었다.

7. 안 하려고 했는데 거짓말을 하게 되었다. ➡ _____ 거짓말을 하게 되었다.

8. 내 말이 끝나자마자 그 사람이 나타났다. ➡ 내 말이 _____ 그 사람이 나타났다.

9. 그녀의 미소가 아주 아름다웠다. ➡ 그녀의 미소가 _____ 아름다웠다.

10. 그는 몰래 집을 나갔다. ➡ 그가 _____ 집을 나갔다.

❍ 다음 문장을 써 보세요.

1. 현대 사회는 | 하루가 다르게 | _____

2. 그 연예인이 | 남모르게 | _____

3. 성공한 사람들은 | 남들과 다르게 | _____

4. _____ | | _____

○ '-듯이'를 활용해 비슷한 의미의 문장을 써 보세요.

・눈 녹다 ・불 보다 ・밥 먹다 ・바늘 가는 데 실 가다 ・다람쥐 쳇바퀴 돌다
・제 집 드나들다 ・물 쓰다 ・가뭄에 콩 나다 ・춤 추다 ・칼로 무 자르다 ・비 오다

보기 미웠던 마음이 순식간에 사라졌다. ➡ 미웠던 마음이 <u>눈 녹듯이</u> 사라졌다.

1. 그 사람과 한번에 확실하게 헤어졌다. ➡ 그 사람과 ＿＿＿＿＿＿＿＿＿ 헤어졌다.

2. 그 일이 어떻게 될지 안 봐도 알 수 있다. ➡ 그 일이 어떻게 될지＿＿＿＿＿＿ 뻔하다.

3. 내 친구는 지각을 너무 자주 한다. ➡ 내 친구는 지각을 ＿＿＿＿＿＿＿ 한다.

4. 두 사람은 항상 같이 다닌다. ➡ 두 사람은 ＿＿＿＿＿＿＿ 같이 다닌다.

5. 친구가 내 방에 자주 다녀간다. ➡ 친구가 내 방을 ＿＿＿＿＿＿＿ 한다.

6. 그는 돈을 너무 많이 쓴다. ➡ 그는 돈을 ＿＿＿＿＿＿＿＿ 쓴다.

7. 기부 소식이 아주 가끔 들린다. ➡ 기부 소식이 ＿＿＿＿＿＿＿ 들린다.

8. 땀이 너무 많이 흘렀다. ➡ 땀이 ＿＿＿＿＿＿＿＿＿ 흘렀다.

9. 콧노래를 부르며 아주 기분 좋게 걸었다. ➡ 콧노래를 부르며 ＿＿＿＿＿＿ 걸었다.

10. 많은 사람들이 반복되는 일상을 살아간다. ➡ 많은 사람들이 ＿＿＿＿＿＿ 살아간다.

○ 다음 문장을 써 보세요.

1. 누구나 그렇듯이 ＿＿＿＿＿＿＿＿＿＿＿＿＿＿＿＿＿＿＿

2. 앞에서 이야기했듯이 ＿＿＿＿＿＿＿＿＿＿＿＿＿＿＿＿＿

3. 사람마다 얼굴이 다르듯이 ＿＿＿＿＿＿＿＿＿＿＿＿＿＿＿

4. ＿＿＿＿＿＿＿＿＿＿＿＿＿＿＿

◎ '-도록'을 활용해 비슷한 의미의 문장을 써 보세요.

> • 눈이 빠지다 • 목이 빠지다 • 허리가 휘다 • 귀가 따갑다
> • 문턱이 닳다 • 입에 침이 마르다 • 손이 발이 되다 • 입이 귀에 걸리다

| 보기 | • 약속 장소에서 친구를 오래 기다렸다.
• 눈이 빠질 것 같았다. | ➡ | <u>눈이 빠지도록</u> 친구를 기다렸다. |

1. • 어머니에게 잔소리를 많이 들었다.
   • 귀가 따가울 정도였다. ➡ _____

2. • 선생님은 그를 아주 많이 칭찬했다.
   • 입에 침이 마를 정도였다. ➡ _____

3. • 그는 친구 집을 자주 드나들었다.
   • 문턱이 닳을 정도였다. ➡ _____

4. • 부모님께서 일을 너무 많이 하셨다.
   • 허리가 휠 정도였다. ➡ _____

5. • 그는 여자친구를 오래 기다렸다.
   • 목이 빠질 것 같았다. ➡ _____

6. • 그는 기다렸던 편지를 받고 크게 웃었다.
   • 입이 귀에 걸릴 것 같았다. ➡ _____

7. • 그는 여자 친구에게 용서를 빌었다.
   • 손이 발이 될 정도였다. ➡ _____

◎ 다음 문장을 써 보세요.

1. 공부하라는 말을   귀에 못이 박히도록   _____

2. 그 사람은 노래방에서   목이 터지도록   _____

3. 오늘도 회사에서   파김치가 되도록   _____

부사어를 만드는 방법에는 '−이, −게, −듯이, −도록'을 이용하는 방법 외에도 여러 가지가 있습니다. 어떤 방법이 있는지 더 살펴보도록 합시다.

• 부사어 만드는 방법과 예

	뜻	예	

−(으)ㄹ수록	(시간의 흐름에 따른) 정도의 변화	• 시간이 갈수록 문제는 더욱 심각해졌다.
		• 나이가 들수록 기억력이 떨어진다.
		• 하면 할수록 한국어가 재미있다.
			✓ 주의
			① 부사절은 '−이/가'를 써야함
			  예 날은 갈수록 지구가 뜨거워지고 있다. (×)
			② −(으)ㄹ수록 + −아/어지다
			  예 시간이 지날수록 어린 시절이 더 그리워진다.

−든지	모두 가능	• 비가 오든지 눈이 오든지 이번 대회는 진행될 예정이다. • 어떤 환경에서든지 최선을 다해야 한다.	③ 증가해지다, 감소해지다 (×) ④ 아무든지, 무슨든지 (×) 언제든지도, 하겠든지 (×)
−다시피	재확인	• 알다시피, 요즘 청년 실업 문제가 심각하다. • 그래프에 나타나다시피, 최근 여성의 사회 진출이 크게 증가했다.	⑤ 알겠다시피 (×) 말하다시피, 듣다시피 (×)

연습해 봅시다

❍ [보기]에서 알맞은 표현을 골라 써 보세요.

		[보기]
①	건강에 대한 관심도 증가한다.	정보가 많을수록
②	선택을 하기가 점점 더 어려워진다.	알다시피
③	그는 항상 최선을 다한다.	무슨 일을 하든지
④	기후 변화 문제가 심각해지고 있다.	생활수준이 향상될수록

○ 다음 문장을 완성해 보세요.

① 날이 갈수록 현대 사회는 경쟁이 치열해지고 있다.
② 기술이 발달할수록 우리의 생활은
③ 책을 많이 읽을수록
④ 보면 볼수록
⑤ 시간이 흐를수록
⑥

① 외국어를 잘하든지 못하든지 나는 해외 취업에 도전해 보기로 했다.
② 맡은 일이 무엇이든지 그 사람은
③ 이유가 무엇이든지
④ 돈이 많든지 적든지
⑤ 누구와 약속을 하든지
⑥

① 알다시피, 최근 충간 소음 문제로 인해 이웃 간 다툼이 늘고 있다.
② 앞에서 말했다시피, 최근 한국 사회는
③ 뉴스에서 들었다시피,
④ 보다시피,
⑤ 표에 나타나다시피,
⑥

○ 다음 짧은 글을 완성해 보세요.

> • 편견 없이   • 변함없이   • 더할 나위 없이   • 어떤 경우에든지
> • 아낌없이   • 그녀가 그러했듯이   • 관계없이

테레사 수녀의 삶은 오늘날에도 ① _____ 많은 사람들에게 감동을 주고 있다. 테레사 수녀는 평생 동안 가난하고 어려운 사람을 ② _____ 대하며 그들을 도와주었기 때문이다.

그녀는 자신의 이익과 ③ _____ 그들을 꾸준히 돌보았다. 또 아무리 힘들어도 ④ _____ 자신의 믿음과 신념을 버리지 않고 주어진 일에 최선을 다하며 가난한 사람들에게 ⑤ _____ 사랑을 주었다.

그녀는 ⑥ _____ 큰 사랑을 보여 주었다. 그러므로 우리도 ⑦ _____ 우리의 이웃을 편견 없이 대하고, 자신의 이익에 관계없이 행동하는 자세가 필요하다.

○ 다음 짧은 글을 완성해 보세요.

요즘 대학생들은 외국어 공부를 열심히 한다.

하지만 성적에 비해서 말하기 실력이 부족한 경우가

많다. 그래서 나는 남들과 다르게

> [조건]
> • 남들과 다르게 노력한 부분
> • 끊임없이 노력한 부분
> • 하루가 다르게 향상된 부분

○ 그래프를 설명해 보세요.

1. 보다시피, 시간이 갈수록, 남성과 다르게, 변화 없이

보기

남녀 시간당 임금 수준
(단위: %)

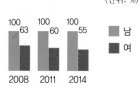

100 63 / 100 60 / 100 55
■ 남
■ 여
2008 2011 2014

• 설명: <u>보다시피, 남녀 시간당 임금 수준의 격차가 시간이 갈수록 커지고 있다. 남성과 다르게, 여성의 임금 수준은 2008년 63%에서 2014년 55%로 갈수록 낮아지고 있는 것이다.</u>

• 전망: <u>이 문제는 여성에 대한 사회적 인식의 변화 없이는 해결되기 어려울 것이다.</u>

2. 그래프에서 볼 수 있듯이, 날이 갈수록, 2010년과 다르게, 복지정책 없이

노년과 유년 인구의 추이
(단위: %)

30
20
10
0

16 14
11 11 10
24

— 유년
— 노년

2010 2018 2030
(전망)

• 설명: _____

_____

_____

_____

• 전망: 이 문제는 _____

_____

_____

_____

3. 그래프에 나타나듯이, 가면 갈수록, 2000년과 다르게, 끊임없이

1인 가구 비중
(단위: %)

40
35
30
25
20
15
10
5
0

2000 2010 2030
(전망)

• 설명: _____

_____

_____

_____

• 전망: <u>1인 가구는 앞으로</u> _____

_____

_____

o '현대 사회의 문제점'을 2가지 이상 소개하는 글을 써 보세요.

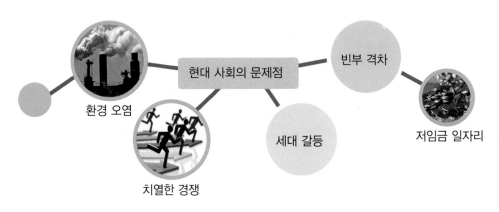

환경 오염
현대 사회의 문제점
빈부 격차
저임금 일자리
치열한 경쟁
세대 갈등

보기

	날	이		갈	수	록		현	대		사	회	의		빈	부		격	차
문	제	가		심	각	해	지	고		있	다	.	과	거	와		다	르	게
개	인	이		얼	마	나		노	력	하	는	지	에		관	계	없	이	
사	회	적		지	위	가		결	정	되	는		경	향	이		나	타	나
고		있	는		것	이	다	.	또	한		저	임	금		일	자	리	…

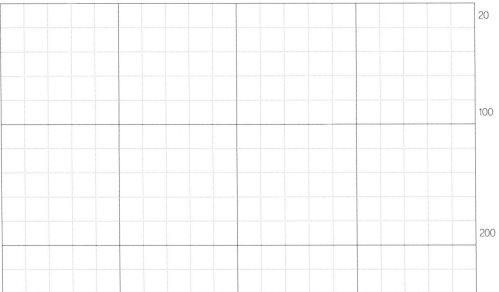

05 인용절 만들기

글을 쓸 때 누군가 말한 것, 생각한 것, 느낀 것을 문장으로 써야 할 때가 있습니다. 다시 말하면 " ", ' ' 안에 있는 내용을 문장으로 쓸 때를 말합니다. 이럴 때는 문장의 종류가 무엇인지 생각해보고 '–다고, –냐 고, – 라고, –자고' 형태로 써야 합니다.

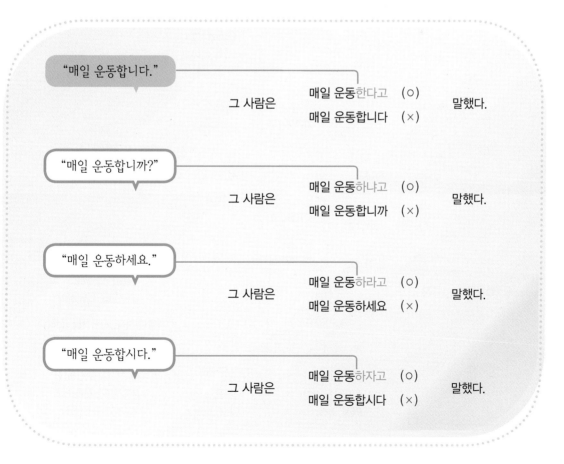

"매일 운동합니다."

그 사람은　　매일 운동한다고　(○)　말했다.
　　　　　　매일 운동합니다　(×)

"매일 운동합니까?"

그 사람은　　매일 운동하냐고　(○)　말했다.
　　　　　　매일 운동합니까　(×)

"매일 운동하세요."

그 사람은　　매일 운동하라고　(○)　말했다.
　　　　　　매일 운동하세요　(×)

"매일 운동합시다."

그 사람은　　매일 운동하자고　(○)　말했다.
　　　　　　매일 운동합시다　(×)

→ 알아봅시다

인용절을 만들 때는 '-다고, -(이)라고, -냐고, -(으)라고. -자고' 같은 형태가 필요합니다. 각 문장의 종류에 따라 알맞은 형태와 어울리는 서술어도 함께 살펴봅시다.

문장 종류	품사	현재	과거	미래 / 추측	어울리는 서술어
서술문	동사	-ㄴ/는다고	-았/었다고	-(으)ㄹ 거라고 -겠다고	말하다, 생각하다, 느끼다 대답하다, 소개하다, 설명하다 듣다, 믿다, 쓰여 있다 소리치다, 결심하다, 약속하다 칭찬하다, 자랑하다, 주장하다 비난하다, 고백하다, 다짐하다 속삭이다, 이해하다, 오해하다 광고하다, 발표하다, 전해주다 예상하다, 가정하다 보다, 할 수 있다 알려져 있다 메시지를 보내다
	형용사	-다고			
	있다 없다				
	-이다	-(이)라고	-이었다고 -였다고	-(이)ㄹ 거라고	
	-아니다	-아니라고	-아니었다고	-아닐 거라고	
의문문	동사	-느냐고 -냐고	-았/었느냐고 -았/었냐고	-겠느냐고 -(으)ㄹ 거냐고 -겠냐고	묻다 질문하다 인사하다
	형용사	-(으)냐고 -냐고		-겠냐고	
	있다 없다	-느냐고 -냐고		-있을 거냐고 (○) -없을 거냐고 (×)	
	-이다	-(이)냐고	-이었냐고 -였냐고	×	
	-아니다	-아니냐고	-아니었냐고		
청유문	동사	-자고 / -지 말자고			하다, 약속하다 제안하다, 다짐하다
명령문	동사	-(으)라고 / -지 말라고			(명령)하다, 지시하다, 전하다 인사하다, 기도하다 , 빌다 부탁하다, 주의를 주다 충고하다, 조언하다 경고하다 , 재촉하다 쓰여 있다, 권하다
		※ '-주세요', '-줘' 로 끝나는 명령문			
		-주라고	-달라고		
		다른 사람을 위한 명령, 부탁	자신을 위한 명령, 부탁		

→ 연습해 봅시다

1. 서술문 연습

보기	• (말)했다 / "사랑해요."	➡ 사랑한다고 (말)했다.
	• 생각한다 / '비싸요.'	➡ 비싸다고 생각한다.

① (말)했다

"어울리지 않아요."	
"밤을 새웠어요."	
"최선을 다할 거예요."	
"계획표를 만들어요."	
"장학금을 받아요."	
"문화가 달라요."	문화가 다르다고
"변화 속도가 빨라요."	
"적성에 맞아요."	
"열심히 하면 돼요."	
"조건이 까다로워요."	

② 생각한다

'시간이 필요해요.'	
'가족이 중요해요.'	
'바람직하지 않아요.'	바람직하지 않다고
'오해를 풀고 싶어요.'	
'이미 포기했어요.'	
'쉬는 게 더 나아요.'	
'취업이 힘들어요.'	
'할 수 있어요.'	
'성공할 거예요.'	
'공부해야 해요.'	공부해야 한다고

③ 들었다

"사실이 아니에요."	
"물가가 오를 거예요."	물가가 오를 거라고
"행복지수가 높아요."	
"방학이 길어요."	
"환경오염이 심해요."	

④ 주장했다

'옳지 않아요.'	
'그 방법은 틀렸어요.'	
'제도를 개선해야 해요.'	
'바꿔야 해요.'	바꿔야 한다고
'관심을 가져야 해요.'	

"실업자가 늘었어요."	'아이가 잘못했어요.'
"출산율이 줄었어요." *출산율이 줄었다고*	'실수가 아닙니다.'
"노인들을 도와요."	'그것이 바람직해요.'
"변화가 생길 거예요."	'권리가 없어요.'
"비용이 많이 들어요."	'실천이 어려워요.' *실천이 어렵다고*

⑤ 느꼈다

'외로워요.'
'평범하지 않아.'
'격차가 커요.'
'보수적이에요.'
'불공평해요.'

⑥ 믿었다

'시작이 반입니다.'
'진실은 밝혀집니다.'
'세상은 더 나아질 거야.'
'정의가 있어요.'
'그 사람은 정직해요.'

⑦ 쓰여 있다

'주차금지'
'죄송합니다.'
'주인을 찾습니다.'
'모집합니다.'
'물 절약'

⑧ 예상했다

'문제가 해결될 거야.'
'소비가 늘 겁니다.'
'로봇의 시대가 와요.'
'위기를 극복할 거야.'
'결과가 좋을 겁니다.'

※ "열심히 할게요." → 열심히 하겠다고 ~ (○)
　　　　　　　　　 열심히 할 거라고 ~ (×)

2. 의문문 연습

• 남자 친구가 물었다. / "사랑해?" / ➡ 사랑하냐고/~하느냐고 물었다.

① 물었다 ※ '-냐고' 형태로 쓰기

질문	답
"학생이에요?"	학생이냐고
"같이 가겠어요?"	
"차 드시겠어요?"	
"성격이 어때요?"	
"위험해요?"	
"직업이 뭐예요?"	
"언제 졸업했어요?"	
"할 수 있어?"	할 수 있냐고
"이유를 몰라요?"	
"방법을 알아요?"	
"오래 기다렸어?"	
"슬퍼요?"	
"음식이 매워요?"	음식이 맵냐고
"정말 그렇습니까?"	
"경치가 아름다워?"	
"왜 필요합니까?"	

② 질문했다 ※ '-(으)냐고 / 느냐고' 형태로 쓰기

질문	답
"왜 사고가 났어요?"	
"언제 끝나요?"	
"성공 확률이 낮아요?"	성공 확률이 낮으냐고
"장소가 어디예요?"	
"어떻게 해야 해요?"	
"시간이 많이 걸려요?"	
"참가자가 많습니까?"	
"면접시험을 봐요?"	
"조건이 어떻게 돼요?"	
"언제 발표할 거예요?"	언제 발표할 거냐고
"얼굴이 예뻐요?"	
"바람이 불어요?"	
"음식이 매워요?"	음식이 매우냐고
"차이가 있습니까?"	
"서로 달라요?"	
"도움이 됐어요?"	

3. 청유문 연습

보기 • 제안했다. / "이렇게 합시다." ➡ 이렇게 하자고 제안했다.

① 제안했다

'단점을 고쳐 봅시다.'	단점을 고쳐 보자고
'식단을 바꿉시다.'	
'규칙적으로 운동해요.'	
'에너지를 절약합시다.'	에너지를 절약하자고
'물을 아껴 씁시다.'	
'쓰레기를 주웁시다.'	
'대중교통을 이용해요.'	
'새 규칙을 만듭시다.'	
'매일 걸읍시다.'	
'모피를 사지 맙시다.'	모피를 사지 말자고
"축제를 엽시다."	
"같이 음악 들어요."	
"싸게 팝시다."	
"같이 노래 불러요."	
"신나게 놉시다."	
"서로 협력해요."	

② 약속했다

'일찍 일어납시다.'	
'결석하지 맙시다.'	
'꼭 참여합시다.'	
'아이들을 도웁시다.'	
'담배를 끊읍시다.'	담배를 끊자고
'손대지 맙시다.'	
'시간을 아낍시다.'	
'서로 용기를 줍시다.'	
'부지런하게 삽시다.'	부지런하게 살자고
'열심히 돈을 법시다.'	
"미래를 바꿔 봐요."	
"변명하지 맙시다."	
"책을 읽읍시다."	
"나무를 심읍시다."	나무를 심자고
"같이 한국어 배워요."	
"꼭 투표합시다."	

4-1. 명령문 연습 : 일반 명령문

・주의를 주었다. / "조심하세요." / ➡ 조심하라고 주의를 주었다.
・(조언) 했다. / "신문을 읽으세요." / ➡ 신문을 읽으라고 (조언)했다.

① 명령했다

"손을 씻어라."	
"빨리 와."	
"반말하지 마."	
"자리에 앉으세요."	
"낙서하지 마세요."	
"조용히 해라."	조용히 하라고
"음주운전 하지 마."	
"컴퓨터를 꺼."	

② 충고했다

"마음을 여세요."	
"능력을 키우세요."	
"먼저 사과하세요."	먼저 사과하라고
"돈을 아껴 써."	
"휴가를 늘리세요."	
"얘기를 잘 들으세요."	
"부탁을 거절하세요."	
"계획을 세워."	

③ 했다

"맛있게 드십시오."	맛있게 먹으라고
"여권을 만드세요."	
"음식을 남기지 마."	
"알람을 맞춰 놓아."	
"손을 드세요."	손을 들라고
"돈을 모아라."	
"잠깐만 기다려."	
"장점을 살리세요."	

④ 주의를 주었다

"맞는 것을 골라."	
"늦지 마세요."	늦지 말라고
"먼저 양보하십시오."	
"떠들지 마."	
"예의를 지켜라."	
"소리를 좀 줄여."	
"농담하지 마."	농담하지 말라고
"껌 씹지 마세요."	

4-2. 명령문 연습 : '–주세요'로 끝나는 명령문

	행동의 대상	말하는 내용	인용 표현
~ 달라고	나 말하는 사람	"(나를) 도와주세요."	➡ ~ 도와달라고 했다.
		"(나에게) 한국어를 가르쳐 주세요."	➡ ~ 가르쳐 달라고 했다.
		"(나에게) 돈 좀 빌려 주세요."	➡ ~ 빌려 달라고 했다.
~ 주라고	다른 사람	"그 사람을 도와주세요."	➡ ~ 도와주라고 했다.
		"그 학생에게 한국어를 가르쳐 주세요."	➡ ~ 가르쳐 주라고 했다.
		"친구에게 돈 좀 빌려 주세요."	➡ ~ 돈 좀 빌려 주라고 했다

① 기도했다

'꿈을 이루게 해 주세요.'	
'건강하게 해 주세요.'	
'성공하게 해 주세요.'	성공하게 해 달라고
'빨리 낫게 해 주세요.'	
'행복하게 해 주세요.'	
'취직하게 해 주세요'.	
'합격하게 해 주세요.'	
'부자 되게 해 주세요.'	

③ 빌었다

"용서해 주세요."	
"살려 주세요."	
"보호해 주세요."	
"진실을 밝혀 주세요."	

② 부탁했다

"30분만 기다려 줘."	
"신분증을 보여주세요."	
"안부 좀 전해 줘."	
"글 좀 고쳐 줘."	글 좀 고쳐 달라고
"빨리 갖다 주세요."	
"선생님께 드리세요."	
"아이를 도와주세요."	
"형에게 돈을 보내 줘."	
"맛집을 추천해 줘."	
"환자에게 죽을 드려."	
"동생에게 알려 줘."	
"깎아 주세요."	
"딸에게 책을 읽어 줘."	

◆ 종합 연습 1

①

"문화가 달라요."

"합격하게 해 주세요."

"열심히 돈을 법시다."

"비밀로 해 주세요."

"마음을 여세요."

"회의에 늦지 마세요."

"언제 졸업해요?"

"음악을 들읍시다."

"할 수 있어요."

"싸게 파세요."

"날씨가 어때?"

"쓰기가 중요해요."

"스트레스를 푸세요."

②

"편식하지 맙시다."

"정답을 고르세요."

"실천이 어려워요"

"꼭 참여합시다."

"조건이 돼요?"

"잘 들어."

"변화 속도가 빨라요."

"후원해 주세요."

"시간을 아낍시다."

"이유를 몰라요?"

"문장을 만드세요."

"공부해야 해요."

"꼭 다시 만납시다."

③

"그를 용서해 주세요."

"이웃을 도웁시다."

"늦게 일어났어요."

"장점을 살리세요."

"새 규칙을 만듭시다."

④

"용기가 필요해요."

"같이 걸읍시다."

"면접시험을 봐요?"

"열심히 삽시다."

"오염이 심해요."

"계획표를 만들어요." ____	"밖에 비가 와요?" ____
"가르쳐 주세요." ____	"꿈을 이루세요." ____
"방법을 알아요?" ____	"감기에 걸렸어요." ____
"휴대전화를 끄세요." ____	"돈 좀 빌려 줘." ____
"오래 걸려요?" ____	"사실이 아니야." ____
"만지지 마." ____	"쓰레기를 주워라." ____
"성공할 거야." ____	"수수료가 들어요?" ____
"예의를 지키세요." ____	"날씨가 추워요?" ____

→ 종합 연습 2

1. 남자친구가 말했다. "사랑해요."　　➡　남자친구가 ___사랑한다고___ 말했다.

2. 친구가 물었다. "시간 있어?"　　➡　친구가 _____ 물었다.

　그래서 대답했다. "좀 바빠."　　➡　그래서 _____ 대답했다.

3. 친구가 부탁했다. "컴퓨터 좀 빌려 줘."　　➡　친구가 _____ 부탁했다.

　그런데 거절했다. "미안하지만 안 돼."　　➡　그런데 _____ 거절했다.

4. 표지판에 쓰여 있다. '주차하지 마세요.'　　➡　표지판에 _____ 쓰여 있다.

5. 옆 사람에게 사과했다. "죄송합니다."　　➡　옆 사람에게 _____ 사과했다.

6. 나는 기도했다. '합격하게 해 주세요.'　　➡　나는 _____ 기도했다.

7. 나는 생각했다. '포기하고 싶어요.'　　➡　나는 _____ 생각했다.

8. 나는 결심했다. '일찍 일어나겠다.'　　➡　나는 _____ 결심했다.

9. 선배가 충고했다. "존댓말을 써."　　➡　선배가 _____ 충고했다.

10. 그 배우가 발표했다. "곧 은퇴할 거예요."　　➡　그 배우가 _____ 발표했다.

11. 그 학자는 주장했다. "방법이 틀렸습니다." ➡ 그 학자는 ＿＿＿＿＿＿＿＿ 주장했다.

12. 친구들이 인사했다. "잘 가." ➡ 친구들이 ＿＿＿＿＿＿＿＿ 인사했다.

13. 그 사람이 고백했다. "성형수술을 했어요." ➡ 그 사람이 ＿＿＿＿＿＿＿＿ 고백했다.

14. 모임에서 제안했다. "봉사 활동을 하자." ➡ 모임에서 ＿＿＿＿＿＿＿＿ 제안했다.

15. 친구와 약속했다. "꼭 다시 만나자." ➡ 친구와 ＿＿＿＿＿＿＿＿ 약속했다.

16. 나는 느꼈다. '건강이 제일 중요해요.' ➡ 나는 ＿＿＿＿＿＿＿＿ 느꼈다.

17. 방송에서 소개했다. "훌륭한 작품입니다." ➡ 방송에서 ＿＿＿＿＿＿＿＿ 소개했다.

18. 나는 들었다. "그 도시는 안전해요." ➡ 나는 ＿＿＿＿＿＿＿＿ 들었다.

19. 그는 생각한다. '돈이 전부가 아니에요.' ➡ 그는 ＿＿＿＿＿＿＿＿ 생각한다.

20. 뉴스에서 말했다. "기온이 올라갈 겁니다." ➡ 뉴스에서 ＿＿＿＿＿＿＿＿ 말했다.

➔ 종합 연습 3

1. 학생이 ＿＿＿＿＿ 어떻게 하면 한국어를 잘할 수 있냐고 ＿＿＿＿＿ 질문했다.

2. 선생님께서 학생들에게 ＿＿＿＿＿＿＿＿＿＿＿＿＿＿＿＿ 대답하셨다.

3. 선생님이 나에게 ＿＿＿＿＿＿＿＿＿＿＿＿＿＿＿＿ 칭찬하셨다.

4. 나는 내 친구가 ＿＿＿＿＿＿＿＿＿＿＿＿＿＿＿＿ 생각한다.

5. 나는 ＿＿＿＿＿＿＿＿＿＿＿＿＿＿＿＿＿＿＿＿ 믿는다.

6. 나는 친구에게 ＿＿＿＿＿＿＿＿＿＿＿＿＿＿＿＿ 부탁했다.

7. 나는 친구와 ＿＿＿＿＿＿＿＿＿＿＿＿＿＿＿＿ 약속했다.

8. 나는 그 모임에서 ＿＿＿＿＿＿＿＿＿＿＿＿＿＿ 제안했다.

9. 그 운동 선수가 ＿＿＿＿＿＿＿＿＿＿＿＿＿＿＿ 말했다.

10. 그 학자는 ＿＿＿＿＿＿＿＿＿＿＿＿＿＿＿＿＿ 주장했다.

11. 일기예보에서 ＿＿＿＿＿＿＿＿＿＿＿＿＿＿＿＿＿＿＿＿＿＿＿＿＿＿ 말했다.

12. 나는 ＿＿＿＿＿＿＿＿＿＿＿＿＿＿＿＿＿＿＿＿＿＿＿＿＿＿＿＿＿ 들었다.

13. 그 사람은 ＿＿＿＿＿＿＿＿＿＿＿＿＿＿＿＿＿＿＿＿＿＿＿＿＿ 고백했다.

14. 게시판에 ＿＿＿＿＿＿＿＿＿＿＿＿＿＿＿＿＿＿＿＿＿＿＿＿ 쓰여 있다.

15. 한국에서는 자기 전에 ＿＿＿＿＿＿＿＿＿＿＿＿＿＿＿＿＿＿＿ 인사한다.

16. 인스턴트 음식을 자주 먹는 친구에게 ＿＿＿＿＿＿＿＿＿＿＿＿＿ 충고했다.

17. 환경단체에서 ＿＿＿＿＿＿＿＿＿＿＿＿＿＿＿＿＿＿＿＿＿＿ 주장했다.

18. 나는 ＿＿＿＿＿＿＿＿＿＿＿＿＿＿＿＿＿＿＿＿＿＿＿＿＿＿＿ 기도했다.

19. 나는 어렸을 때 아버지에게 ＿＿＿＿＿＿＿＿＿＿＿＿＿＿＿＿ 물었다.

20. 아버지는 나에게 ＿＿＿＿＿＿＿＿＿＿＿＿＿＿＿＿＿＿＿＿＿ 하셨다.

21. 그 의사는 환자에게 ＿＿＿＿＿＿＿＿＿＿＿＿＿＿＿＿＿＿＿ 권했다.

22. 정부에서 ＿＿＿＿＿＿＿＿＿＿＿＿＿＿＿＿＿＿＿＿＿＿＿＿ 발표했다.

23. 박물관에서 관람객들에게 ＿＿＿＿＿＿＿＿＿＿＿＿＿＿＿ 주의를 주었다.

24. 내년에는 ＿＿＿＿＿＿＿＿＿＿＿＿＿＿＿＿＿＿＿＿＿＿＿＿＿ 예상했다.

25. 그 회사는 TV에서 ＿＿＿＿＿＿＿＿＿＿＿＿＿＿＿＿＿＿＿＿＿ 광고했다.

→ 써 봅시다

1. 다음에 있는 위인들이 어떤 말을 했는지 찾아보고 인용 문장을 만들어 보세요.

① 세종대왕　　② 이순신 장군　　③ 공자　　④ 나폴레옹　　⑤ 아인슈타인

> • 진짜 결점은 자신의 결점을 알면서도 고치려고 노력하지 않는 것이다.
>
> • 살고자 하면 죽을 것이고 죽고자 하면 살 것이다.
>
> • 내 사전에 불가능이란 없다.
>
> • 특별한 재능이 있는 것이 아니라 단지 호기심이 강할 뿐이다.
>
> • 고기는 씹을수록 맛이 나고 책은 읽을수록 맛이 난다.

① 세종대왕은 <u>고기는 씹을수록 맛이 나고 책은 읽을수록 맛이 난다고 했다.</u>

② 이순신 장군은 _____

③ 공자는 _____

④ 나폴레옹은 _____

⑤ 아인슈타인은 _____

⑥   **?** _____

⑦   **?** _____

2. 아래에 있는 분들이 어떤 말을 했습니까?

| 부모님 | 선생님 | 내가 사랑하는 사람 | 내가 존경하는 사람 | 내가 좋아하는 연예인 | ? |

① 부모님께서 <u>어려운 일이 있어도 포기하지 말고 희망을 가지고 살라고 말씀하셨다.</u>

② 선생님께서 _____

③ _____이/가 _____

④ _____이/가 _____

⑤ _____이/가 _____

⑥ _____이/가 _____

답답하고 괴로운 한국어 글쓰기!
문장 쓰기부터 시작하자!

이런 학습자들에게 추천하고 싶은 책!

- 항상 짧은 문장만 쓰게 돼요. ☑
- 정확한 문장을 쓰기가 어려워요. ☑
- 단어는 많이 알지만 문장을 만들기가 어려워요. ☑
- 틀린 문장이 많지만 어떻게 고쳐야 하는지 모르겠어요. ☑
- 중급 수준의 문장을 잘 못 쓰겠어요. ☑
- TOPIK 쓰기 점수가 너무 안 좋아요. ☑
- 쓰기 연습을 어떻게 해야 하는지 모르겠어요. ☑

외국인을 위한
한국어 문장 쓰기의 모든 것 (중급)

II. 문장 수준 올리기

박미경 Park Mi Gyung

경북대학교 국어국문학과를 졸업하고, 고등학교 국어 교사, 중국 낙양외국어대학 한국어과 초빙 원어민 강사를 지낸 후, 현재 안동대학교 한국어학당 강사로 있다.

김지연 Kim Ji Yeon

영남대학교를 졸업하고, 중국 유방교육대학교에서, 그리고 한국국제협력단 단원으로 해외에서 한국어를 가르친 후, 현재 안동대학교 한국어학당 강사로 있다.

권제은 Kwon Je Eun

숙명여자대학교와 동대학원 국어국문학과(석사과정)를 졸업하고, 현재 안동대학교 한국어학당 강사로 있다.

외국인을 위한 한국어 문장 쓰기의 모든 것(중급)

초판 1쇄 발행 2016년 09월 20일
초판 13쇄 발행 2024년 06월 24일

지 은 이 박미경 · 김지연 · 권제은
펴 낸 이 박찬익

펴 낸 곳 (주)박이정
주   소 경기도 하남시 조정대로45 미사센텀비즈 8층 F827호
전   화 (031)792-1193, 1195
팩   스 (02)928-4683
홈페이지 www.pijbook.com
이 메 일 pijbook@naver.com
등   록 2014년 8월 22일 제2020-000029호

I S B N 979-11-5848-247-3 (03710)

＊ 책값은 뒤표지에 있습니다.

외국인을 위한

이 책으로 연습하면 쓰기가 쉬워지고

한국어

문장 수준이 올라간다!

문장 쓰기의 모든 것

Ⅱ 문장 수준 올리기

ALL ABOUT WRITING KOREAN SENTENCES

박미경·김지연·권제은 지음

(주)박이정

머리말

　이 책은 '쓰기가 어렵다'는 말을 늘 들으면서도 시원한 대답을 할 수 없었던 한국어 선생님들과 중급 단계에서 공부하고 있는 외국인 학습자들을 생각하면서 만들었습니다. 한국어를 가르치면서 올바른 한국어 문장을 쓸 수 있도록 친절하게 안내하는 책이 필요하다는 생각 또한 늘 해왔습니다. 그래서 한국어 문장 쓰기의 단계적인 학습 방법과 연습과정을 이 책에서 모두 보여 주고자 했습니다.

　이 책에서는 글쓰기의 첫 단계인 문장을 정확하고 풍부하게 쓸 수 있도록 한국어의 특성을 설명하면서 구체적인 연습 문제를 제시하고 있습니다. 연습 문제는 단계별로 구성되어, 자연스럽게 쓰기에 익숙해지도록 배려했습니다. 이렇게 기본적인 쓰기 연습이 이루어지면 다음 단계에서는 문장 유형별로 각 문장을 확장하고 내용을 중급답게 표현할 수 있는 방법을 제시합니다. 문장 유형은 일반적인 틀에 매이지 않고 외국인 학습자에게 필요한 내용으로 분류를 했습니다. 이 분류에 따라 각 유형별 연습 문제를 풍부하게 실었습니다. 따라서 이 책에서 안내하는 모든 과정들을 거치고 나면 제대로 된 중급 글쓰기의 발판을 마련할 수 있을 것입니다.

글쓰기에 어떤 비법이나 왕도가 있을 수는 없습니다. 큰 노력 없이 한 번에 높은 단계로 도약할 수 있는 것도 아닙니다. 그러나 시작을 어떻게 해야 하는지, 어떻게 연습해야 하는지 몰라서 걱정만 하고 있는 외국인 학습자에게는, 이 책이 유용한 길잡이가 될 수도 있을 것입니다. 각 단계를 차례대로 연습해도 좋지만, 학습자 스스로 자신에게 필요한 단계를 찾아서 연습해도 좋습니다. 어느 단계에서든지 내용을 이해만 할 것이 아니라 하나하나 직접 써 보기 바랍니다. 그래서 보기만 하는 책이 아니라 아낌없이 쓰여지는 책이 되었으면 합니다.

글쓰기의 디딤돌을 만들고자 지은이들 나름대로 오래 고민하고 최선을 다했습니다. 앞으로 이 책이 한국어 학습자들의 글쓰기에 실질적인 도움을 주고, 아울러 한국어 선생님들과 글쓰기 교육에 대한 고민을 함께 하는 기회가 되기를 바라며, 기꺼이 출판을 맡아준 박이정출판사에 감사의 마음을 전합니다.

지은이들 씀.

일러두기

- 이 책은 외국인 학생들이 한국어 문장을 더 정확하고 풍부하게 쓸 수 있도록 하는 데 목적이 있습니다.

- 이 책은 총 2권으로 구성되어 있습니다. 2권의 〈문장유형별 수준 올리기〉와 2장 〈표현 수준 올리기〉는 내용 구성이 각각 다르게 되어 있습니다.

1장 문장 유형별 수준 올리기

01. 도입

- 각 장에서 어떤 문장 유형을 연습할지 간단한 설명이 있습니다.
- 해당 문장 유형의 구조를 보여 줍니다.

02. 문장 유형 연습

- 해당 문장 유형을 충분히 연습할 수 있도록 예시와 문제가 제시되어 있습니다.
- 학습자는 해당 문장 유형을 바탕으로 확장을 통해 중급다운 문장을 쓰는 연습을 하게 됩니다.

03. 문장 순서 맞추기

- 제시된 각 단어를 의미가 통하게 순서대로 맞춰서 문장을 완성해 보는 단계입니다.

2장 표현 수준 올리기(어휘 수준 올리기)

01. 도입

- 초급 어휘를 사용한 문장과 중급다운 어휘를 사용한 문장을 비교해서 보여 줍니다.

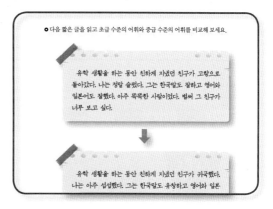

02. 알아봅시다

- 품사별로 수준에 따른 어휘와 그 예가 제시되어 있습니다.

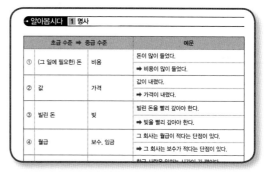

03. 써 봅시다

- 중급다운 어휘를 사용해 짧은 문장을 써 보는 단계입니다.

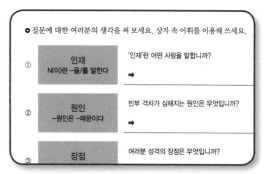

2장 표현 수준 올리기(서술어 수준 올리기)

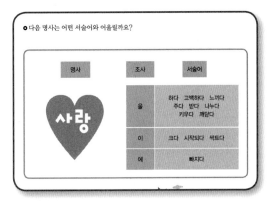

01. 도입

◉ 명사에 어울리는 서술어의 종류와 연결하는 방법을 보여 줍니다.

02. 연습해 봅시다

◉ 빈도수와 학습자 오류를 참고하여 어울리는 서술어와 어울릴 수 없는 서술어를 함께 보여 줍니다.

03. 써 봅시다

◉ 연습한 내용을 이용해 짧은 문장을 완성해 보는 단계입니다.

2장 표현 수준 올리기(세부 표현 수준 올리기)

01. 도입

◉ 전체 표현 수준에 있어서 초급 수준과 중급 수준을
비교해서 보여 줍니다.

◉ 다음 짧은 글을 읽고 표현 수준을 비교해 보세요.

초급

우리 주변에는 돈이 많은 사람도 있고 돈이 없는 사람도 있다. 이 사람들 중에는 돈이 없어
서 행복하지 않다고 생각하는 사람들이 많다. 하지만 어떤 사람은 돈이 많아도 행복하지 않다
고 느낀다. 세상에는 다양한 사람들이 있고 행복의 기준도 다르다. 행복하게 살기 위해서 중요
한 것은 돈이 아니다. 돈도 중요하지만 주변 사람들과의 관계도 중요하다. 그러니까 돈만 벌려
고 하지 말고 다른 사람들과 잘 지내야 한다.

중급

우리 주변에는 돈이 많은 사람이 있는가 하면 돈이 없는 사람도 있다. 돈
이 많으면 행복할 수 있지만 돈이 많다고 해서 다 행복한 것은 아니다. 사람
마다 행복의 기준이 다르다. 또한 행복이 경제적 조건에 달려 있는 것도 아
니다. 돈뿐만 아니라 주변 사람들과 잘 어울리는 것도 중요하다. 따라서 돈
만 벌어 밀어서 편리하게 사람들 어울려되게 준요 관계를 맺을 수 있는 등

02. 연습해 봅시다

◉ 초급 및 3급 수준의 표현을 4급 수준으로 바꾸어 쓰는
연습을 하는 단계입니다.

◉ 연습해 봅시다   연습 ②, ③은 자신이 생각한 문장을 직접 써 보세요.

1. ~ (으)ㄹ 뿐만 아니라

3급 수준	➡ 공공시설은 이용하기가 편리하고 비용도 저렴해야 한다.
4급 수준	➡ 공공시설은 이용하기가 편리할 뿐만 아니라 비용도 저렴해야 한다.
연습 ①	➡ 그 사람은 자기가 맡은 일도 잘하고 리더십도 있다.
	➡
연습 ②	➡
연습 ③	➡

03. 써 봅시다

◉ 연습한 표현을 사용해 전체 글 속에서 세부 표현
수준을 올려 보는 단계입니다.

◉ 종합 연습 **1**

◉ 다음 글을 보고 밑줄 친 부분을 4급 수준의 표현으로 고쳐 써 보세요.

① 외국 생활에 적응도 잘하고 외국어도 빨리 배우는 사람들이 있다. 그런 사람들은 조금만
노력해도 다른 사람들보다 결과가 좋다. 하지만 나는 그렇지 않기 때문에 ② 꼭 더 열심히 노력
해야 한다. 나는 베트남 사람인데 ③ 한국어도 배우고 일도 하려고 한국에 왔다. ④ 한국에 온
후 1년이 지났다. 하지만 아직 한국어를 잘 못한다. 대부분 집에서 혼자 공부하는데 아마 이런
방법이 좋지 않은 것 같다. ⑤ 피곤하면 자주 쉬거나 잘 때가 많다. 앞으로는 친구와 같이 공부
하려고 한다.

① 외국 생활에 적응도 잘할 뿐만 아니라 외국어도 빨리 배우는 사람들이 있다.

②

차례

内容구성

II. 문장 수준 올리기

Ⅱ

문장 수준 올리기

외국인을 위한
한국어 문장 쓰기의 모든 것
(중급)

1

문장 유형별
수준 올리기

장

01 N은 A

일반적으로 형용사는 주어의 상태가 '어떠하다'를 설명해 줍니다. 동사처럼 서술어로 쓰입니다. '어떠하다'의 주어는 '을/를'과 어울릴 수 없고 주로 '은/는/이/가'와 함께 쓰입니다.

N 주어	A
한국어 공부는	재미있다
우리 선생님은	친절하다

N 주어	N이/가	A
한국 사람은	정이	많다
내 친구는	능력이	뛰어나다

N 주어	N에/에게/(으)로	A
스마트폰은	여행자들에게	유용하다
그 사람은	지도자로	적합하다

| • 유명하다 | • 많다 | • 좋다 | • 높다 | • 쉽다 | • 어렵다 |

보기

| 기 본 | 제주도 / 한라봉 / **유명하다** |

➡ 제주도는 한라봉이 유명하다.

| 확장 1 | 기후가 따뜻하다 / 제주도 / 한라봉 / **유명하다** |

➡ 기후가 따뜻한 제주도는 한라봉이 유명하다.

| 확장 2 | 기후가 따뜻하다 / 제주도 / 달고 맛있다 / 한라봉 / **유명하다** |

➡ 기후가 따뜻한 제주도는 달고 맛있는 한라봉이 유명하다.

1 | 기 본 | 서울 / 한강 / **유명하다** |

➡

| 확장 1 | 한국의 수도이다 / 서울 / 한강 / **유명하다** |

➡

| 확장 2 | 한국의 수도이다 / 서울 / 크고 아름답다 / 한강 / **유명하다** |

➡

2 | 기 본 | 아파트 / 소음 문제 / **많다** |

➡

| 확장 1 | 방음이 잘 안 되다 / 아파트 / 소음 문제 / **많다** |

➡

| 확장 2 | 방음이 잘 안 되다 / 아파트 / 이웃 간의 싸움을 일으키다 / 소음 문제 / **많다** |

➡

3 **기 본**   이번 전시회 / 관람객의 반응 / **좋다**

➡

확장 1   서울의 옛 풍경을 보여 주다 / 이번 전시회 / 관람객의 반응 / **좋다**

➡

4 **기 본**   그 일 / 실패할 확률 / **높다**

➡

확장 1   준비 없이 시작하다 / 그 일 / 실패할 확률 / **높다**

➡

5 **기 본**   그 요리책 / 설명 / **쉽다**

➡

확장 1   1인 요리를 중심으로 구성되다 / 그 요리책 / 설명 / **쉽다**

➡

6 **기 본**   환경 문제 / 빠른 해결 / **어렵다**

➡

확장 1   갈수록 심해지다 / 환경 문제 / 빠른 해결 / **어렵다**

➡

7 **기 본**   현대 미술 / 이해 / **어렵다**

➡

확장 1   장르(genre)를 파괴하는 경향이 있다 / 현대 미술 / 이해 / **어렵다**

➡

| • 중요하다 | • 필요하다 | • 편리하다 | • 심각하다 | • 충분하다 |

1 기 본 현대 사회 / 정보를 모으고 활용하는 능력 / **중요하다**

➡

확장 1 정보가 힘이 되다 / 현대 사회 / 정보를 모으고 활용하는 능력 / **중요하다**

➡

2 기 본 학교 폭력 / 예방 / **중요하다**

➡

확장 1 보이지 않는 곳에서 일어나다 / 학교 폭력 / 예방 / **중요하다**

➡

3 기 본 언론 보도 / 객관성 / **중요하다**

➡

확장 1 대중들에게 사실을 전달해야 하다 / 언론 보도 / 객관성 / **중요하다**

➡

4 기 본 현대 사회 / 소통의 리더십 / **필요하다**

➡

확장 1 다양성을 중시하다 / 현대 사회 / 소통의 리더십 / **필요하다**

➡

5 기 본 부모들 / 지혜 / **필요하다**

➡

확장 1 사춘기를 겪고 있는 아이를 두다 / 부모들 / 지혜 / **필요하다**

➡

6 기본   서울 / 교통 / **편리하다**

➡

확장 1   지하철이 발달하다 / 서울 / 교통 / **편리하다**

➡

7 기본   전자책 / 휴대 / **편리하다**

➡

확장 1   스마트 기기로 볼 수 있다 / 전자책 / 휴대 / **편리하다**

➡

8 기본   한국 / 저출산 문제 / **심각하다**

➡

확장 1   한국 / 경제 발전에 악영향을 미치다 / 저출산 문제 / **심각하다**

➡

9 기본   그 사람 / 상을 받을 자격 / **충분하다**

➡

확장 1   신기술을 개발하다 / 그 사람 / 상을 받을 자격 / **충분하다**

➡

10 기본   그곳 / 보존할 가치 / **충분하다**

➡

확장 1   세계문화유산으로 지정되다 / 그곳 / 보존할 가치 / **충분하다**

➡

• 뛰어나다	• 부족하다	• 풍부하다	• 적합하다	• 유용하다

1 **기본**　관광 산업 / 효과 / **뛰어나다**

➡

확장1　관광 산업 / 경제를 살리다 / 효과 / **뛰어나다**

➡

확장2　자연과 문화를 잘 활용하다 / 관광 산업 / 경제를 살리다 / 효과 / **뛰어나다**

➡

2 **기본**　그 건물 / 가치 / **뛰어나다**

➡

확장1　그 건물 / 역사적이다 / 가치 / **뛰어나다**

➡

확장2　독특한 건축 양식을 보여주다 / 그 건물 / 역사적이다 / 가치 / **뛰어나다**

➡

3 **기본**　맞벌이 부부 / 시간 / **부족하다**

➡

확장1　일하는 시간이 길다 / 맞벌이 부부 / 시간 / **부족하다**

➡

확장2　일하는 시간이 길다 / 맞벌이 부부 / 아이를 돌보다 / 시간 / **부족하다**

➡

4 | 기본 | 예술가 / 상상력 / **풍부하다**

➡

| 확장1 | 세상을 다르게 보다 / 예술가 / 상상력 / **풍부하다**

➡

| 확장2 | 세상을 다르게 보다 / 예술가 / 창조의 바탕이 되다 / 상상력 / **풍부하다**

➡

5 | 기본 | 그 영화 / 아이들 / **적합하지 않다**

➡

| 확장1 | 폭력적이다 / 그 영화 / 아이들 / **적합하지 않다**

➡

| 확장2 | 폭력적이다 / 그 영화 / 쉽게 모방하는 경향이 있다 / 아이들 / **적합하지 않다**

➡

6 | 기본 | 스마트폰 / 여행자들 / **유용하다**

➡

| 확장1 | 길 찾기 기능이 있다 / 스마트폰 / 여행자들 / **유용하다**

| 확장2 | 길 찾기 기능이 있다 / 스마트폰 / 낯선 곳에서 이동하다 / 여행자들 / **유용하다**

○ 제시된 표현을 모두 사용해 순서에 맞게 한 문장으로 쓰십시오.

1. 기후가 따뜻한,　　한라봉이,　　달고 맛있는,　　유명하다,　　제주도는

　➡　　기후가 따뜻한 제주도는 달고 맛있는 한라봉이 유명하다.

2. 상대방의 의견에,　　필요하다,　　귀를 기울이는 자세가,　　토론할 때는

　➡ _____

3. 정보가 힘이 되는,　　중요하다,　　정보를 모으고 활용하는 능력이,　　현대 사회에서는

　➡ _____

4. 환경 문제는,　　어렵다,　　갈수록 심해지는,　　빠른 해결이

　➡ _____

5. 관람객의 반응이,　　이번 전시회는,　　좋다,　　서울의 옛 풍경을 보여 주는

　➡ _____

6. 현대인의 필수품이 된,　　생활에 편리한,　　스마트폰은,　　많다,　　기능이

　➡ _____

7. 뛰어나다,　　옛 사람들의 지혜를 볼 수 있는,　　그 문화재는,　　역사적인 가치가

　➡ _____

8. 일하는 시간이 긴,　　부족하다,　　맞벌이 부부는,　　시간이,　　아이를 돌볼

　➡ _____

9. 자격이,　　그 사람은,　　지도자가 될,　　충분하다,　　사람들에게 신뢰를 주는

　➡ _____

10. 경제 발전에 악영향을 미치는,　　심각하다,　　저출산 문제가,　　한국은

　➡ _____

02 N은 V

동사에는 '무엇을'(대상)이 필요한 '타동사'와 '무엇을'(대상)이 필요 없는 '자동사'가 있습니다. 자동사는 '무엇을'이 없어도 의미가 통합니다. 따라서 타동사와 달리 자동사는 '을/를'과 어울리지 않습니다.

N 주어	V
아이가	웃었다
휴대폰이	깨졌다

N 주어	N이/가	V
한국은	인터넷이	발달했다
나는	자신감이	생겼다

N 주어	N에/에게/(으)로	V
유학생들은	한국 생활에	적응했다
그 시골 마을은	도시로	변했다

| • 가다 | • 변하다 | • 떠오르다 | • 생기다 | • 적응하다 |

보기

기본　　나 / 그 사람 / 호감 / **가다**

➡ 나는 그 사람에게 호감이 갔다.

확장 1　나 / 마음이 따뜻하다 / 그 사람 / 호감 / **가다**

➡ 나는 마음이 따뜻한 그 사람에게 호감이 갔다.

확장 2　상처가 많다 / 나 / 마음이 따뜻하다 / 그 사람 / 호감 / **가다**

➡ 상처가 많은 나는 마음이 따뜻한 그 사람에게 호감이 갔다.

---

1 **기본**　나 / 노인들 / 관심 / **가다**

➡

확장 1　사회복지사가 꿈이다 / 나 / 노인들 / 관심 / **가다**

➡

확장 2　사회복지사가 꿈이다 / 나 / 소외되다 / 노인들 / 관심 / **가다**

➡

---

2 **기본**　그 지역 / 피난처 / **변하다**

➡

확장 1　전쟁 발생 지역에서 가깝다 / 그 지역 / 피난처 / **변하다**

➡

확장 2　전쟁 발생 지역에서 가깝다 / 그 지역 / 난민들이 모이다 / 피난처 / **변하다**

➡

3 기 본   드라마 촬영지 / 관광 명소 / **떠오르다**

➡

확장 1   옛 모습을 재현하다 / 드라마 촬영지 / 관광 명소 / **떠오르다**

➡

확장 2   옛 모습을 재현하다 / 드라마 촬영지 / 올해 가고 싶다 / 관광 명소 / **떠오르다**

➡

4 기 본   그 학생 / 자신감 / **생기다**

➡

확장 1   상을 받다 / 그 학생 / 자신감 / **생기다**

➡

확장 2   상을 받다 / 그 학생 / '무엇이든지 할 수 있다' / 자신감 / **생기다**

➡

5 기 본   유학생들 / 한국 문화 / **적응하다**

➡

확장 1   유학생들 / 나이를 중시하다 / 한국 문화 / **적응하다**

➡

확장 2   문화적 배경이 다르다 / 유학생들 / 나이를 중시하다 / 한국 문화 / **적응하다**

➡

| • 나오다 | • 들다 | • 나타나다 | • 제시되다 | • 기여하다 |

1 기본   그 기사 / 신문 / **나오다**

➡ _____

확장 1   한류의 영향을 분석하다 / 그 기사 / 신문 / **나오다**

➡ _____

확장 2   한류의 영향을 분석하다 / 그 기사 / 시사 문제를 다루다 / 신문 / **나오다**

➡ _____

2 기본   문화 생활 / 비용 / **들지 않다**

➡ _____

확장 1   공공 행사나 공연을 즐기다 / 문화 생활 / 비용 / **들지 않다**

➡ _____

확장 2   공공 행사나 공연을 즐기다 / 문화 생활 / 생각보다 많다 / 비용 / **들지 않다**

➡ _____

3 기본   나 / 그 사람 / 마음 / **들다**

➡ _____

확장 1   나 / 유머 감각이 뛰어나다 / 그 사람 / 마음 / **들다**

➡ _____

확장 2   말이 없는 편이다 / 나 / 유머 감각이 뛰어나다 / 그 사람 / 마음 / **들다**

➡ _____

4 기본   우리 / '기업 문화가 중요하다.' / 생각 / **들다**

➡

확장 1   인턴 사원으로 일해 보다 / 우리 / '기업 문화가 중요하다.' / 생각 / **들다**

➡

5 기본   새 교육 정책 / 뜻밖의 문제 / **나타나다**

➡

확장 1   사교육 문제 해결을 위해 나오다 / 새 교육 정책 / 뜻밖의 문제 / **나타나다**

➡

6 기본   여성 고용 확대 방안 / **제시되다**

➡

확장 1   양성 평등을 실천하다 / 여성 고용 확대 방안 / **제시되다**

➡

7 기본   에너지 절약 / 환경보호 / **기여하다**

➡

확장 1   개개인이 생활 속에서 실천하다 / 에너지 절약 / 환경보호 / **기여하다**

➡

8 기본   로컬 푸드(local food) 운동 / 농업 발전 / **기여하다**

➡

확장 1   '가까운 지역의 농산물을 이용하자.' / 로컬 푸드 운동 / 농업 발전 / **기여하다**

➡

• 발달하다   • 요구되다   • 머무르다   • 발생하다   • 해당되다

1 기본   한국 / 배달 문화 / **발달하다**
_____
    ➡
_____

   확장 1   '빨리빨리' 문화가 있다 / 한국 / 배달 문화 / **발달하다**
_____
    ➡
_____

   확장 2   '빨리빨리' 문화가 있다 / 한국 / 빠르고 편리하다 / 배달 문화 / **발달하다**
_____
    ➡
_____
_____

2 기본   서울 / 대중교통 / **발달하다**
_____
    ➡
_____

   확장 1   면적에 비해 인구가 많다 / 서울 / 대중교통 / **발달하다**
_____
    ➡
_____

   확장 2   면적에 비해 인구가 많다 / 서울 / 요금이 싸고 편리하다 / 대중교통 / **발달하다**
_____
    ➡
_____
_____

3 기본   글로벌 시대 / 새로운 인재 / **요구되다**
_____
    ➡
_____

   확장 1   글로벌 시대 / 창의성을 갖추다 / 새로운 인재 / **요구되다**
_____
    ➡
_____

   확장 2   경쟁이 치열하다 / 글로벌 시대 / 창의성을 갖추다 / 새로운 인재 / **요구되다**
_____
    ➡
_____
_____

4 기본　배낭 여행객들　/　게스트하우스　/　**머무르다**

➡ _____

확장 1　배낭 여행객들　/　숙박비가 저렴하다　/　게스트하우스　/　**머무르다**

➡ _____

5 기본　그 나라　/　성평등 지수　/　하위권　/　**머물러 있다**

➡ _____

확장 1　가부장적 전통이 있다 / 그 나라 / 성평등 지수 / 하위권 / **머물러 있다**

➡ _____

6 기본　그 지역　/　대형 인명 피해　/　**발생하다**

➡ _____

확장 1　지진이 일어나다　/　그 지역　/　대형 인명 피해　/　**발생하다**

➡ _____

7 기본　그 내용　/　광고법 위반　/　**해당되다**

➡ _____

확장 1　'100% 효과를 보장하다.'　/　그 내용　/　광고법 위반　/　**해당되다**

➡ _____

8 기본　풍력 에너지　/　친환경 에너지　/　**해당되다**

➡ _____

확장 1　바람을 이용해 에너지를 만들다 / 풍력 에너지 / 친환경 에너지 / **해당되다**

➡ _____

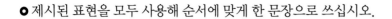

○ 제시된 표현을 모두 사용해 순서에 맞게 한 문장으로 쓰십시오.

1. 나는, 사회복지사가 꿈인, 관심이, 노인들에게, 갔다, 소외된

   ➡ ___사회복지사가 꿈인 나는 소외된 노인들에게 관심이 갔다.___

2. 들었다, 우리는, 인턴 사원으로 일해 본, 생각이, 기업 문화가 중요하다는

   ➡ _____

3. 그 사람은, 경제적인 여유가, 취업에 성공한, 생겼다

   ➡ _____

4. 국제 사회에, 발생했다, 분쟁이, 영토의 소유권과 관련된,

   ➡ _____

5. 해당된다, 그 내용은, 100% 효과를 보장한다는, 광고법 위반에

   ➡ _____

6. 개개인이 생활 속에서 실천하는, 환경보호에, 에너지 절약은, 기여한다

   ➡ _____

7. 문화적 배경이 다른, 적응했다, 나이를 중시하는, 유학생들은, 한국 문화에

   ➡ _____

8. 인재가, 경쟁이 치열한, 창의성을 갖춘, 글로벌 시대에는, 요구된다

   ➡ _____

9. 일부 선진국은, 스웨덴과 같은, 국민 모두가 누릴 수 있는, 발달했다, 복지 제도가

   ➡ _____

10. 하위권에, 그 나라는, 머물렀다, 기부 문화가 아직 정착되지 않은, 기부 지수가

   ➡ _____

03 N은 N이다 / 아니다

한국어에서 '–이다'는 명사와 함께 쓰입니다. 'N이다'는 주로 주어와 대등함을 나타내거나 무엇을 가리킬 때 또는 설명할 때 쓰입니다. '아니다'는 '이다'의 부정형으로 'N이/가 아니다'로 쓰입니다. 그럼, 각각의 문장 구조를 한번 살펴볼까요?

N 주어	N이다
외모지상주의는	문제이다

N 주어	N이/가	N이다
세계화 시대에는	외국어 공부가	필수적이다

N 주어	N에/에게	N이다
칭찬은	아이 교육에	효과적이다

N 주어	N이/가	아니다
돈은	행복의 필수조건이	아니다

| • 문제 | • 계획 | • 생각 | • 예정 | • 필수적 |

보기

| 기 본 | 외모지상주의 / **문제이다** |

➡ 외모지상주의는 문제이다.

| 확장 1 | 외모로 사람을 판단하다 / 외모지상주의 / **문제이다** |

➡ 외모로 사람을 판단하는 외모지상주의는 문제이다.

| 확장 2 | 외모로 사람을 판단하다 / 외모지상주의 / 크다 / **문제이다** |

➡ 외모로 사람을 판단하는 외모지상주의는 큰 문제이다.

---

1 | 기 본 | 지나친 통신 언어 사용 / **문제이다** |

➡

| 확장 1 | 때와 장소를 구분하지 않다 / 지나친 통신 언어 사용 / **문제이다** |

➡

| 확장 2 | 때와 장소를 구분하지 않다 / 지나친 통신 언어 사용 / 심각하다 / **문제이다** |

➡

---

2 | 기 본 | 환경보호단체 / 사막 / 나무를 심다 / **계획이다** |

➡

| 확장 1 | 중국에 가다 / 환경보호단체 / 사막 / 나무를 심다 / **계획이다** |

➡

| 확장 2 | 중국에 가다 / 환경보호단체 / 황사 발생지이다 / 사막 / 나무를 심다 / **계획이다** |

➡

3 기본 나 / 직업을 바꾸다 / **생각이다**

➡

확장1 적성에 맞지 않는 일을 하다 / 나 / 직업을 바꾸다 / **생각이다**

➡

4 기본 채용 박람회 / 개최되다 / **예정이다**

➡

확장1 구직 정보와 기회를 제공하다 / 채용 박람회 / 개최되다 / **예정이다**

➡

5 기본 신제품 / 출시되다 / **예정이다**

➡

확장1 새로운 기능을 추가하다 / 신제품 / 출시되다 / **예정이다**

➡

6 기본 세계화 시대 / 외국어 공부 / **필수적이다**

➡

확장1 국제 교류가 활발해지다 / 세계화 시대 / 외국어 공부 / **필수적이다**

➡

7 기본 직장인들 / 자기 계발 / **필수적이다**

➡

확장1 무한 경쟁 시대를 살아가다 / 직장인들 / 자기 계발 / **필수적이다**

➡

| • 장점 | • 단점 | • 특징 | • 원인 | • 효과적 |

1 기본　그 회사 / 높은 연봉 / **장점이다**

➡

확장 1　한국의 대표적인 기업이다 / 그 회사 / 높은 연봉 / **장점이다**

➡

2 기본　TV 광고 / 비싼 제작비용 / **단점이다**

➡

확장 1　홍보 효과가 가장 좋다 / TV 광고 / 비싼 제작비용 / **단점이다**

➡

3 기본　친환경 자동차 / 비싼 가격 / **단점이다**

➡

확장 1　전기, 수소를 이용하다 / 친환경 자동차 / 비싼 가격 / **단점이다**

➡

4 기본　사물놀이 / 빠르고 흥겨운 리듬 / **특징이다**

➡

확장 1　4가지 악기로 연주하다 / 사물놀이 / 빠르고 흥겨운 리듬 / **특징이다**

➡

5 기본　한복 / 선의 아름다움 / **특징이다**

➡

확장 1　한국의 전통 의상이다 / 한복 / 선의 아름다움 / **특징이다**

➡

6 | 기 본 | 동물의 멸종 위기 / 지구 온난화 / **원인이다**

➡

확장 1 | 점점 커지다 / 동물의 멸종 위기 / 지구 온난화 / **원인이다**

➡

확장 2 | 점점 커지다 / 동물의 멸종 위기 / 생태계를 파괴하다 / 지구 온난화 / **원인이다**

➡

7 | 기 본 | 취업난 / 경기 침체 / **원인이다**

➡

확장 1 | 심각한 사회문제가 되고 있다 / 취업난 / 경기 침체 / **원인이다**

➡

확장 2 | 심각한 사회문제가 되고 있다 / 취업난 / 계속되다 / 경기 침체 / **원인이다**

➡

8 | 기 본 | 명상 / 스트레스 조절 / **효과적이다**

➡

확장 1 | 긴장을 없애주다 / 명상 / 스트레스 조절 / **효과적이다**

➡

확장 2 | 긴장을 없애주다 / 명상 / 질병을 예방하다 / 스트레스 조절 / 효과적이다

➡

• 사실	• 해결책	• 문제	• 방법	• 필수조건

보기 **기본** 그 말 / **사실** / 아니다

➡ 그 말은 사실이 아니다.

확장 1 '화학조미료(MSG)가 건강에 해롭다' / 그 말 / **사실** / 아니다

➡ 화학조미료(MSG)가 건강에 해롭다는 그 말은 사실이 아니다.

1 **기본** 그 소문 / **사실** / 아니다

➡

확장 1 인터넷에 떠돌다 / 그 소문 / **사실** / 아니다

➡

2 **기본** 감시카메라의 설치 / 근본적인 **해결책** / 아니다

➡

확장 1 감시카메라의 설치 / 범죄를 줄일 수 있다 / 근본적인 **해결책** / 아니다

➡

3 **기본** 세금 인상 / 바람직한 **해결책** / 아니다

➡

확장 1 세금 인상 / 경제 문제를 풀 수 있다 / 바람직한 **해결책** / 아니다

➡

4 기본 　차별 / 사소한 **문제** / 아니다
_____

➡

확장1 　편견에서 비롯되다 / 차별 / 사소한 **문제** / 아니다
_____

➡
_____

5 기본 　청년 실업 / 개인의 **문제** / 아니다
_____

➡

확장1 　청년 실업 / 의지로 해결할 수 있다 / 개인의 **문제** / 아니다
_____

➡
_____

6 기본 　체벌 / 바람직한 **방법** / 아니다
_____

➡

확장1 　체벌 / 학생들을 교육하다 / 바람직한 **방법** / 아니다
_____

➡
_____

7 기본 　사형 제도 / 효과적인 **방법** / 아니다
_____

➡

확장1 　사형 제도 / 중범죄를 줄일 수 있다 / 효과적인 **방법** / 아니다
_____

➡
_____

8 기본 　돈 / 행복의 **필수조건** / 아니다
_____

➡

확장1 　오늘날 많은 사람들이 추구하다 / 돈 / 행복의 **필수조건** / 아니다
_____

➡
_____

◐ 제시된 표현을 모두 사용해 순서에 맞게 한 문장으로 쓰십시오.

1. 필수적이다. 세계화 시대에는, 외국어 공부가, 국제 교류가 활발해진

➡   국제 교류가 활발해진 세계화 시대에는 외국어 공부가 필수적이다.

2. 그 회사는, 장점이다, 한국의 대표적인 기업인, 높은 연봉이

➡ _____

3. 심각한 문제이다. 사람보다 돈을 중시하는, 자본주의 사회의, 물질만능주의는

➡ _____

4. 캠페인을, 유기견 입양을 권하는, 시작할, 계획이다, 동물 보호 단체는

➡ _____

5. 우리는, 생각이다, 여행을 떠날, 기분 전환이 필요한

➡ _____

6. 바람직한 방법이, 체벌은, 아니다, 학생들을 교육하는

➡ _____

7. 그 말은, 성격이 예민한 사람은 살이 안 찐다는, 아니다, 사실이

➡ _____

8. 돈은, 아니다, 행복의 필수조건이, 오늘날 많은 사람들이 추구하는

➡ _____

9. 점점 커지고 있는, 원인이다, 지구 온난화가, 동물의 멸종 위기는, 생태계를 파괴하는

➡ _____

10. 심리 치료는, 마음의 상처를 입은, 효과적이다, 음악을 활용한, 우울증 환자에게

➡ _____

04 N은 N을 V

한국어는 동사의 성격이 중요한데 '무엇, 누구'처럼 반드시 대상이 필요한 동사들이 있습니다. 이 동사의 대상인 명사(N) 뒤에는 조사 '을/를'이 붙습니다. 그럼, 이런 문장 유형의 예를 살펴볼까요?

나는	?	먹는다
N 주어	N을/를	V
나는	비빔밥을	먹는다

나는	?	만난다
N 주어	N을/를	V
나는	친구를	만난다

그 친구는	?	좋아한다
N 주어	V –는 것을	V
그 친구는	요리하는 것을	좋아한다

| • 가지다 | • 존경하다 | • 해결하다 | • 극복하다 | • 마련하다 |
| • (재)활용하다 | • 중시하다 | • 선호하다 | • 깨닫다 | • 의미하다 |

보기

| 기 본 | 젊은 세대 / 진보적인 사고 / **가지고 있다** |

➡ 젊은 세대는 진보적인 사고를 가지고 있다.

| 확장 1 | 젊은 세대 / 기성세대와 다르다 / 진보적인 사고 / **가지고 있다** |

➡ 젊은 세대는 기성세대와 다른 진보적인 사고를 가지고 있다.

| 확장 2 | 변화를 꿈꾸다 / 젊은 세대 / 기성세대와 다르다 / 진보적인 사고 / **가지고 있다** |

변화를 꿈꾸는 젊은 세대는 기성세대와 다른 진보적인 사고를 가지고 있다.

---

1 **기 본** 　대한민국 남자들 / 의무 / **가지고 있다**

➡ _____

확장 1 　대한민국 남자들 / 나라를 지키다 / 의무 / **가지고 있다**

➡ _____

확장 2 　만 18세를 넘다 / 대한민국 남자들 / 나라를 지키다 / 의무 / **가지고 있다**

➡ _____

2 **기 본** 　국민들 / 깨끗한 지도자 / **존경하다**

➡ _____

확장 1 　국민들 / 뇌물을 받지 않다 / 깨끗한 지도자 / **존경하다**

➡ _____

확장 2 　공정한 사회를 원하다 / 국민들 / 뇌물을 받지 않다 / 깨끗한 지도자 / **존경하다**

➡ _____

3 　기본　　그 도시 / 수질오염 문제 / **해결하다**

➡

　확장 1　그 도시 / 만성적이다 / 수질오염 문제 / **해결하다**

➡

　확장 2　새로운 기술을 도입하다 / 그 도시 / 만성적이다 / 수질오염 문제 / **해결하다**

➡

4 　기본　　국민들 / 경제 위기 / **극복하다**

➡

　확장 1　국민들 / 갑자기 찾아오다 / 경제 위기 / **극복하다**

➡

　확장 2　함께 노력하다 / 국민들 / 갑자기 찾아오다 / 경제 위기 / **극복하다**

➡

5 　기본　　정부 / 방안 / **마련하다**

➡

　확장 1　정부 / 노인 문제를 해결할 수 있다 / 방안 / **마련하다**

➡

　확장 2　원인을 분석하다 / 정부 / 노인 문제를 해결할 수 있다 / 방안 / **마련하다**

➡

6 　기본　　주부들 / 중고품 / **재활용하다**

➡

　확장 1　주부들 / 다른 사람이 버리다 / 중고품 / **재활용하다**

➡

　확장 2　알뜰하다 / 주부들 / 다른 사람이 버리다 / 중고품 / **재활용하다**

➡

7 기 본   대부분의 사람들 / 과정 / 결과 / **중시하다**

➡

확장 1   대부분의 사람들 / 과정 / 겉으로 보이다 / 결과 / **중시하다**

➡

확장 2   대부분의 사람들 / 노력하다 / 과정 / 겉으로 보이다 / 결과 / **중시하다**

➡

8 기 본   중소기업 / 경력자 / **선호하다**

➡

확장 1   중소기업 / 바로 일할 수 있다 / 경력자 / **선호하다**

➡

확장 2   인력이 부족하다 / 중소기업 / 바로 일할 수 있다 / 경력자 / **선호하다**

➡

9 기 본   아이들 / 즐거움 / **깨닫다**

➡

확장 1   아이들 / 공부하다 / 즐거움 / **깨닫다**

➡

확장 2   성적 스트레스에서 벗어나다 / 아이들 / 공부하다 / 즐거움 / **깨닫다**

➡

10 기 본   기부 / 사랑의 실천 / **의미하다**

➡

확장 1   기부 / 나눌수록 커지다 / 사랑의 실천 / **의미하다**

➡

확장 2   재능과 돈을 나누다 / 기부 / 나눌수록 커지다 / 사랑의 실천 / **의미하다**

➡

| • 주다 | • 미치다 | • 받다 | • 받아들이다 | • 얻다 |
| • 양보하다 | • 허락하다 | • 보여주다 | • 알려주다 | • 제공하다 |

1 **기본**   그 이야기 / 청년들 / 희망 / **주다**

➡

확장 1   그 이야기 / 꿈을 잃다 / 청년들 / 희망 / **주다**

➡

확장 2   평범한 사람이 성공하다 / 그 이야기 / 꿈을 잃다 / 청년들 / 희망 / **주다**

➡

2 **기본**   믿음 / 우리 / 용기 / **주다**

➡

확장 1   '나도 할 수 있다.' / 믿음 / 우리 / 용기 / **주다**

➡

확장 2   '나도 할 수 있다.' / 믿음 / 쉽게 포기하다 / 우리 / 용기 / **주다**

➡

3 **기본**   환경 / 성격 / 영향 / **미치다**

➡

확장 1   환경 / 성격 / 간접적이다 / 영향 / **미치다**

➡

확장 2   그 사람이 살아오다 / 환경 / 성격 / 간접적이다 / 영향 / **미치다**

➡

4   기본   그 기업 / 시정 명령 / **받다**

➡

확장 1   몰래 가격을 올리다 / 그 기업 / 시정 명령 / **받다**

➡

확장 2   몰래 가격을 올리다 / 그 기업 / '가격을 내리세요.' / 시정 명령 / **받다**

➡

5   기본   그 작가 / 비판 / **받아들이지 않다**

➡

확장 1   그 작가 / 독자가 제기하다 / 비판 / **받아들이지 않다**

➡

확장 2   권위적이다 / 그 작가 / 독자가 제기하다 / 비판 / **받아들이지 않다**

➡

6   기본   사람들 / 실패 / 교훈 / **얻다**

➡

확장 1   성공하다 / 사람들 / 실패 / 교훈 / **얻다**

➡

확장 2   성공하다 / 사람들 / 실패 / '이렇게 하면 안 돼.' / 교훈 / **얻다**

➡

7   기본   그 학생 / 후배 / 장학금 / **양보하다**

➡

확장 1   그 학생 / 가난하다 / 후배 / 장학금 / **양보하다**

➡

확장 2   그 학생 / 가난하다 / 후배 / 자신이 받게 되다 / 장학금 / **양보하다**

➡

8	기본	학부모들 / 여행 / **허락하지 않다**
	➡	

	확장 1	안전사고를 걱정하다 / 학부모들 / 여행 / **허락하지 않다**
	➡	

	확장 2	안전사고를 걱정하다 / 학부모들 / 아이들끼리 가다 / 여행 / **허락하지 않다**
	➡	

9	기본	공무원의 인기 / 사회현상 / **보여주다**
	➡	

	확장 1	공무원의 인기 / '안정을 택하겠다.' / 사회 현상 / **보여주다**
	➡	

	확장 2	높아지고 있다 / 공무원의 인기 / '안정을 택하겠다.' / 사회 현상 / **보여주다**
	➡	

10	기본	그 선생님 / 학생들 / 공부 방법 / **알려주다**
	➡	

	확장 1	그 선생님 / 학생들 / 올바르다 / 공부 방법 / **알려주다**
	➡	

	확장 2	경험이 풍부하다 / 그 선생님 / 학생들 / 올바르다 / 공부 방법 / **알려주다**
	➡	

11	기본	그 인터넷 사이트 / 소비자 / 정보 / **제공하다**
	➡	

	확장 1	그 인터넷 사이트 / 소비자 / 유용하다 / 정보 / **제공하다**
	➡	

	확장 2	가격을 비교하다 / 그 인터넷 사이트 / 소비자 / 유용하다 / 정보 / **제공하다**
	➡	

• 세우다	• 구하다	• 기르다	• 나누다	• 옮기다
• 고치다	• 내다	• 내리다	• 유지하다	• 끌다

1 기본   지방 정부 / 계획 / **세우다**

➡ _____

확장 1   지방 정부 / 위기 사황에 대처하다 / 계획 / **세우다**

➡ _____

확장 2   여러 사고를 겪다 / 지방 정부 / 위기 상황에 대처하다 / 계획 / **세우다**

➡ _____

2 기본   학생들 / 선생님 / 조언 / **구하다**

➡ _____

확장 1   학생들 / 선생님 / 실질적인 도움이 되다 / 조언 / **구하다**

➡ _____

확장 2   진로를 고민하다 / 학생들 / 선생님 / 실질적인 도움이 되다 / 조언 / **구하다**

➡ _____

3 기본   청년들 / 일자리 / **구하다**

➡ _____

확장 1   청년들 / 아르바이트에 불과하다 / 일자리 / **구하다**

➡ _____

확장 2   정규직을 못 구하다 / 청년들 / 아르바이트에 불과하다 / 일자리 / **구하다**

➡ _____

4 `기본` 사람들 / 반려동물 / **기르다**

➡

`확장 1` 사람들 / 외로움을 달래 줄 수 있다 / 반려동물 / **기르다**

➡

`확장 2` 혼자 살다 / 사람들 / 외로움을 달래 줄 수 있다 / 반려동물 / **기르다**

➡

5 `기본` 시민들 / 그 사람들 / 아픔 / **나누다**

➡

`확장 1` 시민들 / 해고당하다 / 사람들 / 아픔 / **나누다**

➡

`확장 2` 부당 해고에 공감하다 / 시민들 / 해고당하다 / 사람들 / 아픔 / **나누다**

➡

6 `기본` 요즘 / 젊은이들 / 직장 / **자주 옮기다**

➡

`확장 1` 평생직장이 사라지다 / 요즘 / 젊은이들 / 직장 / **자주 옮기다**

➡

`확장 2` 평생직장이 사라지다 / 요즘 / 능력 있다 / 젊은이들 / 직장 / **자주 옮기다**

➡

7 `기본` 그 학생 / 나쁜 습관 / **고치다**

➡

`확장 1` 그 학생 / 남을 배려하지 않다 / 나쁜 습관 / **고치다**

➡

`확장 2` 공동생활을 해 보다 / 그 학생 / 남을 배려하지 않다 / 나쁜 습관 / **고치다**

➡

8 　기 본　시민들 / 반대 의견 / **내다**

➡ _____

　확장 1　시민들 / '개발은 더 이상 안 돼.' / 반대 의견 / **내다**

➡ _____

　확장 2　옛 모습을 지키고 싶다 / 시민들 / '개발은 더 이상 안 돼.' / 반대 의견 / **내다**

➡ _____

9 　기 본　법정 / 판결 / **내리다**

➡ _____

　확장 1　법정 / '성차별은 잘못이다' / 판결 / **내리다**

➡ _____

　확장 2　시민들로 구성되다 / 법정 / '성차별은 잘못이다' / 판결 / **내리다**

➡ _____

10 　기 본　두 나라 / 우호적인 관계 / **유지하고 있다**

➡ _____

　확장 1　두 나라 / 필요할 때 돕다 / 우호적인 관계 / **유지하고 있다**

➡ _____

　확장 2　가까이 있다 / 두 나라 / 필요할 때 돕다 / 우호적인 관계 / **유지하고 있다**

➡ _____

11 　기 본　미래 / 로봇 / 인기 / **끌 것이다**

➡ _____

　확장 1　미래 / 가사를 도와주다 / 로봇 / 인기 / **끌 것이다**

➡ _____

　확장 2　첨단기술이 발달하다 / 미래 / 가사를 도와주다 / 로봇 / 인기 / **끌 것이다**

➡ _____

O 제시된 표현을 모두 사용해 순서에 맞게 한 문장으로 쓰십시오.

1. 보여준다, 물건들은, 자신이 직접 만든, 개성을, 누구도 모방할 수 없는

➡ 자신이 직접 만든 물건들은 누구도 모방할 수 없는 개성을 보여준다.

2. 먹거리 안전을 걱정하는, 제공해야 한다, 소비자들에게, 정부는, 상세한 식품 정보를

➡ _____

3. 직원들의 요구를, 회사 대표는, 계약을 연장해 달라는, 받아들이지 않았다, 인원을 줄이고 싶은

➡ _____

4. 기기 사용에 의존하면서 생긴, 의미한다, 디지털 치매는, 뇌의 퇴화를, 기억력이 떨어지는

➡ _____

5. 사랑한다는, 힘을, 다시 살아 갈, 사람들은, 그 말에서, 얻는다

➡ _____

6. 춥고 불편한, 그 건축가는, 극복했다, 한옥의 단점을, 새로운 건축 기술을 개발한

➡ _____

7. 장점은 살리고 단점은 고치자는, 의견을, 학생들은, 다양한, 토론에 참석한, 냈다

➡ _____

8. 아이들의 미래를 불안해 하는, 회사원보다, 공무원을, 선호한다, 부모들은, 안정적인

➡ _____

9. 도시 사람들에게, 끌고 있다, 인기를, 캠핑이, 일상에 지친, 자연을 느낄 수 있는

➡ _____

10. 등록금이 필요한, 아르바이트 자리를, 그 학생은, 방학 동안 돈을 벌 수 있는, 구했다

➡ _____

05 N은 N이 되다

'N은/는 N이/가 되다'는 '얼음은 물이 된다.'처럼 주어가 다른 것으로 변하거나 바뀜을 나타낼 때, 또는 '운동은 건강에 도움이 된다.'처럼 어떤 상태가 된다는 것을 표현할 때 쓰는 문장 유형입니다.

N 주어	N이/가	되다
나는	선생님이	되었다
숲은	사막이	되었다
소음은	방해가	된다
그 말은	논란이	되고 있다
운동은	건강에 도움이	된다
위기는	기회가	될 수 있다

• N	• 방해	• 도움	• 적응	• 논란

보기

기 본	작은 노력 / **힘** / 되다

➡ 작은 노력은 힘이 된다.

확장 1	일상에서 실천하다 / 작은 노력 / **힘** / 되다

➡ 일상에서 실천하는 작은 노력은 힘이 된다.

확장 2	일상에서 실천하다 / 작은 노력 / 세상을 변화시키다 / **힘** / 되다

일상에서 실천하는 작은 노력은 세상을 변화시키는 힘이 된다.

1

기 본	그곳 / **세계적인 명소** / 되다

➡

확장 1	역사적인 아픔을 지니다 / 그곳 / **세계적인 명소** / 되다

➡

확장 2	역사적인 아픔을 지니다 / 그곳 / 관광객이 많이 찾다 / **세계적인 명소** / 되다

➡

2

기 본	사진 촬영 / 연주자 / **방해** / 되다

➡

확장 1	공연 중에 하다 / 사진 촬영 / 연주자 / **방해** / 되다

➡

확장 2	공연 중에 하다 / 사진 촬영 / 연주에 집중하다 / 연주자 / **방해** / 되다

➡

3 기본   운동 / 건강을 유지하다 / **도움** / 되다

➡

확장 1   규칙적으로 하다 / 운동 / 건강을 유지하다 / **도움** / 되다

➡

4 기본   독서 / 다양한 지식을 쌓다 / **도움** / 되다

➡

확장 1   폭넓다 / 독서 / 다양한 지식을 쌓다 / **도움** / 되다

➡

5 기본   나 / 한국 생활 / **적응** / 되다

➡

확장 1   한국에 온 지 1년쯤 되다 / 나 / 한국 생활 / **적응** / 되다

➡

6 기본   학생들 / 수업 방식 / **적응** / 되다

➡

확장 1   학생들 / 토론을 많이 하다 / 수업 방식 / **적응** / 되다

➡

7 기본   유명한 작가의 소설 / 사회적 논란 / 되고 있다

➡

확장 1   표절 의심을 받고 있다 / 유명한 작가의 소설 / 사회적 **논란** / 되고 있다

➡

1 기본　내 친구 / **영화감독** / 되다

➡

확장 1　상상력이 풍부하다 / 내 친구 / **영화감독** / 되다

➡

확장 2　상상력이 풍부하다 / 내 친구 / 세계적이다 **영화감독** / 되다

➡

2 기본　내 친구 / **공무원** / 되다

➡

확장 1　안정된 삶을 살고 싶어 하다 / 내 친구 / **공무원** / 되다

➡

확장 2　안정된 삶을 살고 싶어 하다 / 내 친구 / 정년이 보장되다 / **공무원** / 되다

➡

3 기본　여행 / 좋은 **기회** / 되다

➡

확장 1　혼자 떠나다 / 여행 / 좋은 **기회** / 되다

➡

확장 2　혼자 떠나다 / 여행 / 자신을 돌아볼 수 있다 / 좋은 **기회** / 되다

➡

4 | 기본 | 다양한 여가 활동 / **기회** / 되다

➡ _____

확장 1 | 다양한 여가 활동 / 자신의 재능을 발견할 수 있다 / **기회** / 되다

➡ _____

5 | 기본 | 외국어 / **수단** / 되다

➡ _____

확장 1 | 외국어 / 다른 나라 사람과 소통할 수 있다 / **수단** / 되다

➡ _____

6 | 기본 | 옷차림 / **수단** / 되다

➡ _____

확장 1 | 옷차림 / 자신의 개성을 표현할 수 있다 / **수단** / 되다

➡ _____

7 | 기본 | 자유 무역 / 빈부 격차의 **원인** / 되다

➡ _____

확장 1 | 자국의 경제 발전을 위해 시작되다 / 자유 무역 / 빈부 격차의 **원인** / 되다

➡ _____

8 | 기본 | 소박한 결혼식 / **화제** / 되다

➡ _____

확장 1 | 유명한 배우가 올리다 / 소박한 결혼식 / **화제** / 되다

➡ _____

○ 제시된 표현을 모두 사용해 순서에 맞게 한 문장으로 쓰십시오.

1. 된다, 다양한, 도움이, 세상을, 경험은, 살아가는 데

   ➡ <u>다양한 경험은 세상을 살아가는 데 도움이 된다.</u>

2. 말과 글은, 기준이, 된다, 한 사람을 판단하는

   ➡ _____

3. 지나친 기대는, 부모님의, 된다, 자식에게, 부담이

   ➡ _____

4. 행복의 조건이, 남과 비교하지 않는, 삶의 태도는, 된다, 무엇보다 중요한

   ➡ _____

5. 나는, 부모님의 말을, 후회가, 된다, 잘 듣지 않은 것이, 학창 시절에

   ➡ _____

6. 나는, 된다, 걱정이, 취업을 못 할까 봐, 졸업을 하고도

   ➡ _____

7. 요즘 대학생들에게는, 수단이, 되었다, 봉사활동이, 스펙을 쌓기 위한

   ➡ _____

8. 다른 사람에게, 방해가, 큰 소리로, 된다, 이야기하는 것은, 공공장소에서

   ➡ _____

9. 일상에 지친, 나는, 기대가, 된다, 이번 여행이, 친구들과 떠나는

   ➡ _____

10. 스마트폰은, 되었다, 현대인의 필수품이, 정보화 시대를 살아가는

    ➡ _____

06 N은 N이 있다

'무엇이 있다 / 없다'는 많이 쓰는 문장 유형 중의 하나입니다. 이런 문장을 쓸 때는 '있다 / 없다' 앞에 쓰는 조사에 주의해야 하는데 일반적으로 'N이/가'가 쓰입니다.

N 주어	N이/가	있다/없다
나는	꿈이	있다
나는	여자 친구가	있다
세상에는	다양한 사람이	있다
요즘 나는	입맛이	없다
현대인은	마음의 여유가	없다
광화문에는	경복궁이	있다

| · 꿈 | · 가치 | · 장점 | · 특징 | · 효과 | · 의미 |

보기

| 기 본 | 그 친구 / **꿈** / 있다 |

➡ 그 친구는 꿈이 있다.

| 확장 1 | 그 친구 / 세계여행을 하고 싶다 / **꿈** / 있다 |

➡ 그 친구는 세계여행을 하고 싶은 꿈이 있다.

| 확장 2 | 여행을 좋아하다 / 그 친구 / 세계여행을 하고 싶다 / **꿈** / 있다 |

여행을 좋아하는 그 친구는 세계여행을 하고 싶은 꿈이 있다.

---

1 | 기 본 | 나 / **꿈** / 있다

➡

| 확장 1 | 나 / 세계적인 디자이너가 되고 싶다 / **꿈** / 있다

➡

| 확장 2 | 의상 디자인을 전공하다 / 나 / 세계적인 디자이너가 되고 싶다 / **꿈** / 있다

➡

---

2 | 기 본 | 그 책 / **가치** / 있다

➡

| 확장 1 | 그 책 / 읽어 볼 만하다 / **가치** / 있다

➡

| 확장 2 | 베스트셀러이다 / 그 책 / 읽어 볼 만하다 / **가치** / 있다

➡

3 기본   인터넷 쇼핑 / **장점** / 있다

   ➡

확장 1   인터넷 쇼핑 / '제품을 집에서 받을 수 있다' / **장점** / 있다

   ➡

4 기본   스마트폰 / **장점** / 있다

   ➡

확장 1   스마트폰 / '언제 어디서든지 정보를 검색할 수 있다' / **장점** / 있다

   ➡

5 기본   한국의 음식 문화 / **특징** / 있다

   ➡

확장 1   한국의 음식 문화 / '준비된 음식을 한상에 차려놓고 먹다' / **특징** / 있다

   ➡

6 기본   과일 / 감기 예방 **효과** / 있다

   ➡

확장 1   비타민이 풍부하다 / 과일 / 감기 예방 **효과** / 있다

   ➡

7 기본   설날 떡국 / **의미** / 있다

   ➡

확장 1   설날 떡국 / '나이를 한 살 더 먹다' / **의미** / 있다

   ➡

1 | 기본 | 그 신입사원 / **경험** / 있다

➡

확장 1 | 그 신입사원 / 회사에서 성희롱을 당하다 / **경험** / 있다

➡

확장 2 | 대기업에 다니다 / 그 신입사원 / 회사에서 성희롱을 당하다 / **경험** / 있다

➡

2 | 기본 | 그 회사 / **경험** / 있다

➡

확장 1 | 그 회사 / 어려움을 이겨내다 / **경험** / 있다

➡

확장 2 | 경제 불황에도 흔들리지 않다 / 그 회사 / 어려움을 이겨내다 / **경험** / 있다

➡

3 | 기본 | 현대인 / 마음의 **여유** / 없다

➡

확장 1 | 현대인 / 자신을 돌아보다 / 마음의 **여유** / 없다

➡

확장 2 | 바쁘게 살아가다 / 현대인 / 자신을 돌아보다 / 마음의 **여유** / 없다

➡

4   기본   사람들 / 재테크 / **관심** / 있다

➡

확장 1   쉽게 돈을 벌고 싶다 / 사람들 / 재테크 / **관심** / 있다

➡

5   기본   요즘 / 1인용 상품 / **인기** / 있다

➡

확장 1   1인 가구가 증가하다 / 요즘 / 1인용 상품 / **인기** / 있다

➡

6   기본   승진 / 나이 / **관계** / 없다

➡

확장 1   업무 능력에 따라 결정되다 / 승진 / 나이 / **관계** / 없다

➡

7   기본   그 나라 / 교육제도 / **문제** / 있다

➡

확장 1   그 나라 / 대학입학에 중점을 두다 / 교육제도 / **문제** / 있다

➡

8   기본   지구 온난화 / 환경오염 / **원인** / 있다

➡

확장 1   지구 온난화 / 점점 심각해지다 / 환경오염 / **원인** / 있다

➡

06   N은 N이 있다   **61**

○ 제시된 표현을 모두 사용해 순서에 맞게 한 문장으로 쓰십시오.

1. 인터넷 실명제는, 있다, 단점이, 개인 정보가, 유출될 수 있다는

   ➡ _인터넷 실명제는 개인 정보가 유출될 수 있다는 단점이 있다._

2. 있다, 책임이, 우리는, 깨끗한 환경을, 다음 세대에게 물려 줄

   ➡ _____

3. 요즘은, 인기가, 있다, 건강에 좋은, 유기농 식품이

   ➡ _____

4. 특징이, 조사가 발달했다는, 한국어는, 있다

   ➡ _____

5. 기부는, 있다, 가진 것을 나눈다는, 의미가

   ➡ _____

6. 실수한 경험이, 나는, 있다, 한국어가 서툴, 한국어를 잘 몰라서

   ➡ _____

7. 있다, 효과가, 겨울철에 내의를 입는 것은, 난방비를 절약하는

   ➡ _____

8. 시대마다, 차이가, 있다, 미의 기준에, 아름답다고 생각하는

   ➡ _____

9. 우리 사회는, 관심을 가질 필요가, 사회적 약자에게, 더불어 살아가는, 있다

   ➡ _____

10. 누구나, 사람은, 있다, 권리가, 자신의 의견을, 자유롭게 표현할 수 있는

   ➡ _____

07 ~고 했다

한국어를 공부할 때는 서술어를 잘 봐야 합니다. 왜냐하면 서술어에 따라 문장 유형이 결정되기 때문입니다. 이번 유형은 생각하거나 말하는 내용, 쓰여 있는 내용 등을 인용해서 표현하는 유형입니다. 인용하는 내용과 서술어 사이에 '-고'가 있고 '-고' 앞에도 다양한 형태 변화가 있으니 주의하시기 바랍니다.

N 주어	N을/를	V
나는	여자친구를	생각한다

N 주어	-다고 -(이)라고	V
나는	여자 친구가 예쁘다고	생각한다

N 주어	-다고 -(이)라고 -냐고 -(으)라고 -자고	V
나는	여자 친구가 예쁘다고	말했다

※ 형태 변화에 대한 자세한 연습은 '1권 2장: 풍부하게 쓰기 – 인용절 만들기' 부분을 참고하세요.

보기 **기 본** 일부 젊은이들 / 결혼 포기 / **생각하다**

➡ 일부 젊은이들은 결혼 포기를 생각한다.

확장 1 일부 젊은이들 / '결혼을 안 할 수도 있다.' / **생각하다**

➡ 일부 젊은이들은 결혼을 안 할 수도 있다고 생각한다.

확장 2 안정적인 수입이 없다 / 일부 젊은이들 / '결혼을 안 할 수도 있다.' / **생각하다**

안정적인 수입이 없는 일부 젊은이들은 결혼을 안 할 수도 있다고 생각한다.

---

1 **기 본** 사람들 / 건강 / **생각하다**

➡ _____

확장 1 사람들 / '무엇보다 건강이 중요하다.' / **생각하다**

➡ _____

확장 2 건강을 잃어 보다 / 사람들 / '무엇보다 건강이 중요하다' / **생각하다**

➡ _____

2 **기 본** 학생들 / 보람 / **느끼다**

➡ _____

확장 1 학생들 / '힘들지만 보람이 있었다.' / **느끼다**

➡ _____

확장 2 봉사 활동을 마치다 / 학생들 / '힘들지만 보람이 있었다.' / **느끼다**

➡ _____

3 　기본　소비자들　/　광고 내용　/　**믿지 않다**

➡

확장 1　소비자들　/　'건강식품이 병을 치료할 수 있다.'　/　**믿지 않다**

➡

확장 2　현명하다　/　소비자들　/　'건강식품이 병을 치료할 수 있다'　/　**믿지 않다**

➡

4 　기본　그 교수　/　독서의 필요성　/　**설명하다**

➡

확장 1　그 교수　/　" 성숙해지기 위해서 독서가 필요하다."　/　**설명하다**

➡

확장 2　인기 작가이다　/　그 교수　/　'성숙해지기 위해서 독서가 필요하다'　/　**설명하다**

➡

5 　기본　기자　/　그 경영인　/　경영의 방법　/　**묻다**

➡

확장 1　기자　/　그 경영인　/　"어떻게 경영했습니까?"　/　**묻다**

➡

확장 2　기자　/　독특한 철학을 가지다　/　그 경영인　/　"어떻게 경영했습니까?"　/　**묻다**

➡

6 　기본　피해 지역 주민들　/　감사의 말　/　**전하다**

➡

확장 1　피해지역 주민들　/　"도와주셔서 정말 감사합니다."　/　**전하다**

➡

확장 2　사고를 당하다　/　피해지역 주민들　/　"도와주셔서 정말 감사합니다."　/　**전하다**

➡

• 결심하다	• 약속하다	• 부탁하다	• 쓰여 있다
• 주장하다	• 비난하다	• 소개하다	

1 **기본**　나 / 규칙적인 생활 / **결심하다**

➡ _____

확장 1　나 / '규칙적인 생활을 하겠다.' / **결심하다**

➡ _____

확장 2　생활리듬이 깨지다 / 나 / '규칙적인 생활을 하겠다.' / **결심하다**

➡ _____

2 **기본**　은행 / 고객들 / 개인정보 보호 / **약속하다**

➡ _____

확장 1　은행 / 고객들 / "개인정보를 보호해 드리겠습니다." / **약속하다**

➡ _____

확장 2　은행 / 불안해하다 / 고객들 / "개인정보를 보호해 드리겠습니다." / **약속하다**

➡ _____

3 **기본**　그 봉사단체 / 기업 / 후원 / **부탁하다**

➡ _____

확장 1　그 봉사단체 / 기업 / "결식 아동을 도와주세요." / **부탁하다**

➡ _____

확장 2　청소년을 돕다 / 그 봉사단체 / 기업 / "결식 아동을 도와주세요." / **부탁하다**

➡ _____

4 `기본` 게시판 / 금지 사항 / **쓰여 있다**

➡

`확장1` 게시판 / "음식물을 반입하지 마세요." / **쓰여 있다**

➡

`확장2` 입구에 있다 / 게시판 / "음식물을 반입하지 마세요." / **쓰여 있다**

➡

5 `기본` 그 단체 / 남녀 불평등 해소 / **주장하다**

➡

`확장1` 그 단체 / "남녀 불평등은 해소되어야 해요." / **주장하다**

➡

`확장2` 여성 대표들로 구성되다 / 그 단체 / "남녀 불평등은 해소되어야 해요." / **주장하다**

➡

6 `기본` 사람들 / 경찰의 인종차별 / **비난하다**

➡

`확장1` 사람들 / "경찰이 인종차별을 했습니다." / **비난했다.**

➡

`확장2` 거리로 나오다 / 사람들 / "경찰이 인종차별을 했습니다." / **비난했다**

➡

7 `기본` 한국 친구 / 한국의 명절 놀이 / **소개하다**

➡

`확장1` 한국 친구 / "설날에는 윷놀이를 합니다." / **소개하다**

➡

`확장2` 인터넷으로 만나다 / 한국 친구 / "설날에는 윷놀이를 합니다." / **소개하다**

➡

• 요구하다	• 발표하다	• 밝히다	• 제안하다
• 예상하다	• 기대하다	• 충고하다	

1 기본   노동자들 / 회사 / 임금 인상 / **요구하다**

➡

확장 1   노동자들 / 회사 / "임금을 올려 주세요." / **요구하다**

➡

확장 2   임금에 불만을 느끼다 / 노동자들 / 회사 / "임금을 올려 주세요." / **요구하다**

➡

2 기본   지역 신문 / 어린이 인구 비율 / **발표하다**

➡

확장 1   지역 신문 / "어린이 인구가 15%에 불과합니다." / **발표하다**

➡

확장 2   어제 나오다 / 지역 신문 / "어린이 인구가 15%에 불과합니다." / **발표하다**

➡

3 기본   그 나라 / 반대 의사 / **밝히다**

➡

확장 1   그 나라 / "전쟁에 반대합니다." / **밝히다**

➡

확장 2   전쟁으로 많은 피해를 입다 / 그 나라 / "전쟁에 반대합니다." / **밝히다**

➡

4 기본   시민들 / 불매운동 / **제안하다**

➡

확장 1   시민들 / "그 회사의 제품을 사지 맙시다." / **제안하다**

➡

확장 2   화가 나다 / 시민들 / "그 회사의 제품을 사지 맙시다." / **제안하다**

➡

5 기본   시민 10명 중 6명 / 아파트값 하락 / **예상하다**

➡

확장 1   시민 10명 중 6명 / "아파트 값이 내려갈 거예요." / **예상하다**

➡

확장 2   도시에 살다 / 시민 10명 중 6명 / "아파트 값이 내려갈 거예요." / **예상하다**

➡

6 기본   두 나라 / 관계 개선 / **기대하고 있다**

➡

확장 1   두 나라 / '관계가 개선될 것이다.' / **기대하고 있다**

➡

확장 2   최근 갈등을 해결하다 / 두 나라 / '관계가 개선될 것이다.' / **기대하고 있다**

➡

7 기본   어른들 / 청소년들 / 바른말 사용 / **충고하다**

➡

확장 1   어른들 / 청소년들 / "바른 말을 사용하세요." / **충고하다**

➡

확장 2   어른들 / 은어를 쓰다 / 청소년들 / "바른 말을 사용하세요." / **충고하다**

➡

○ 제시된 표현을 모두 사용해 순서에 맞게 한 문장으로 쓰십시오.

1. 노력만 하면 성공할 수 있다고,   사람들은,   꿈과 열정이 있는,   생각한다
   ➡ 꿈과 열정이 있는 사람들은 노력만 하면 성공할 수 있다고 생각한다.

2. 학생들에게,   언제 가장 행복하냐고,   수업을 듣는,   물어보셨다,   교수님이
   ➡ _____

3. 판단했다,   여행 전문가는,   지금 그곳에 가기에는 위험하다고,   그 지역 사정을 잘 아는
   ➡ _____

4. 선배들에게,   부탁했다,   신입생들은,   대학생활에 대해 조언해 달라고,   올해 입학한
   ➡ _____

5. 쓰여 있었다,   안내문에,   축제 기간에 다양한 행사가 열린다고,   벽에 붙어 있는
   ➡ _____

6. 학생들에게,   강조했다,   독서는 아주 중요하다고,   선생님은,   책을 읽지 않는
   ➡ _____

7. 비싼 등록금에 부담을 느낀,   요구했다,   대학생들은,   등록금을 내려 달라고
   ➡ _____

8. 자선단체는,   올해는 기부가 늘어날 거라고,   기대했다,   모금 활동을 하는
   ➡ _____

9. 조기 유학은 장점보다 단점이 많다고,   나는,   조기 유학을 해 본,   본다
   ➡ _____

10. 그 사람의 성공은,   할 수 있다,   모두가 부러워하는,   우연의 결과가 아니라고
   ➡ _____

08 ~고 ~지만 ~면

일반적으로 기본 문장은 주어와 서술어가 하나입니다. 하지만 이런 문장이 두 개 또는 세 개로 이어진 문장도 있습니다. 이렇게 문장과 문장이 연결된 유형은 문장 사이에 '–고, –지만, –거나. –(으)면 ' 같은 연결 어미가 있습니다.

N 주어	와/과	N 주어	와/과	N 주어
N 주어	(이)나	N 주어	(이)나	N 주어
S 문장	–(으)ㄴ/는데 –아/어서 –아/어도 –(으)면 –고 –(으)려면 –아/어야 –(으)려고 –지만 –(으)면서 :	S 문장	–(으)ㄴ/는데 –아/어서 –아/어도 –(으)면 –고 –(으)려면 –아/어야 –(으)려고 –지만 –(으)면서 :	S 문장

※ 어미 형태에 대한 자세한 설명은 '1권 1장: 정확하게 쓰기 – 연결 문장 바로 쓰기' 부분을 참고하세요.

```
• –아/어야      • –아/어서    • –아/어도    • –(으)면      • –고         • –지만
• –(으)ㄹ까 봐   • –(으)므로    • –(으)려면    • –(으)려고     • –(으)면서
```

보기 **기 본**   아무리 힘들다 / 포기하지 않다
_____

➡ 아무리 힘들어도 포기하지 않을 것이다.

확장 1   아무리 힘들다 / 포기하지 않다 / 계속하다
_____

➡ 아무리 힘들어도 포기하지 않고 계속할 것이다.

확장 2   아무리 힘들다 / 포기하지 않다 / 계속하다 / 반드시 성공하다

아무리 힘들어도 포기하지 않고 계속하면 반드시 성공할 것이다.
_____

---

1   **기 본**   종이컵을 쓰다 / 환경에 좋지 않다
_____

➡
_____

확장 1   종이컵을 쓰다 / 환경에 좋지 않다 / 건강에도 나쁘다
_____

➡
_____

확장 2   종이컵을 쓰다 / 환경에 좋지 않다 / 건강에도 나쁘다 / 머그컵을 쓰고 있다
_____

➡
_____
_____

2   **기 본**   취직을 하다 / 자격증을 따다
_____

➡
_____

확장 1   취직을 하다 / 자격증도 따다 / 외국어도 배우다
_____

➡
_____

확장 2   취직을 하다 / 자격증도 따다 / 외국어도 배우다 / 여전히 취업하기가 힘들다
_____

➡
_____
_____

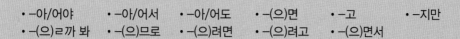

- -아/어야   · -아/어서   · -아/어도   · -(으)면   · -고   · -지만
- -(으)ㄹ까 봐   · -(으)므로   · -(으)려면   · -(으)려고   · -(으)면서

3 기본   수입이 적다 / 좋아하는 일을 하다

➡

확장 1   수입이 적다 / 좋아하는 일을 하다 / 일을 즐기다

➡

확장 2   수입이 적다 / 좋아하는 일을 하다 / 일을 즐기다 / 행복하게 살 수 있다

➡

4 기본   나무가 많다 / 공기가 좋아지다

➡

확장 1   나무가 많다 / 공기도 좋아지다 / 휴식처도 생기다

➡

확장 2   나무가 많다 / 공기도 좋아지다 / 휴식처도 생기다 / 나무를 심어야 하다

➡

5 기본   돈을 모으다 / 일해야 하다

➡

확장 1   돈을 모으다 / 일해야 하다 / 일자리가 없다

➡

확장 2   돈을 모으다 / 일해야 하다 / 일자리가 없다 / 오히려 빚만 늘고 있다

➡

| • –아/어야 | • –아/어서 | • –아/어도 | • –(으)면 | • –고 | • –지만 |
| • –(으)ㄹ까 봐 | • –(으)므로 | • –(으)려면 | • –(으)려고 | • –(으)면서 | |

6 **기본**   성인이 되다 / 술을 마실 수 있다

➡

     확장 1   성인이 되다 / 술을 마실 수 있다 / 술을 마시는 청소년들이 많다

➡

     확장 2   성인이 되다 / 술을 마실 수 있다 / 술을 마시는 청소년들이 많다 / 문제이다

➡

7 **기본**   관계가 나빠지다 / 갈등을 피하다

➡

     확장 1   관계가 나빠지다 / 갈등을 피하다 / 문제가 더 커지다

➡

     확장 2   관계가 나빠지다 / 갈등을 피하다 / 문제가 더 커지다 / 빨리 풀어야 하다

➡

8 **기본**   음악을 듣다 / 공부하다

➡

     확장 1   음악을 듣다 / 공부하다 / 집중이 안 된다고 하다

➡

     확장 2   음악을 듣다 / 공부하다 / 집중이 안 된다고 하다 / 사람마다 다르다

➡

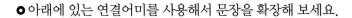

○ 아래에 있는 연결어미를 사용해서 문장을 확장해 보세요.

• –고자	• –도록	• –기는커녕	• –(으)나	• –(으)ㄴ/는 반면	• –고
• –(으)ㄹ 뿐만 아니라	• –(으)므로	• –느라고	• –아/어서	• –(으)면	• –기에

1 기본   취직 준비하다 / 친구도 못 만나다

  ➡ _____

  확장1   취직 준비하다 / 친구도 못 만나다 / 취미 생활도 못 하다

  ➡ _____

  확장2   취직 준비하다 / 친구도 못 만나다 / 취미 생활도 못 하다 / 대인 관계가 어렵다

  ➡ _____

2 기본   관계를 개선하다 / 교류를 시작하다

  ➡ _____

  확장1   관계를 개선하다 / 교류를 시작하다 / 좋아지지 않다

  ➡ _____

  확장2   관계를 개선하다 / 교류를 시작하다 / 좋아지다 / 오히려 더 나빠지다

  ➡ _____

3 기본   정보가 많다 / 선택하기가 쉽다

  ➡ _____

  확장1   정보가 많다 / 선택하기가 쉽다 / 오히려 어렵다

  ➡ _____

  확장2   정보가 많다 / 선택하기가 쉽다 / 오히려 어렵다 / 정보를 제한하는 사람도 있다

  ➡ _____

4 기 본 참여율을 높이다 / 신청기간을 늘리다

➡ _____

확장 1 참여율을 높이다 / 신청기간을 늘리다 / 비용도 낮추다

➡ _____

확장 2 참여율을 높이다 / 신청기간을 늘리다 / 비용도 낮추다 / 신청자가 적다

➡ _____

5 기 본 기존 규칙을 바꾸다 / 찬성하는 사람들이 있다

➡ _____

확장 1 기존 규칙을 바꾸다 / 찬성도 있다 / 반대도 있다

➡ _____

확장 2 기존 규칙을 바꾸다 / 찬성도 있다 / 반대도 있다 / 잘 생각해 봐야 하다

➡ _____

6 기 본 그 사람은 성실하다 / 유능하다

➡ _____

확장 1 그 사람은 성실하다 / 유능하다 / 리더가 되다

➡ _____

확장 2 그 사람은 성실하다 / 유능하다 / 리더가 되다 / 충분하다

➡ _____

> • –고자   • –도록   • –기는커녕 • –(으)나 • –(으)ㄴ/는 반면 • –고
> • –(으)ㄹ 뿐만 아니라 • –(으)므로 • –느라고   • –아/어서 • –(으)면   • –기에

7 기본 단점이 있다 / 장점도 있다
　
➡ _____

확장 1 단점이 있다 / 장점도 있다 / 장점을 살려야 하다
　
➡ _____

확장 2 단점이 있다 / 장점도 있다 / 장점을 살리다 / 성공할 수 있다
　
➡ _____

8 기본 CCTV가 많다 / 사생활이 노출될 수 있다
　
➡ _____

확장 1 CCTV가 많다 / 사생활이 노출될 수 있다 / 범죄는 줄다
　
➡ _____

확장 2 CCTV가 많다 / 사생활이 노출될 수 있다 / 범죄는 줄다 / 설치에 찬성하다
　
➡ _____

9 기본 꿈을 이루다 / 최선을 다하다
　
➡ _____

확장 1 꿈을 이루다 / 최선을 다했다 / 결국 실패하다
　
➡ _____

확장 2 꿈을 이루다 / 최선을 다했다 / 결국 실패하다 / 실망이 크다
　
➡ _____

○ 아래에 있는 연결어미를 사용해서 문장을 확장해 보세요.

• –고	• –거나	• –(으)면	• –지만	• –(으)려면	• –기 위해
• –아/어도	• –는가 하면	• –았/었더라면	• –다 보면	• –다 보니까	

1 기본   실패하다 / 절망하지 않다
_____

➡

확장 1   실패하다 / 절망하지 않다 / 다시 도전하다
_____

➡

확장 2   실패하다 / 절망하지 않다 / 다시 도전하다 / 성공했을 것이다
_____

➡

_____

2 기본   빨리 가다 / 양보해야 하다
_____

➡

확장 1   빨리 가다 / 양보해야 하다 / 서로 먼저 가려고 하다
_____

➡

확장 2   빨리 가다 / 양보해야 하다 / 서로 먼저 가려고 하다 / 더 늦어지게 되었다
_____

➡

_____

3 기본   일을 하다 / 실수할 때도 있다
_____

➡

확장 1   일을 하다 / 실수할 때도 있다 / 결과가 나쁠 때도 있다
_____

➡

확장 2   일을 하다 / 실수할 때도 있다 / 결과가 나쁠 때도 있다 / 최선을 다해야 하다
_____

➡

_____

• –고	• –거나	• –(으)면	• –지만	• –(으)려면	• –기 위해
• –아/어도	• –는가 하면	• –았/었더라면	• –다 보면	• –다 보니까	

4　기본　생각이 다르다　/　갈등이 생길 수 있다

➡

　　확장 1　생각이 다르다　/　갈등이 생길 수 있다　/　존중하면서 살아야 하다

➡

　　확장 2　생각이 다르다　/ 갈등이 생길 수 있다 / 존중하면서 살다 / 갈등이 줄어들었다

➡

5　기본　스트레스를 풀다　/　담배를 피우다

➡

　　확장 1　스트레스를 풀다　/　담배를 피우다　/　술을 마시다

➡

　　확장 2　스트레스를 풀다　/　담배를 피우다　/　술을 마시다　/　건강을 잃게 되다

➡

6　기본　낭비하지 않다　/　필요한 것만 사야 하다

➡

　　확장 1　낭비하지 않다　/　필요한 것만 사다　/　세일 때 사야 하다

➡

　　확장 2　낭비하지 않다　/　필요한 것만 사다 / 세일 때 사야 하다 / 충동구매를 자주 하다

➡

• –고	• –거나	• –(으)면	• –지만	• –(으)려면	• –기 위해
• –아/어도	• –는가 하면	• –았/었더라면	• –다 보면	• –다 보니까	

7 기본 돈을 많이 벌다 / 검소하게 사는 사람이 있다

➡ _____

확장 1 돈을 많이 벌다 / 검소하게 사는 사람이 있다 / 그렇지 않은 사람도 있다

➡ _____

8 기본 꿈을 이루다 / 큰 목표를 세우는 것이 중요하다

➡ _____

확장 1 꿈을 이루다 / 큰 목표를 세우는 것도 중요하다 / 작은 실천도 중요하다

➡ _____

9 기본 재능이 있다 / 노력하지 않다

➡ _____

확장 1 재능이 있다 / 노력하지 않다 / 결코 성공할 수 없다

➡ _____

10 기본 일이 많다 / 그날 일을 다 끝내는 사람이 있다

➡ _____

확장 1 일이 많다 / 그날 일을 다 끝내는 사람이 있다 / 내일로 미루는 사람도 있다

➡ _____

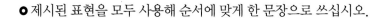

◯ 제시된 표현을 모두 사용해 순서에 맞게 한 문장으로 쓰십시오.

1. 내가 좋아하는 일을 하고, 행복하게 살 수 있다, 그 일을 즐기면, 수입이 적어도

➡ <u>수입이 적어도 내가 좋아하는 일을 하고 그 일을 즐기면 행복하게 살 수 있다.</u>

2. 포기하게 되고, 희망을 잃게 된다, 가난에서 벗어나지 못하면, 아무리 노력해도

➡ _____

3. 찾는 사람이 많다, 나무도 많고, 공기도 좋아서, 도심에 큰 공원이 생겼는데

➡ _____

4. 소음도 줄이고, 이용객은 늘지 않았다, 많이 이용할 수 있도록, 휴식공간도 마련했지만

➡ _____

5. 서로 존중하며 살다보면, 갈등이 생길 수 있지만, 문화 차이가 있으면, 쉽게 풀릴 것이다.

➡ _____

6. 좋은 결과를 얻을 것이다, 유능하므로, 계속 노력하면, 그 사람은 성실할 뿐만 아니라

➡ _____

7. 규칙적으로 운동하면, 운동이 제일이다, 스트레스도 없어지니까, 면역력을 키울 수 있고

➡ _____

8. 재능이 발전되지 않으므로, 노력하지 않으면, 노력과 인내는 필수적이다, 재능이 있어도

➡ _____

9. 만족도는 떨어지므로, 과정을 즐겨야 한다, 과정이 즐겁지 않으면, 결과가 좋아도

➡ _____

10. 그 지역 문화도 배워야 하고, 얻는 것도 많다, 공정여행을 하려면, 불편한 것도 많지만

➡ _____

외국인을 위한
한국어 문장 쓰기의 모든 것
(중급)

2

표현
수준 올리기

장

01 어휘 수준 올리기

초급에서 중급으로 올라가면 어휘 수준을 올릴 필요가 있습니다. 어휘 수준을 올리면 문장이 더 격식적이고 객관적인 느낌을 주게 됩니다. 여기에 실린 어휘들은 각각의 뜻과 쓰임이 완전히 일치한다고 말하기는 어렵지만 비슷한 것들을 모은 것입니다. 그럼 한번 살펴볼까요?

○ 다음 짧은 글을 읽고 초급 수준의 어휘와 중급 수준의 어휘를 비교해 보세요.

유학 생활을 하는 동안 친하게 지냈던 친구가 고향으로 돌아갔다. 나는 정말 슬펐다. 그는 한국말도 잘하고 영어와 일본어도 잘했다. 아주 똑똑한 사람이었다. 벌써 그 친구가 너무 보고 싶다.

⬇

유학 생활을 하는 동안 친하게 지냈던 친구가 귀국했다. 나는 아주 섭섭했다. 그는 한국말도 유창하고 영어와 일본어에도 능통했다. 대단히 유능한 인재였다. 벌써 그 친구가 그립다.

◆ 알아봅시다 1 명사

초급 수준 ➡ 중급 수준		예문
①	(그 일에 필요한) 돈	비용	돈이 많이 들었다. ➡ **비용**이 많이 들었다.
②	값	가격	값이 내렸다. ➡ **가격**이 내렸다.
③	빌린 돈	빚	빌린 돈을 빨리 갚아야 한다. ➡ **빚**을 빨리 갚아야 한다.
④	월급	보수, 임금	그 회사는 월급이 적다는 단점이 있다. ➡ 그 회사는 **보수**가 적다는 단점이 있다.
⑤	일하는 시간 [환경]	근무 시간 [환경]	한국 사람은 일하는 시간이 긴 편이다. ➡ 한국 사람은 **근무 시간**이 긴 편이다.
⑥	일하는 사람	근로자, 노동자	일하는 사람들은 주 5일 근무제를 환영했다. ➡ **근로자**들은 주 5일 근무제를 환영했다.
⑦	회사에 들어감	취업, 취직	회사에 들어가기가 하늘의 별따기이다. ➡ **취직**이 하늘의 별따기이다.
⑧	일을 찾기가 어려움	취업난, 구직난 (이 심하다)	요즘은 일자리 부족으로 일을 찾기가 어렵다. ➡ 요즘은 일자리 부족으로 **취업난**이 심하다.
⑨	직업이 없음	실업	직업이 없는 청년들이 증가하고 있다. ➡ 청년 **실업**이 증가하고 있다.
⑩	직업을 찾는 사람	구직자	청년들 중에서 직업을 찾는 사람이 늘고 있다. ➡ 청년 **구직자**가 늘고 있다.
⑪	그 일을 시작한 이유	동기	이 일을 시작한 이유는 선생님 때문이었다. ➡ 이 일을 하게 된 **동기**는 선생님 때문이었다.
⑫	그 일에 맞는 성격	적성	자신의 성격과 잘 맞는 일을 구하는 것이 좋다. ➡ **적성**에 맞는 일을 구하는 것이 좋다.

초급 수준 ➡ 중급 수준		예문
⑬ 나이가 비슷한 사람들	연령층	그 드라마는 주로 40대 이상의 주부들이 본다.
		➡ 그 드라마를 보는 **연령층**은 40대 이상이다.
⑭ 일	업무	일이 많아서 야근을 자주 하게 된다.
		➡ **업무**가 많아서 야근을 자주 하게 된다.
⑮ 모든 사람들	(남녀노소) 누구나	모든 사람들이 그 노래를 좋아했다.
		➡ 남녀노소 **누구나** 그 노래를 좋아했다.
⑯ 경제 상황이 나쁨 [좋음]	경제 불황 [호황] 경기 침체	요즘 경제 상황이 나빠서 자영업자들이 힘들다.
		➡ 요즘 **경기 침체**로 자영업자들이 힘들다.
⑰ 꼭 필요함	필수적	대학에 입학하려면 추천서가 꼭 필요하다.
		➡ 대학에 입학하려면 추천서가 **필수적**이다.
⑱ 효과가 있음	효과적	식이요법은 다이어트에 효과가 있다.
		➡ 식이요법은 다이어트에 **효과적**이다.
⑲ 자세함	구체적	그 책은 설명이 자세하다.
		➡ 그 책은 설명이 **구체적**이다.
⑳ 좋게 생각함 [나쁘게 생각함]	긍정적 [부정적]	나는 해외 유학에 대해 좋게 생각한다.
		➡ 나는 해외 유학에 대해 **긍정적**으로 생각한다.

○ 비슷한 것을 연결해 보세요.

① 꼭 필요함 •   • 근로자

② 일하는 시간 •   • 동기

③ 일을 찾기가 어려움 •   • 보수

④ 그 일에 맞는 성격 •   • 적성

⑤ 그 일을 시작한 이유 •   • 근무 시간

⑥ 일하는 사람 •   • 필수적

⑦ 월급 •   • 취업난, 구직난

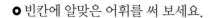

◐ 빈칸에 알맞은 어휘를 써 보세요.

• 경기 침체	• 구직자	• 취업난	• 적성
• 빚	• 효과적	• 부정적	• 보수

요즘 청년들은 고민이 많다. ① _____로 인해 ② _____이 더 심해졌기 때문이다. 실제로 한 조사에 의하면, 대부분의 ③ _____가 직업을 구할 때 ④ _____이나 흥미를 고려할 여유가 없다고 응답했다고 한다. 대학 등록금이나 방값으로 인해 생긴 ⑤ _____때문에 ⑥ _____가 좋은 직장을 구하는 것이 더 중요해진 것이다. 단순히 취업이 안 돼서 대학원에 진학하는 경우도 많아졌다. 이 때문에 청년 실업이 사회에 미칠 ⑦ _____영향에 대해 걱정하는 사람들이 많아지고 있다. 이 문제를 해결할 ⑧ _____대책을 하루빨리 찾아야 할 것이다.

◐ 질문에 대한 여러분의 생각을 써 보세요. 상자 속 어휘를 이용해 쓰세요.

① **필수적**
N이/가 필수적이다

인재가 되기 위해서 꼭 필요한 것은 무엇이라고 생각합니까?

➡ _____

② **적성**
–이/가 적성에 맞다

사람 만나는 것을 좋아하는 사람에게는 어떤 일이 적성에 맞을까요?

➡ _____

③ **동기**
–동기는 –때문이다

여러분이 그 공부나 일을 시작한 동기는 무엇입니까?

➡ _____

④ **취직**
–에 취직을 하다

여러분은 어떤 직장에 취직을 하고 싶습니까?

➡ _____

초급 수준 ➡ 중급 수준		예문
①	결혼 함 [결혼 안 함] 기혼 [미혼]	결혼을 안 한 남녀를 대상으로 설문조사를 했다. ➡ **미혼** 남녀를 대상으로 설문조사를 했다.
②	능력이 있는 사람 인재	기업은 능력 있는 사람이 필요하다. ➡ 기업은 **인재**가 필요하다.
③	좋은 점 [나쁜 점] 장점 [단점]	유학 생활은 좋은 점이 많다. ➡ 유학 생활은 **장점**이 많다.
④	좋고 나쁨 장단점	모든 일에는 좋고 나쁨이 있다. ➡ 모든 일에는 **장단점**이 있다.
⑤	가장 나쁨 [좋음] 최악 [최선]	일을 포기한 것은 가장 나쁜 선택이었다. ➡ 일을 포기한 것은 **최악**의 선택이었다.
⑥	나쁜 영향 악영향	편식은 건강에 나쁜 영향을 미친다. ➡ 편식은 건강에 **악영향**을 미친다.
⑦	친한 느낌 가까운 느낌 친밀감	오래 같이 지낼수록 친한 느낌이 든다. ➡ 오래 같이 지낼수록 **친밀감**이 든다.
⑧	이유 원인, 요인	청년실업이 증가하는 이유는 사회구조 때문이다. ➡ 청년실업 증가의 **원인**은 사회구조 때문이다.
⑨	가난 빈곤	가난으로 인해 소외된 사람들이 많다. ➡ **빈곤**으로 인해 소외된 사람들이 많다.
⑩	(빈부, 임금, 정보) 차이 격차	대기업과 중소기업은 임금 차이가 크다. ➡ 대기업과 중소기업은 임금 **격차**가 크다.
⑪	방법 수단, 방식, 대책 [방안]	그 문제를 해결할 방법을 찾아야 한다. ➡ 그 문제를 해결할 **대책**을 찾아야 한다.
⑫	볼 것 [먹을 것] 볼거리 [먹을거리]	제주도에는 볼 것이 많다. ➡ 제주도에는 **볼거리**가 많다.

	초급 수준 ➡ 중급 수준		예문
⑬	담배를 피우는 장소 [담배를 못 피우는 장소]	흡연 구역 [금연 구역]	그 커피숍에는 담배를 피우는 장소가 따로 있다.
			➡ 그 커피숍에는 **흡연 구역**이 따로 있다.
⑭	사용한 물건	중고	자원을 아끼기 위해 사용한 물건을 다시 썼다.
			➡ 자원을 아끼기 위해 **중고**를 사용했다.
⑮	힘든 일	고난, 시련	누구에게나 힘든 일은 있다.
			➡ 누구에게나 **시련**은 있다.
⑯	걱정	우려	실업 문제에 대해 걱정하는 사람들이 많다.
			➡ 실업 문제에 대해 **우려**하는 사람들이 많다.
⑰	관심	흥미	나는 다른 나라 문화에 관심이 있다.
			➡ 나는 다른 나라 문화에 **흥미**가 있다.
⑱	보통 때	평소(에)	보통 때는 아침밥을 잘 먹지 않는다.
			➡ **평소에는** 아침밥을 잘 먹지 않는다.
⑲	느낌	소감	친구는 그 영화를 보고 난 느낌을 말했다.
			➡ 친구는 그 영화를 보고 난 **소감**을 말했다.
⑳	생각	의견 [견해]	나와 달라도 상대방의 생각을 존중해야 한다.
			➡ 나와 달라도 상대방의 **의견**을 존중해야 한다.

● 비슷한 것을 연결해 보세요.

① 나쁜 영향 •   • 대책

② 이유 •   • 장단점

③ 가난 •   • 빈곤

④ 능력이 있는 사람 •   • 평소

⑤ 보통 때 •   • 원인

⑥ 방법 •   • 인재

⑦ 좋고 나쁨 •   • 악영향

○ 빈칸에 알맞은 어휘를 써 보세요.

・빈부 격차	・악영향	・최악	・방안
・임금 격차	・인재	・원인	

① _____란 빈곤한 사람은 더 빈곤해지고 부유한 사람은 더 부유해져서 생기는 차이를 말한다. 오늘날에는 각국에서 이런 빈부 격차가 점점 커지는 현상이 나타나 문제가 되고 있다. 빈부 격차는 사회 발전뿐만 아니라 사회 화합에 ② _____을 미치기 때문이다. ③ _____의 상황은 부모 세대의 부나 가난이 자식 세대에게 그대로 이어져서 빈곤 가정에서 자라난 ④ _____들이 성공하기 힘들어지는 경우가 생기는 것이다. 이런 빈부 격차의 ⑤ _____에는 여러 가지가 있다. 정규직 및 비정규직, 대기업 및 중소기업 간의 큰 ⑥ _____, 늘어나는 저임금 일자리, 부족한 복지 제도 등이 바로 그것이다. 따라서 이러한 원인 분석을 바탕으로 이 문제를 해결할 수 있는 ⑦_____을 찾아야 할 것이다.

○ 질문에 대한 여러분의 생각을 써 보세요. 상자 속 어휘를 이용해 쓰세요.

① **인재**
N(이)란 −을/를 말한다

'인재'란 어떤 사람을 말합니까?
➡ _____

② **원인**
−원인은 −때문이다

빈부 격차가 심해지는 원인은 무엇입니까?
➡ _____

③ **장점**
N의 장점은 −다는 것이다

여러분 성격의 장점은 무엇입니까?
➡ _____

④ **평소**

평소에 시간이 있으면 주로 무엇을 합니까?
➡ _____

알아봅시다 1 동사

초급 수준	➡ 중급 수준	예 문
① 보다	(영화, 공연) 감상하다 (전시) 관람하다	주말에 뮤지컬을 보았다. ➡ 주말에 뮤지컬을 **감상했다.**
② (사진, 동영상) 찍다	촬영하다	동물원에서 사진을 찍었다. ➡ 동물원에서 사진을 **촬영했다.**
③ 고치다	(물건) 수리하다 (제도, 습관) 개선하다	노트북을 고치러 서비스센터에 갔다. ➡ 노트북을 **수리하러** 서비스센터에 갔다.
④ (돈, 물, 시간) 적게 쓰다 [더 많이 쓰다]	아끼다 절약하다 [낭비하다]	가계부를 쓰면 돈을 적게 쓸 수 있다. ➡ 가계부를 쓰면 돈을 **절약할** 수 있다.
⑤ 남을 먼저 생각하다	배려하다	남을 먼저 생각하고 행동하기란 쉽지 않다. ➡ 남을 먼저 **배려하기란** 쉽지 않다.
⑥ 믿다	신뢰하다	국민들은 그 정치인의 말을 믿는다. ➡ 국민들은 그 정치인의 말을 **신뢰한다.**
⑦ 싸우다	다투다	소음 문제로 이웃 사람들이 싸운다. ➡ 소음 문제로 이웃 사람들이 **다툰다.**
⑧ 없어지다	사라지다	공사가 끝나니까 소음이 없어졌다. ➡ 공사가 끝나니까 소음이 **사라졌다.**
⑨ 행사를 하다	개최하다 [개최되다] 열다 [열리다]	4년마다 올림픽을 한다. ➡ 4년마다 올림픽이 **개최된다.**
⑩ (건강, 상황) 나빠지다	악화되다	운동 부족으로 건강이 나빠진 사람이 많다. ➡ 운동 부족으로 건강이 **악화된** 사람이 많다.
⑪ (생활수준, 실력) 좋아지다	향상되다	매일 쓰기 연습을 하니까 실력이 좋아졌다. ➡ 매일 쓰기 연습을 하니까 실력이 **향상되었다.**
⑫ (자료, 재료) 모으다	수집하다	인터넷으로 자료를 모았다. ➡ 인터넷으로 자료를 **수집했다.**

초급 수준	➡ 중급 수준	예 문
⑬ (목표, 꿈) 이루다	실현하다	그는 드디어 꿈을 이루었다.
		➡ 그는 드디어 꿈을 **실현했다.**
⑭ 나오다	(배우, 가수) 출연하다 (신제품) 출시되다	그 드라마에 유명한 배우가 나왔다.
		➡ 그 드라마에 유명한 배우가 **출연했다.**
⑮ 다시 또 하다	반복하다 되풀이하다	그 방송사는 같은 실수를 다시 또 했다.
		➡ 그 방송사는 같은 실수를 **반복했다.**
⑯ 물어보다	질문하다, 문의하다	그 책이 있는지 도서관에 전화로 물어보았다.
		➡ 그 책이 있는지 도서관에 전화로 **문의했다.**
⑰ 빌린 돈을 돌려주다	(돈) 갚다	친구에게 빌린 돈을 돌려주었다.
		➡ 친구에게 돈을 **갚았다.**
⑱ 돈을 쓰다	(돈) 지출하다	그는 꼭 필요한 일에만 돈을 쓴다.
		➡ 그는 꼭 필요한 일에만 돈을 **지출한다.**
⑲ (값, 요금) 오르다[내리다]	인상[인하]되다	기름값이 올랐다.
		➡ 기름값이 **인상되었다.**
⑳ 더 좋아하다	선호하다	나는 액션 영화보다 멜로 영화를 더 좋아한다.
		➡ 나는 액션 영화보다 멜로 영화를 **선호한다.**

○ 비슷한 것을 연결해 보세요.

① 믿다 ●   ● 다투다

② 행사를 하다 ●   ● 절약하다

③ 돈을 쓰다 ●   ● 신뢰하다

④ (실력이) 좋아지다 ●   ● 선호하다

⑤ 싸우다 ●   ● 지출하다

⑥ (돈을) 적게 쓰다 ●   ● 향상되다

⑦ 어느 것을 더 좋아하다 ●   ● 개최하다

○ 빈칸에 알맞은 어휘를 써 보세요.

| ・출연하다 | ・향상되다 | ・개최되다 | ・개선하다 | ・신뢰하다 |
| ・실현하다 | ・반복하다 | ・갚다 | ・악화되다 | |

   나는 어릴 때부터 가수가 되어 TV에 ① _____ 것이 꿈이었다. 그래서 매일매일 노래와 춤을 연습했다. 그러던 어느 날, 대학가요제가 ② _____다는 광고를 보았다. 상금을 받으면 친구에게 빌린 돈을 ③ _____을 수 있고 무엇보다도 내 꿈을 이룰 수 있겠다는 생각이 들었다. 나는 거기에 참가하기로 마음먹었다. 그날 이후 노래를 열심히 ④ _____ 연습했고, 목 상태가 ⑤ _____지 않도록 자주 술을 마시던 습관도 ⑥ _____다. 그렇게 내가 ⑦ _____ 선생님에게 열심히 배운 결과 실력이 많이 ⑧ _____것을 느낄 수 있었다. 그리고 마침내 나는 가요제에서 우승해 꿈을 ⑨ _____ 수 있었다.

○ 질문에 대한 여러분의 생각을 써 보세요. 상자 속 어휘를 이용해 쓰세요.

① **향상되다**
-이/가 향상되다

어떤 노력을 해야 한국어 실력이 향상될 수 있습니까?

➡ _____

② **선호하다**
-을/를 선호하다

기업에서는 보통 어떤 사람을 선호합니까?

➡ _____

③ **절약하다**
-을/를 절약하다

환경 보호를 위해 우리는 무엇을 절약해야 합니까?

➡ _____

④ **개선하다**
-을/를 개선하다

여러분은 어떤 나쁜 습관을 개선하고 싶습니까?

➡ _____

	초급 수준 ➡	중급 수준	예 문
①	사다	구입하다[구매하다]	인터넷으로 살 때 특히 주의해야 한다.
			➡ 인터넷으로 **구매할 때** 특히 주의해야 한다.
②	팔다	판매하다	중고 핸드폰을 파는 사이트가 따로 있다.
			➡ 중고 핸드폰을 **판매하는** 사이트가 따로 있다.
③	시작되다	비롯되다	4대 문명은 강에서 시작되었다.
			➡ 4대 문명은 강에서 **비롯되었다.**
④	참다	인내하다, 견디다	아무리 힘들어도 참아야 한다.
			➡ 아무리 힘들어도 **견뎌야** 한다.
⑤	막다	방지하다	홍수를 막기 위해 댐을 건설했다.
			➡ 홍수를 **방지하기** 위해 댐을 건설했다.
⑥	미리 막다	예방하다	사고를 미리 막기 위해 안전 점검을 했다.
			➡ 사고를 **예방하기** 위해 안전 점검을 했다.
⑦	(문제, 갈등) 생기다	발생하다	컴퓨터에 문제가 생겼다.
			➡ 컴퓨터에 문제가 **발생했다.**
⑧	풀다	(문제, 갈등) 해결하다 (스트레스, 긴장) 해소하다	운동을 하면서 스트레스를 풀었다.
			➡ 운동을 하면서 스트레스를 **해소했다.**
⑨	(방법, 해결책) 찾아보다	모색하다	청년 실업을 해결할 방법을 찾아봐야 한다.
			➡ 청년 실업을 해결할 방법을 **모색해야** 한다.
⑩	(정보, 자료) 찾다	검색하다	인터넷으로 한국어 자료를 찾았다.
			➡ 인터넷으로 한국어 자료를 **검색했다.**
⑪	(법, 정책) 만들다	마련하다	이민자의 권리를 보호하는 법을 만들었다.
			➡ 이민자의 권리를 보호하는 법을 **마련했다.**
⑫	(일자리) 만들다²	창출하다	정부는 일자리를 만들기 위해 노력했다.
			➡ 정부는 일자리를 **창출하기** 위해 노력했다.

초급 수준 ➡ 중급 수준		예 문
⑬	(자료) 주다	제공하다	학교에서 학생들에게 자료를 주었다. ➡ 학교에서 학생들에게 자료를 **제공했다.**
⑭	(자료, 서류) 내다	제출하다	출입국관리사무소에 서류를 냈다. ➡ 출입국관리사무소에 서류를 **제출했다.**
⑮	(여러 상황을) 생각해 보다	고려하다	직업을 구할 때는 적성을 생각해 보아야 한다. ➡ 직업을 구할 때는 적성을 **고려해야** 한다.
⑯	알다	인식하다	개인 정보 보호의 중요성을 알아야 한다. ➡ 개인 정보 보호의 중요성을 **인식해야** 한다.
⑰	나쁘게 사용되다	악용되다	유출된 개인 정보는 나쁘게 사용될 수 있다. ➡ 유출된 개인 정보는 **악용될** 수 있다.
⑱	쉬면서 하다	여유를 가지다	그는 일할 때 급하지 않게 쉬면서 한다. ➡ 그는 일할 때 급하지 않게 **여유를 가지고** 한다.
⑲	(환경, 문화재) 지키다	보호하다	우리는 소중한 문화재를 지켜야 한다. ➡ 우리는 소중한 문화재를 **보호해야** 한다.
⑳	돕다, 도와주다	기여하다, 이바지하다	'나눔' 운동은 사회 발전을 도왔다. ➡ '나눔' 운동은 사회 발전에 **기여했다.**

○ 비슷한 것을 연결해 보세요.

① 미리 막다			발생하다
② 생각해 보다			구매하다
③ (물건을) 사다			검색하다
④ (해결 방법을) 찾아보다			예방하다
⑤ (환경 파괴를) 막다			고려하다
⑥ (문제가) 생기다			모색하다
⑦ 인터넷으로 정보를 찾다			방지하다

○ 빈칸에 알맞은 어휘를 써 보세요.

| • 제공하다 | • 검색하다 | • 발생하다 | • 비롯되다 | • 창출하다 | • 판매하다 |
| • 마련하다 | • 악용되다 | • 모색하다 | • 예방하다 | • 인식하다 | • 보호하다 |

　　최근 개인정보가 유출되는 일이 자주 ① ＿＿＿＿＿＿고 있다. 정보를 ② ＿＿＿＿＿＿거나 인터넷에서 ③ ＿＿＿＿＿ 자료를 이용하기 위해 우리는 자신의 개인정보를 주고 사이트에 가입하게 된다. 그런데 회원들의 개인정보를 ④ ＿＿＿＿＿ 할 사이트들이 보안을 소홀히 해서 이런 문제가 발생하게 되는 것이다. 이는 수익을 ⑤ ＿＿＿＿＿ 것에만 집중한 데에서 ⑥ ＿＿＿＿＿ 것이라고 할 수 있다. 따라서 이 문제를 해결하기 위해서는 개인정보를 불법으로 ⑦ ＿＿＿＿＿ 사람들을 강하게 처벌하는 법을 ⑧ ＿＿＿＿＿다. 그리고 개인 정보 보호의 중요성을 ⑨ ＿＿＿＿＿고 개인 정보가 ⑩ ＿＿＿＿＿ 생길 수 있는 2차 피해를 ⑪ ＿＿＿＿＿ 수 있도록 해결책을 ⑫ ＿＿＿＿＿ 필요가 있다.

○ 질문에 대한 여러분의 생각을 써 보세요. 상자 속 어휘를 이용해 쓰세요.

①	**기여하다** -에 기여하다	현대의 발달된 의학 기술은 어떤 일에 도움이 되었습니까? ➡ ＿＿＿＿＿＿＿＿＿＿＿＿＿＿＿
②	**마련하다** -을/를 마련하다	개인정보 유출 피해를 방지하기 위해서는 무엇이 필요합니까? ➡ ＿＿＿＿＿＿＿＿＿＿＿＿＿＿＿
③	**고려하다** -을/를 고려하다	여행을 가기 전에 우리는 무엇을 고려해 보아야 합니까? ➡ ＿＿＿＿＿＿＿＿＿＿＿＿＿＿＿
④	**검색하다** -을/를 검색하다	여러분은 인터넷으로 주로 무엇을 검색합니까? ➡ ＿＿＿＿＿＿＿＿＿＿＿＿＿＿＿

알아봅시다 3 동사

	초급 수준 ➡	중급 수준	예 문
①	더 많이 만들다 [많은 것을 적게 만들다]	(일자리) 늘리다 　　　[줄이다]	기업들은 일자리를 더 많이 만들겠다고 약속했다. ➡ 기업들은 일자리를 **늘리겠다고** 약속했다.
②	많아지다 [적어지다]	증가하다[감소하다] 늘다[줄다]	일자리를 구하지 못한 사람들이 많아졌다. ➡ 일자리를 구하지 못한 사람들이 **늘었다.**
③	중요하게 생각 하다	중시하다	기업은 사원의 능력을 중요하게 생각한다. ➡ 기업은 사원의 능력을 **중시한다.**
④	버스[지하철] 를 타다	대중교통을 이용하다	버스나 지하철을 타는 것이 경제적이다. ➡ **대중교통을 이용하는** 것이 경제적이다.
⑤	−에 대해 이야 기하다	다루다	그 책은 이민자의 삶에 대해 이야기한다. ➡ 그 책은 이민자의 삶에 대해 **다룬다.**
⑥	도움말을 주다	조언하다	상담 선생님은 학생에게 도움말을 주었다. ➡ 상담 선생님은 학생에게 **조언했다.**
⑦	도움말을 부탁 하다	조언을 구하다	그는 선생님께 도움이 되는 말을 해달라고 했다. ➡ 그는 선생님께 **조언을 구했다.**
⑧	정말 열심히 하다	최선을 다하다	그는 꿈을 이루기 위해 정말 열심히 했다. ➡ 그는 꿈을 이루기 위해 **최선을 다했다.**
⑨	열심히 하다	노력하다 노력을 기울이다	나는 한국어를 잘하기 위해 열심히 했다. ➡ 나는 한국어를 잘하기 위해 **노력했다.**
⑩	함께 기뻐하다 [슬퍼하다]	기쁨[슬픔]을 나누다	합격 소식을 듣고 우리는 함께 기뻐했다. ➡ 합격 소식을 듣고 우리는 **기쁨을 나누었다.**
⑪	이야기하다	이야기를 나누다	우리는 밤새도록 이야기했다. ➡ 우리는 밤새도록 **이야기를 나누었다.**
⑫	쉬다	휴식을 취하다	피곤할 때는 쉴 필요가 있다. ➡ 피곤할 때는 **휴식을 취할** 필요가 있다.

	초급 수준 ➡	중급 수준	예 문
⑬	외우다	암기하다	날마다 단어를 외웠다.
			➡ 날마다 단어를 **암기했다.**
⑭	한 가지만 계속 하다	집중하다 몰두하다	그 학자는 오직 연구만 했다.
			➡ 그 학자는 오직 연구에만 **몰두했다.**
⑮	많이 생각하고 조심하다	신중을 기하다	후회하지 않도록 조심했다.
			➡ 후회하지 않도록 선택에 **신중을 기했다.**
⑯	계속 생각하고 걱정하다	신경(을) 쓰다	평소 그는 건강을 계속 걱정했다.
			➡ 평소 그는 건강에 **신경을 많이 썼다.**
⑰	남의 말을 잘 듣다	경청하다 귀를 기울이다	그의 장점은 남의 말을 잘 듣는다는 것이다.
			➡ 그의 장점은 남의 말을 **경청한다는** 것이다.
⑱	더 잘하려고 노력하다	능력[실력]을 기르다 [키우다] 경쟁력을 기르다[키우다]	우리는 더 잘하기 위해서 노력해야 한다.
			➡ 우리는 **능력을 기르기** 위해 노력해야 한다.
⑲	믿지 않다	의심하다 의문을 가지다	나는 정부의 발표를 믿지 않았다.
			➡ 나는 정부의 발표를 **의심했다.**
⑳	결심(을) 하다	마음(을) 먹다	나는 이사를 가기로 결심을 했다.
			➡ 나는 이사를 가기로 **마음을 먹었다.**

● 비슷한 것을 연결해 보세요.

① 중요하게 생각하다 ●   ● 노력을 기울이다

② 남의 말을 잘 듣다 ●   ● 의심하다

③ 이야기하다 ●   ● 중시하다

④ 믿지 않다 ●   ● 신경 쓰다

⑤ 계속 생각하고 걱정하다 ●   ● 귀를 기울이다

⑥ 한 가지만 계속 하다 ●   ● 이야기를 나누다

⑦ 노력하다 ●   ● 몰두하다

○ 빈칸에 알맞은 어휘를 써 보세요.

• 늘다	• 귀를 기울이다	• 다루다	• 노력을 기울이다
• 경쟁력을 기르다	• 이야기를 나누다	• 중시하다	

최근 한국 사회는 이주민들이 ① _____면서 다문화 사회가 되고 있다. 다문화 사회에서는 문화가 다른 사람들이 함께 살아가기 때문에 다른 문화에 대한 이해와 존중을 ② _____다. 그러나 이는 결코 쉬운 일이 아니다. 다른 문화에 관심을 가지고 서로를 이해하려는 ③ _____지 않으면 다양한 사람들이 한 사회에 살기가 힘들다. 게다가 그동안 언론은 다문화 정책의 필요성에 대해 자주 ④ _____지만, 정작 사회적 소수인 이주민들과 ⑤ _____고 그들의 목소리에 ⑥ _____ 노력은 소홀히 했다고 할 수 있다. 따라서 우리는 다문화 정책에 이주민들의 의견이 반영될 수 있도록 해야 한다. 또한 그들이 ⑦_____ 한국 사회에 정착할 수 있도록 지원을 아끼지 말아야 한다.

○ 질문에 대한 여러분의 생각을 써 보세요. 상자 속 어휘를 이용해 쓰세요.

① **조언을 구하다**
-에(게) 조언을 구하다

올바른 다문화 정책을 위해서는 어떻게 해야 할까요?

➡ _____

② **신경(을) 쓰다**
-에 신경(을) 쓰다

요즘 가장 신경을 많이 쓰고 있는 일은 무엇입니까?

➡ _____

③ **다루다**
-을/를 다루다

좋아하는 영화는 무엇입니까? 어떤 주제를 다루고 있습니까?

➡ _____

④ **중시하다**
-을/를 중시하다

여러분은 이성 친구를 사귈 때 무엇을 중시합니까?

➡ _____

	초급 수준 ➡	중급 수준	예 문
①	싸다	저렴하다	그 나라는 물가가 싸다.
			➡ 그 나라는 물가가 **저렴하다.**
②	비슷하다	유사하다	어제 본 영화는 그 책과 내용이 비슷하다.
			➡ 어제 본 영화는 그 책과 내용이 **유사하다.**
③	재미없다	지루하다 따분하다	그 영화는 재미없다.
			➡ 그 영화는 **지루하다.**
④	필요한 것보다 적다 [많다]	부족하다 [넉넉하다]	이번 달 생활비가 필요한 것보다 적었다.
			➡ 이번 달 생활비가 **부족했다.**
⑤	(지식, 호기심) 많다	풍부하다	아이는 세상에 대한 호기심이 많다.
			➡ 아이는 세상에 대한 호기심이 **풍부하다.**
⑥	(말, 행동) 틀리지 않다	올바르다	그 사람은 잘못된 행동을 하지 않는다.
			➡ 그 사람은 항상 **올바른** 행동만 한다.
⑦	무섭다	두렵다	실패를 무서워하면 아무 일도 할 수 없다.
			➡ 실패를 **두려워하면** 아무 일도 할 수 없다.
⑧	많이 중요하지 않다	사소하다	중요하지 않은 실수라도 하면 안 된다.
			➡ **사소한** 실수라도 하면 안 된다.
⑨	알고 싶다	궁금하다	나는 그의 소식을 알고 싶다.
			➡ 나는 그의 소식이 **궁금하다.**
⑩	다른 것 [사람]보다 낫다	뛰어나다	그는 쓰기 실력이 다른 사람보다 훨씬 낫다.
			➡ 그는 쓰기 실력이 **뛰어나다.**
⑪	(건강) 나쁘다 [좋다]	해롭다[이롭다]	흡연은 건강에 나쁘다.
			➡ 흡연은 건강에 **해롭다.**
⑫	돈이 많다 [적다, 없다]	경제적 여유가 있다 [없다] 형편이 좋다 [어렵다]	그는 요즘 돈이 없다.
			➡ 그는 요즘 **경제적 여유가 없다.**

	초급 수준 ➡	중급 수준	예 문
⑬	시간이 많다 [적다, 없다]	시간적 여유가 있다[없다] 한가하다	나는 요즘 업무가 줄어서 시간이 많다.
			➡ 나는 요즘 업무가 줄어서 **한가하다**.
⑭	생각이 다르다	의견[견해]이 다르다 의견[견해] 차이가 있다	체벌 문제에 대해 그와 나는 생각이 다르다.
			➡ 체벌 문제에 대해 그와 나는 **의견이 다르다**.
⑮	좋은 점과 나쁜 점이 모두 있다	양면성이 있다	모든 일에는 좋은 점과 나쁜 점이 있다.
			➡ 모든 일에는 **양면성이 있다**.
⑯	성격이 좋다	성격이 원만하다	내 친구는 성격이 좋다.
			➡ 내 친구는 **성격이 원만하다**.
⑰	힘든 일이 있다	상황에 처하다	사업 실패로 그가 요즘 힘든 일이 많다.
			➡ 사업 실패로 그가 힘든 **상황에 처했다**.
⑱	(보통 사람들과) 똑같다	틀에 박히다	남들과 똑같은 생각에서 벗어나야 한다.
			➡ **틀에 박힌** 생각에서 벗어나야 한다.
⑲	어려운 일이 있다	곤란[어려움]을 겪다 어려움에 부딪히다	그에게 어려운 일이 있다.
			➡ 그가 어려움에 **부딪혔다**.
⑳	(자격, 서류) 있다	갖추다	회사에서 원하는 자격이 있어야 지원 가능하다.
			➡ 회사에서 원하는 자격을 **갖춰야** 지원 가능하다.

※ (17~20) 초급 수준에서는 형용사지만 중급 수준에서는 동사

○ 비슷한 것을 연결해 보세요.

① 돈이 많다 •

② 비슷하다 •

③ 싸다 •

④ (말, 행동이) 틀리지 않다 •

⑤ 생각이 다르다 •

⑥ 필요한 것보다 적다 •

⑦ 돈이 없다 •

• 의견 차이가 있다

• 경제적 여유가 있다

• 형편이 어렵다

• 올바르다

• 유사하다

• 저렴하다

• 부족하다

○ 빈칸에 알맞은 어휘를 써 보세요.

> • 경제적 여유가 없다   • 지식이 풍부하다
>
> • 성격이 원만하다   • 의견 차이가 있다

취업난으로 인해 스펙 쌓기에 몰두하는 청년들이 늘고 있다. ① ＿＿＿＿＿＿＿＿ 상황에서도 그들은 회사의 지원 자격을 갖추기 위해 끊임없이 투자한다. 그러나 단순히 스펙만 쌓는 것에 대해 우려하는 사람들도 적지 않다. 그렇다면 현대 사회에서 요구되는 인재란 어떤 사람일까? 먼저 전문성을 가진 사람이 필요하다. 업무가 전문화되면서 오늘날의 기업은 자신의 전문 분야에 대한 ② ＿＿＿＿＿＿ 사람을 찾는다. 또한 사교성이 좋아야 한다. ③ ＿＿＿＿＿＿ 사람이 동료들 간에 ④ ＿＿＿＿＿＿더라도 문제를 잘 해결해나갈 수 있기 때문이다.

○ 질문에 대한 여러분의 생각을 써 보세요. 상자 속 어휘를 이용해 쓰세요.

①	**두렵다** -이/가 두렵다	여러분은 어떤 것을 두려워합니까? ➡ ＿＿＿＿＿＿＿＿＿＿＿＿＿＿＿＿
②	**뛰어나다** -이/가 뛰어나다	존경하는 사람은 누구입니까? 그는 어떤 점이 뛰어납니까? ➡ ＿＿＿＿＿＿＿＿＿＿＿＿＿＿＿＿
③	**의견 차이가 있다** -에 의견 차이가 있다	부모님이나 선생님과 이야기할 때, 어떤 부분에서 생각이 다릅니까? ➡ ＿＿＿＿＿＿＿＿＿＿＿＿＿＿＿＿
④	**부족하다** -이/가 부족하다	여러분은 스스로 무엇이 부족하다고 느낍니까? (생활, 성격…) ➡ ＿＿＿＿＿＿＿＿＿＿＿＿＿＿＿＿

→ 알아봅시다 2 형용사

초급 수준 ➡ 중급 수준		예 문
①	(말, 행동) 부드럽지 않다 / 거칠다	요즘 청소년들의 말은 대체로 부드럽지 않다. ➡ 요즘 청소년들의 말은 대체로 **거칠다**.
②	헤어져서 슬프다 / 섭섭하다	친구가 고향에 돌아가게 되어 슬펐다. ➡ 친구가 고향에 돌아가게 되어 **섭섭했다**.
③	행복하지 않다 / 불행하다	행복하지 않다고 생각하는 사람이 늘고 있다. ➡ **불행하다고** 생각하는 사람이 늘고 있다.
④	이상하다 / 어색하다	그는 한국어 억양이 이상하다. ➡ 그는 한국어 억양이 아주 **어색하다**.
⑤	보고 싶다 / 그립다	나는 고향에 계신 부모님이 보고 싶다. ➡ 나는 고향에 계신 부모님이 **그립다**.
⑥	처음이어서 익숙하지 않다 / 낯설다	나는 아직 한국 문화에 익숙하지 않다. ➡ 나는 아직 한국문화가 **낯설다**.
⑦	상황이 아주 나쁘다 / 심각하다	한국은 저출산 상황이 아주 나쁘다. ➡ 한국은 저출산 문제가 아주 **심각하다**.
⑧	여러 가지가 있다 / 다양하다	세상에는 여러 가지 언어가 있다. ➡ 세상에는 **다양한** 언어가 있다.
⑨	어쩔 수 없다 / 불가피하다	현대 사회에서는 어쩔 수 없이 경쟁을 해야 한다. ➡ 현대 사회에서는 경쟁이 **불가피하다**.
⑩	좋다 / 바람직하다	패스트푸드는 피하는 것이 좋다. ➡ 패스트푸드는 피하는 것이 **바람직하다**.
⑪	능력이 있다 / 유능하다	인재란 능력이 있는 사람을 말한다. ➡ 인재란 **유능한** 사람을 말한다.
⑫	깨끗하다 / 청결하다	사람들은 깨끗한 식당을 선호한다. ➡ 사람들은 **청결한** 식당을 선호한다.

초급 수준 ➡ 중급 수준		예 문
⑬	(환경) 나쁘다	열악하다	그 학교는 환경이 나쁘다. ➡ 그 학교는 환경이 **열악하다**.
⑭	조건이 너무 많다	까다롭다	그 회사는 요구하는 조건이 너무 많다. ➡ 그 회사는 요구하는 조건이 **까다롭다**.
⑮	할 수 있다	가능하다	할 수 있는 한 대화를 많이 하는 것이 좋다. ➡ **가능한 한** 대화를 많이 하는 것이 좋다.
⑯	아주 조심하다	신중하다	그는 모든 일에 아주 조심하는 사람이다. ➡ 그는 모든 일에 아주 **신중한** 사람이다.
⑰	잘 알고 잘하다	능통하다	그는 5개 국어를 잘할 수 있다. ➡ 그는 5개 국어에 **능통하다**.
⑱	말을 아주 잘하다	유창하다	중국 사람인 그는 한국말을 아주 잘한다. ➡ 중국 사람인 그는 한국말이 아주 **유창하다**.
⑲	잘 못하다	서툴다 서투르다	한국에 오래 살았지만 한국어를 아직 잘 못한다. ➡ 한국에 오래 살았지만 한국어가 아직 **서툴다**.
⑳	딱 맞다	적합하다	그 영화는 청소년이 보기에 딱 맞지 않다 ➡ 그 영화는 청소년이 보기에 **적합하지 않다**.

※ (16~20) 초급 수준에서는 동사지만 중급 수준에서는 형용사

○ 비슷한 것을 연결해 보세요.

① 조건이 너무 많다 •		• 유능하다
② 익숙하지 않다 •		• 거칠다
③ 부드럽지 않다 •		• 까다롭다
④ 능력이 있다 •		• 어색하다
⑤ 어쩔 수 없다 •		• 다양하다
⑥ 이상하다 •		• 불가피하다
⑦ 여러 가지가 있다 •		• 낯설다

○ 빈칸에 알맞은 어휘를 써 보세요.

• 서툴다	• 유창하다	• 낯설다	• 능통하다	• 바람직하다
• 그립다	• 섭섭하다	• 열악하다	• 거칠다	

유학 생활 내내 친하게 지냈던 친구가 고향으로 돌아갔다. 나는 아주 ① _____다. 처음에 나는 한국에 온 지 얼마 안 돼서 한국말도 ② _____고 한국 문화도 ③ _____ 쉽게 적응하지 못했다. 그때 룸메이트였던 내 친구가 나를 참 많이 도와주었다. 그는 한국말이 ④ _____ 뿐만 아니라 영어와 일본어에도 ⑤ _____다. 그 래서 한국말을 잘하고 싶으면 한국 친구를 사귀어서 이야기를 많이 나 누는 것이 ⑥ _____다고 내게 조언도 해주었다. 또 그는 말도 ⑦ _____게 하지 않고 아주 친절했다. 나는 그가 ⑧ _____ 환경 속에서도 좋은 직장을 구하게 되어 기쁘다. 벌써 그가 ⑨ _____ .

○ 질문에 대한 여러분의 생각을 써 보세요. 상자 속 어휘를 이용해 쓰세요.

① **불가피하다**
　-이/가 불가피하다

인간이 살아가면서 결코 피할 수 없는 일에는 어떤 것이 있습니까?
➡ _____

② **바람직하다**
　-이/가 바람직하다

인터넷 실명제를 실시하는 것이 좋다고 생각합니까?
➡ _____

③ **적합하다**
　-에 적합하다

여러분이 좋아하는 장소는 무엇을 하기에 적합한 곳입니까?
➡ _____

④ **심각하다**
　-이/가 심각하다

여러분 나라에는 요즘 무슨 문제가 심각합니까?
➡ _____

	초급 수준	➡ 중급 수준	예 문
①	천천히 조금씩	서서히, 차차, 점점	그의 한국어 실력이 조금씩 좋아지고 있다.
			➡ 그의 한국어 실력이 **점점** 좋아지고 있다.
②	더 나쁘게는	심지어	그는 돈이 없다. 더 나쁘게는 밥 먹을 돈도 없다.
			➡ 그는 돈이 없다. **심지어** 밥 먹을 돈도 없다.
③	너무 많이	지나치게 과도하게	비타민도 너무 많이 복용하면 건강에 나쁘다.
			➡ 비타민도 **과도하게** 복용하면 건강에 나쁘다.
④	아니면	혹은, 또는	밥 아니면 라면을 먹을 것이다.
			➡ 밥 **혹은** 라면을 먹을 것이다.
⑤	절대로	결코	나는 절대로 거짓말을 하지 않겠다고 결심했다.
			➡ 나는 **결코** 거짓말을 하지 않겠다고 결심했다.
⑥	별로	그리, 그다지	나는 그 소설을 별로 좋아하지 않는다.
			➡ 나는 그 소설을 **그리** 좋아하지 않는다.
⑦	일반적인 상식 [예상]과 반대로	오히려	잘못하고도 예상과 달리 화를 내는 사람이 있다.
			➡ 잘못하고도 **오히려** 화를 내는 사람이 있다.
⑧	꼭	반드시	우리는 꼭 꿈을 이루자고 다짐했다.
			➡ 우리는 **반드시** 꿈을 이루자고 다짐했다.
⑨	아무 조건 없이	무조건	그는 나를 아무 조건 없이 사랑해준다.
			➡ 그는 나를 **무조건** 사랑해준다.
⑩	마지막에는	끝내, 마침내, 결국, 드디어	끊임없이 노력하더니 그가 마지막에는 성공했다.
			➡ 끊임없이 노력하더니 그가 **결국** 성공했다.
⑪	계획이나 준비 없이	무작정	나는 아무 계획도 없이 여행을 떠났다.
			➡ 나는 **무작정** 여행을 떠났다.
⑫	조심하지 않고 마음대로	함부로	나는 물건을 조심하지 않고 쓰는 경향이 있다.
			➡ 나는 물건을 **함부로** 쓰는 경향이 있다.

	초급 수준	➡ 중급 수준	예 문
⑬	중요하지 않게	소홀히	가족을 중요하지 않게 대하는 사람이 많아졌다.
			➡ 가족에게 **소홀히** 하는 사람이 많아졌다.
⑭	조금	다소	한국어는 조금 어려웠다.
			➡ 한국어는 **다소** 어려웠다.
⑮	이전과 똑같이	여전히	10년 만에 만난 친구는 이전과 똑같이 예뻤다.
			➡ 10년에 만에 만난 친구는 **여전히** 예뻤다.
⑯	그러나, 그렇지만	반면에	그 옷은 값이 싸다. 그러나 품질은 안 좋다.
			➡ 그 옷은 값이 싸다. **반면에** 품질은 안 좋다.
⑰	계속	지속적으로 끊임없이, 꾸준히	그는 성공하기 위해 계속 노력했다.
			➡ 그는 성공하기 위해 **끊임없이** 노력했다.
⑱	정말, 아주	꽤, 상당히, 대단히, 무척	그는 한국어를 아주 잘했다.
			➡ 그는 한국어를 **상당히** 잘했다.
⑲	보통	흔히	보통 사람들은 첫인상이 중요하다고 말한다.
			➡ **흔히** 사람들은 첫인상이 중요하다고 말한다.
⑳	가장	무엇보다도	인생에서 사랑이 가장 중요하다.
			➡ 인생에서 사랑이 **무엇보다도** 중요하다.

○ 비슷한 것을 연결해 보세요.

① 이전과 똑같이 ●	● 다소
② 조심하지 않고 마음대로 ●	● 반드시
③ 꼭 ●	● 점점
④ 조금 ●	● 무척
⑤ 계속 ●	● 함부로
⑥ 천천히 조금씩 ●	● 여전히
⑦ 아주 ●	● 끊임없이

○ 빈칸에 알맞은 어휘를 써 보세요.

• 반드시	• 심지어	• 지속적으로	• 여전히
• 결코	• 지나치게	• 무엇보다도	

'공장식 사육' 논란은 새로운 것이 아니다. 공장식 사육이란 육류 생산을 목적으로 닭이나 돼지 등을 무척 좁은 공간에 가두고 키우는 것을 말한다. 흔히 상품성을 위해 동물들이 서로 괴롭히는 것을 방지하려고 닭의 부리를 자르거나 돼지들의 꼬리를 자른다. ① _____빨리 자라게 하기 위해 그들의 목에 주사를 놓기도 한다. ② _____있어서는 안 되는 일이 ③ _____일어나고 있는 것이다. ④ _____심각한 것은 항생제를 ⑤ _____많이 사용한다는 사실이다. 따라서 우리는 이 문제에 ⑥ _____관심을 가지고 동물 복지에도 ⑦ _____힘써야 한다.

○ 질문에 대한 여러분의 생각을 써 보세요. 상자 속 어휘를 이용해 쓰세요.

① **무엇보다도**

행복한 삶을 살기 위해 무엇보다도 필요한 것은 무엇입니까?

➡ _____

② **끊임없이**

어떤 일을 잘하기 위해서는 어떻게 해야 합니까?

➡ _____

③ **소홀히**
  –을/를 소홀히 하다

요즘 여러분은 무엇을 소홀히 하고 있습니까?

➡ _____

④ **흔히**

흔히 사람들은 성공이란 무엇이라고 생각합니까?

➡ _____

02 서술어 수준 올리기

한 단어는 다양한 서술어와 함께 쓰일 수 있습니다. 많은 단어를 알고 있으면서도 다양한 서술어를 쓰지 못하고 몇 가지 간단한 서술어만 반복적으로 사용하는 경우가 많습니다. 우리가 자주 쓰는 명사가 어떤 서술어와 어울리는지 알아볼까요?

○ 다음 명사는 어떤 서술어와 어울릴까요?

명사	조사	서술어
사랑	을	하다 고백하다 느끼다 주다 받다 나누다 키우다 깨닫다
	이	크다 시작되다 싹트다
	에	빠지다

← 연습해 봅시다 다음 단어에 어울리는 서술어를 골라 문장을 써 보세요.

1. 지식

배우다 ☒	풍부하다 ☐	갖추다 ☐	쌓다 ☐
없다 ☐	능통하다 ☒	습득하다 ☐	쌓이다 ☐

• **연결하기 :** 지식이 <u>풍부하다, 쌓이다, 없다</u> 지식을 <u>쌓다, 습득하다, 갖추다</u>
• **문장 만들기 :** 좋은 글을 쓰려면 책을 많이 읽어서 지식을 쌓아야 한다.

✎ 내가 쓴 문장

① 그 사람은 경제 분야에 지식이 풍부하다.

②

2. 경험

받다 ☒	풍부하다 ☐	키우다 ☒	쌓다 ☐
얻다 ☐	부족하다 ☐	살리다 ☐	많다 ☐

• **연결하기 :** 경험이 _____ 경험을 _____
• **문장 만들기 :** 경험이 풍부한 사람은 어려운 문제를 잘 해결한다.

✎ 내가 쓴 문장

①

②

3. 능력

키우다 ☐	있다 ☐	뛰어나다 ☐	늘다 ☒
갖추다 ☐	크다 ☒	쌓다 ☒	발휘하다 ☐

• **연결하기 :** 능력이 _____ 능력을 _____
• **문장 만들기 :** 업무 능력이 뛰어난 사람은 승진이 빠르다.

✎ 내가 쓴 문장

①

②

4. 영향

주다 ☐　　미치다 ☐　　당하다 ☒　　있다 ☐
받다 ☐　　끼치다 ☐　　크다 ☐　　얻다 ☒

- **연결하기** : 영향이 ＿＿＿＿＿＿＿＿＿＿＿＿＿＿ 영향을 ＿＿＿＿＿＿＿＿＿＿＿＿＿＿
- **문장 만들기** : 부모의 교육 방식은 아이의 성격에 큰 영향을 미친다.

✎ 내가 쓴 문장

①

②

5. 피해

주다 ☐　　끼치다 ☐　　입다 ☐　　보다 ☐
얻다 ☒　　크다 ☐　　당하다 ☐　　미치다 ☒

- **연결하기** : 피해가 ＿＿＿＿＿＿＿＿＿＿＿＿＿＿ 피해를 ＿＿＿＿＿＿＿＿＿＿＿＿＿＿
- **문장 만들기** : 이기적인 행동은 다른 사람에게 피해를 줄 수 있다.

✎ 내가 쓴 문장

①

②

6. 사실

알다 ☐　　밝히다 ☐　　다르다 ☐　　숨다 ☒
깨닫다 ☐　　숨기다 ☐　　드러나다 ☐　　알리다 ☐

- **연결하기** : 사실이 ＿＿＿＿＿＿＿ 사실을 ＿＿＿＿＿＿＿ 사실과 ＿＿＿＿＿＿＿
- **문장 만들기** : 그 회사는 시설 안전에 문제가 있다는 사실을 숨겼다.

✎ 내가 쓴 문장

①

②

| 7. 관심 | 가지다 ☐ | 없다 ☐ | 받다 ☐ | 하다 ☒ |
| | 많다 ☐ | 생기다 ☐ | 끌다 ☐ | 높다 ☐ |

- **연결하기** : 관심이 _____ 관심을 _____
- **문장 만들기** : 아이들은 늘 부모의 관심을 받고 싶어 한다.

✎ 내가 쓴 문장

①

②

※ 관심을 하다(×), 관심하다(∨) – 특별한 경우 외에는 잘 쓰지 않습니다.

| 8. 인기 | 좋다 ☐ | 많다 ☐ | 받다 ☒ | 끌다 ☐ |
| | 생기다 ☒ | 떨어지다 ☐ | 크다 ☒ | 얻다 ☐ |

- **연결하기** : 인기가 _____ 인기를 _____
- **문장 만들기** : 그 가수는 한국뿐만 아니라 아시아 전역에서 인기를 얻고 있다.

✎ 내가 쓴 문장

①

②

| 9. 관계 | 교류하다 ☒ | 회복하다 ☐ | 끊다 ☐ | 맺다 ☐ |
| | 좋다 ☐ | 나빠지다 ☐ | 어울리다 ☒ | 유지하다 ☐ |

- **연결하기** : 관계가 _____ 관계를 _____
- **문장 만들기** : 오래된 친구라고 해서 항상 좋은 관계가 유지되는 것은 아니다.

✎ 내가 쓴 문장

①

②

10. 경제

어렵다 ☐   발전하다 ☐   발전시키다 ☐   올라가다 ☒

살리다 ☐   회복되다 ☐   성장하다 ☐   살아나다 ☐

- **연결하기 :** 경제가 ＿＿＿＿＿＿＿＿＿＿ 경제를 ＿＿＿＿＿＿＿＿＿＿
- **문장 만들기 :** 경제가 어려울수록 합리적인 소비를 해야 한다.

✎ 내가 쓴 문장

①

②

---

11. 조건

제시하다 ☐   좋다 ☐   충족되다 ☐   받다 ☒

많다 ☐   갖추다 ☐   불리하다 ☐   까다롭다 ☐

- **연결하기 :** 조건이 ＿＿＿＿＿＿＿＿＿＿ 조건을 ＿＿＿＿＿＿＿＿＿＿
- **문장 만들기 :** 자격 조건을 갖추어야 그 회사에 지원할 수 있다.

✎ 내가 쓴 문장

①

②

---

12. 돈

절약하다 ☐   내다 ☐   풍부하다 ☒   벌다 ☐

모으다 ☐   쓰다 ☐   낭비하다 ☐   들다 ☐

- **연결하기 :** 돈이 ＿＿＿＿＿＿＿＿＿＿ 돈을 ＿＿＿＿＿＿＿＿＿＿
- **문장 만들기 :** 돈을 버는 것만큼 돈을 어떻게 쓰느냐도 중요하다.

✎ 내가 쓴 문장

①

②

○ 아래 문장에 알맞은 서술어를 써서 문장을 완성해 봅시다.

1. 그 일을 하려면 그 일에 대한 지식이 ____풍부해야 한다_____.

2. 나는 아르바이트를 해 본 경험이 _____.

3. 살아온 환경은 성격에 영향을 _____.

4. 태풍으로 많은 사람들이 피해를 _____.

5. 그 사람의 말은 사실과 _____.

6. 요즘 한국에서는 요리 프로그램이 인기를 _____.

7. 그 사람은 그 일을 하면서 자신의 능력을 마음껏 _____.

8. 나는 그 사람과 계속 좋은 관계를 _____.

9. 경제가 _____면 일자리도 늘 것이다.

10. 한국드라마를 자주 보다가 보니 한국어에 관심이 _____.

11. 우리는 휴가 때 여행을 가기 위해 돈을 _____.

12. 상대측에서 너무 까다로운 조건을 _____.

13. 나빠진 관계를 _____기란 쉽지 않다.

14. 배려가 없는 행동은 다른 사람에게 피해를 _____.

15. 능력이 부족하면 능력을 _____.

• 연습해 봅시다 다음 단어에 어울리는 서술어를 골라 문장을 써 보세요.

1. 꿈

있다 ☐ 가지다 ☐ 이루다 ☐ 실현되다 ☐
꾸다 ☐ 세우다 ☒ 이루어지다 ☐ 포기하다 ☐

• 연결하기 : 꿈이 _____ 꿈을 _____

• 문장 만들기 : 꿈을 포기하지 않는다면 그 꿈은 언젠가는 이루어진다.

✎ 내가 쓴 문장

①

②

2. 용기

주다 ☐ 얻다 ☐ 가지다 ☐ 받다 ☒
내다 ☐ 부족하다 ☐ 없다 ☐ 필요하다 ☐

• 연결하기 : 용기가 _____ 용기를 _____

• 문장 만들기 : 남과 다르게 살려면 용기가 필요하다.

✎ 내가 쓴 문장

①

②

3. 기회

오다 ☐ 얻다 ☐ 받다 ☒ 되다 ☐
잡다 ☐ 놓치다 ☐ 가다 ☒ 있다 ☐

• 연결하기 : 기회가 _____ 기회를 _____

• 문장 만들기 : 준비된 사람만이 기회를 잡을 수 있다.

✎ 내가 쓴 문장

①

②

4. 권리

있다 ☐ 　　주장하다 ☐ 　　찾다 ☐ 　　보장받다 ☐

지키다 ☐ 　　보호하다 ☐ 　　침해하다 ☐ 　　떨어지다 ☒

- **연결하기** : 권리가 ＿＿＿＿＿＿＿＿＿＿＿　권리를 ＿＿＿＿＿＿＿＿＿＿＿
- **문장 만들기** : 사람은 누구나 자유를 보장받을 권리가 있다.

✏️ 내가 쓴 문장

①

②

5. 의견

내다 ☐ 　　동의하다 ☐ 　　존중하다 ☐ 　　따르다 ☐

다르다 ☐ 　　모으다 ☐ 　　나다 ☒ 　　받아들이다 ☐

- **연결하기** : 의견이 ＿＿＿＿＿＿＿　의견을 ＿＿＿＿＿＿＿　의견에 ＿＿＿＿＿＿＿
- **문장 만들기** : 다른 사람의 의견도 존중할 줄 아는 자세가 필요하다.

✏️ 내가 쓴 문장

①

②

6. 약속

지키다 ☐ 　　있다 ☐ 　　생기다 ☐ 　　어기다 ☐

취소하다 ☐ 　　미루다 ☐ 　　지각하다 ☒ 　　깨다 ☐

- **연결하기** : 약속이 ＿＿＿＿＿＿＿＿＿＿＿　약속을 ＿＿＿＿＿＿＿＿＿＿＿
- **문장 만들기** : 약속을 잘 지키지 않아서 그 사람에 대한 신뢰가 깨졌다.

✏️ 내가 쓴 문장

①

②

7. 계획	있다 ☐	짜다 ☐	취소하다 ☐	이루다 ☒
	세우다 ☐	잡다 ☐	바꾸다 ☐	실천하다 ☐

• **연결하기** : 계획이 _____ 계획을 _____

• **문장 만들기** : 어떤 일을 하기 전에 계획을 세우는 것이 중요하다.

✏️ 내가 쓴 문장

①

②

8. 목표	이루다 ☐	세우다 ☐	짓다 ☒	하다 ☐
	있다 ☐	정하다 ☐	달성하다 ☐	크다 ☐

• **연결하기** : 목표가 _____ 목표를 _____ 목표로 _____

• **문장 만들기** : 우리 팀은 이번 경기에서 우승을 목표로 한다.

✏️ 내가 쓴 문장

①

②

9. 결과	좋다 ☐	나오다 ☐	가져오다 ☐	얻다 ☐
	인정하다 ☐	나타나다 ☐	나다 ☒	발표하다 ☐

• **연결하기** : 결과가 _____ 결과를 _____

• **문장 만들기** : 어떤 일은 예상하지 못한 결과를 가져오기도 한다.

✏️ 내가 쓴 문장

①

②

10. 건강

잃다 ☐　　좋다 ☐　　해치다 ☐　　지키다 ☐
돌보다 ☐　　있다 ☒　　회복되다 ☐　　나빠지다 ☐

• **연결하기 :** 건강이 ＿＿＿＿＿＿＿＿　　건강을 ＿＿＿＿＿＿＿＿　　건강에 ＿＿＿＿＿＿＿＿

• **문장 만들기 :** 건강을 잃고 후회하지 말고 건강할 때 건강을 지켜야 한다.

✏️ 내가 쓴 문장

①

②

---

11. 스트레스

받다 ☐　　참다 ☒　　풀다 ☐　　해소하다 ☐
심하다 ☐　　시달리다 ☐　　쌓이다 ☐　　풀리다 ☐

• **연결하기 :** 스트레스가 ＿＿＿＿＿＿＿＿　　스트레스를 ＿＿＿＿＿＿＿＿　　스트레스에 ＿＿＿＿＿＿＿＿

• **문장 만들기 :** 나는 스트레스가 쌓이면 여행을 간다.

✏️ 내가 쓴 문장

①

②

---

12. 일

맡다 ☐　　세우다 ☒　　끝나다 ☐　　생기다 ☐
미루다 ☐　　맡기다 ☐　　처리하다 ☐　　끝내다 ☐

• **연결하기 :** 일이 ＿＿＿＿＿＿＿＿＿＿＿＿＿　　일을 ＿＿＿＿＿＿＿＿＿＿＿＿＿

• **문장 만들기 :** 컴퓨터 덕분에 일을 처리하는 속도가 빨라졌다.

✏️ 내가 쓴 문장

①

②

써 봅시다

○ 아래 문장에 알맞은 서술어를 써서 문장을 완성해 봅시다.

1. 건강을 _____ 고 나서 후회해봐야 소용없다.

2. 용기가 _____ 사람은 새로운 일에 도전하지 못한다.

3. 그 작가는 자신의 저작권에 대한 권리를 _____ .

4. 나는 그 사람과 의견이 _____ .

5. 한번 세운 계획을 _____ 것은 쉬운 일이 아니다.

6. 급한 일이 생겨서 약속을 _____ .

7. 어떤 일을 실행하기 전에 목표를 _____ 것이 중요하다.

8. 과도한 업무는 건강을 _____ .

9. 스트레스를 _____ 방법은 사람마다 다르다.

10. 바쁜 일상을 살아가는 현대인은 항상 스트레스에 _____ .

11. 꿈을 포기하지 않는다면 언젠가는 그 꿈이 _____ .

12. 기회를 _____ 고 후회하지 말고 기회가 왔을 때 _____ .

13. 그 사람은 일을 _____ 능력이 뛰어나다.

14. 그 회사는 올해 수출 목표를 _____ .

15. 시험결과가 _____ 기만을 기다리고 있다.

→ 연습해 봅시다 다음 단어에 어울리는 서술어를 골라 문장을 써 보세요.

1. 내용

| 재미있다 ☐ | 이해하다 ☐ | 만들다 ☒ | 자세하다 ☐ |
| 어렵다 ☐ | 풍부하다 ☐ | 다루다 ☐ | 구체적이다 ☐ |

- **연결하기** : 내용이 ＿＿＿＿＿＿＿＿＿＿＿ 내용을 ＿＿＿＿＿＿＿＿＿＿＿
- **문장 만들기** : 이 책은 너무 어려워서 내용을 이해하기가 어렵다.

✎ 내가 쓴 문장

①

②

2. 정보

| 이용하다 ☐ | 찾다 ☐ | 만들다 ☒ | 믿다 ☐ |
| 공유하다 ☐ | 공개하다 ☐ | 검색하다 ☐ | 유출되다 ☐ |

- **연결하기** : 정보가 ＿＿＿＿＿＿＿＿＿＿＿ 정보를 ＿＿＿＿＿＿＿＿＿＿＿
- **문장 만들기** : 요즘은 인터넷에서 다양한 정보를 검색할 수 있다.

✎ 내가 쓴 문장

①

②

3. 시험

| 보다 ☐ | 떨어지다 ☐ | 준비하다 ☐ | 붙다 ☐ |
| 치다 ☐ | 합격하다 ☐ | 응시하다 ☐ | 붙이다 ☒ |

- **연결하기** : 시험을 ＿＿＿＿＿＿＿＿＿＿＿ 시험에 ＿＿＿＿＿＿＿＿＿＿＿
- **문장 만들기** : 열심히 준비했기 때문에 이번 시험에 반드시 합격할 것이다.

✎ 내가 쓴 문장

①

②

| 4. 부탁 | 하다 ☐ | 주다 ☒ | 거절하다 ☐ | 드리다 ☐ |
| | 받다 ☐ | 들어주다 ☐ | 있다 ☐ | 당하다 ☒ |

- **연결하기 :** 부탁이 _____ 부탁을 _____
- **문장 만들기 :** 부탁을 할 때도 기술이 필요하다.

✎ 내가 쓴 문장

①

②

| 5. 어려움 | 많다 ☐ | 따르다 ☐ | 들다 ☒ | 견디다 ☐ |
| | 겪다 ☐ | 부딪히다 ☐ | 이겨 내다 ☐ | 극복하다 ☐ |

- **연결하기 :** 어려움이 _____ 어려움을 _____ 어려움에 _____
- **문장 만들기 :** 그 문제를 해결하는 데에는 많은 어려움이 따른다.

✎ 내가 쓴 문장

①

②

| 6. 환경 | 보호하다 ☐ | 나쁘다 ☐ | 조용하다 ☒ | 오염되다 ☐ |
| | 개선하다 ☐ | 가꾸다 ☐ | 적응하다 ☐ | 파괴되다 ☐ |

- **연결하기 :** 환경이 _____ 환경을 _____ 환경에 _____
- **문장 만들기 :** 사람은 환경에 적응하는 동물이다.

✎ 내가 쓴 문장

①

②

7. 시간 나다 ☐   지나다 ☐   보내다 ☐   지내다 ☒
　　　　　　내다 ☐   쫓기다 ☐   걸리다 ☐   없다 ☐

· **연결하기** : 시간이 _____   시간을 _____   시간에 _____

· **문장 만들기** : 시간이 지나면 모든 것은 변하기 마련이다.

> ✎ 내가 쓴 문장
>
> ①
>
> ②

8. 문제 발생하다 ☐   일으키다 ☐   해결하다 ☐   부딪히다 ☐
　　　　　　생기다 ☐   심각하다 ☐   있다 ☐   심하다 ☒

· **연결하기** : 문제가 _____   문제를 _____   문제에 _____

· **문장 만들기** : 문제가 생기면 걱정만 할 것이 아니라 빨리 해결 방법을 찾아야 한다.

> ✎ 내가 쓴 문장
>
> ①
>
> ②

9. 대책 없다 ☐   만들다 ☒   논의하다 ☐   마련하다 ☐
　　　　　　세우다 ☐   서다 ☐   찾다 ☐   해결하다 ☒

· **연결하기** : 대책이 _____   대책을 _____

· **문장 만들기** : 근본적인 대책을 마련하는 것이 바람직하다.

> ✎ 내가 쓴 문장
>
> ①
>
> ②

10. 경쟁

많다 ☒   치열하다 ☐   살아남다 ☐   이기다 ☐
벌이다 ☐   뚫다 ☐   뜨겁다 ☐   강하다 ☒

• **연결하기** : 경쟁이 ＿＿＿＿＿＿＿＿   경쟁을 ＿＿＿＿＿＿＿＿   경쟁에서 ＿＿＿＿＿＿

• **문장 만들기** : 남들과 똑같이 해서는 경쟁에서 이길 수 없다.

✎ 내가 쓴 문장

①

②

---

11. 가능성

열다 ☐   보이다 ☐   낮다 ☐   없다 ☐
크다 ☐   높다 ☐   적다 ☐   잃다 ☒

• **연결하기** : 가능성이 ＿＿＿＿＿＿＿＿＿＿＿   가능성을 ＿＿＿＿＿＿＿＿＿＿＿

• **문장 만들기** : 그 일은 성공할 가능성이 매우 낮다.

✎ 내가 쓴 문장

①

②

---

12. 도움

주다 ☐   바라다 ☐   있다 ☒   되다 ☐
받다 ☐   구하다 ☐   청하다 ☐   필요하다 ☐

• **연결하기** : 도움이 ＿＿＿＿＿＿＿＿＿＿＿   도움을 ＿＿＿＿＿＿＿＿＿＿＿

• **문장 만들기** : 실패했던 경험이 오히려 인생에 도움이 되기도 한다.

✎ 내가 쓴 문장

①

②

⟶ 써 봅시다

● 아래 문장에 알맞은 서술어를 써서 문장을 완성해 봅시다.

1. 이 책은 외국인이 읽기에는 내용이 좀 _____.

2. 인터넷으로 많은 일을 처리하는 요즘은 개인 정보가 _____ 일이 자주 발생한다.

3. 한국어 능력 시험에 _____ 사람의 수가 점점 늘고 있다.

4. 환경이 _____ 데에는 우리 모두에게 책임이 있다.

5. 나는 다른 사람의 부탁을 _____ 것이 힘들다.

6. 직원들의 근무 환경을 _____ 필요가 있다.

7. 오랜만에 만난 친구들과 즐거운 시간을 _____.

8. 남들과 똑같이 해서는 경쟁에서 _____.

9. 여러 사람의 의견을 들어 보는 것도 문제를 _____데 도움이 된다.

10. 우리는 에너지 부족 문제를 해결할 수 있는 대책을 _____.

11. 취업난이 심각한 요즘 취업 경쟁이 더 _____.

12. 목표가 뚜렷한 사람은 성공할 가능성이 _____.

13. 문제가 생겼을 때 도움을 _____ 것도 좋은 방법이다.

14. 바쁜 일상을 살아가는 현대인들은 항상 시간에 _____.

15. 경기 불황으로 인해 많은 기업들이 어려움을 _____.

03 세부 표현 수준 올리기

초급 단계가 지나면 어휘 수준도 올라가게 됩니다. 하지만 문장 구조와 표현은 그대로인 경우도 있습니다. 다양한 어휘와 정확한 문법을 이용해서 문장을 쓰지만 단순한 표현을 반복하는 것입니다. 뜻은 같지만 좀 더 중급다운 표현으로 바꿔보는 건 어떨까요?

○ 다음 짧은 글을 읽고 표현 수준을 비교해 보세요.

초급

우리 주변에는 돈이 많은 사람도 있고 돈이 없는 사람도 있다. 이 사람들 중에는 돈이 없어서 행복하지 않다고 생각하는 사람들이 많다. 하지만 어떤 사람은 돈이 많아도 행복하지 않다고 느낀다. 세상에는 다양한 사람들이 있고 행복의 기준도 다르다. 행복하게 살기 위해서 중요한 것은 돈이 아니다. 돈도 중요하지만 주변 사람들과의 관계도 중요하다. 그러니까 돈만 벌려고 하지 말고 다른 사람들과 잘 지내야 한다.

중급

우리 주변에는 돈이 많은 사람이 있는가 하면 돈이 없는 사람도 있다. 돈이 많으면 행복할 수 있지만 돈이 많다고 해서 다 행복한 것은 아니다. 사람마다 행복의 기준이 다르다. 또한 행복이 경제적 조건에 달려 있는 것도 아니다. 돈뿐만 아니라 주변 사람들과 잘 어울리는 것도 중요하다. 따라서 돈만 벌기 위해서 노력하기보다 다른 사람들과 좋은 관계를 맺을 수 있도록 노력해야 한다.

연습 ②, ③은 자신이 생각한 문장을 직접 써 보세요.

1. ～ (으)ㄹ 뿐만 아니라

3급 수준	➡ 공공시설은 이용하기가 편리하고 비용도 저렴해야 한다.
4급 수준	➡ 공공시설은 이용하기가 편리할 뿐만 아니라 비용도 저렴해야 한다.
연습 ①	➡ 그 사람은 자기가 맡은 일도 잘하고 리더십도 있다.
	➡
연습 ②	➡
연습 ③	➡

2. ～ 지 않으면 안 되다

3급 수준	➡ 그 나라에 가기 위해서는 꼭 비자를 받아야 한다.
4급 수준	➡ 그 나라에 가기 위해서는 비자를 받지 않으면 안 된다.
연습 ①	➡ 돈을 많이 벌기 위해서는 꼭 열심히 일해야 한다.
	➡
연습 ②	➡
연습 ③	➡

3. ～ (으)ㄹ 수밖에 없다

3급 수준	➡ 성공할 희망이 보이지 않으니까 어쩔 수 없이 포기한다.
4급 수준	➡ 성공할 희망이 보이지 않으니까 포기할 수밖에 없다.
연습 ①	➡ 사람은 많고 일자리가 적으면 틀림없이 경쟁률이 높다.
	➡
연습 ②	➡
연습 ③	➡

4. ~ 기 마련이다

3급 수준	➡ 경쟁이 심하면 당연히 스트레스가 쌓인다.
4급 수준	➡ 경쟁이 심하면 스트레스가 쌓이기 마련이다.
연습 ①	➡ 경제적 여유가 없으면 당연히 생활의 질도 떨어진다.
	➡
연습 ②	➡
연습 ③	➡

5. ~ (으)ㄹ 겸 ~ (으)ㄹ 겸 (해서)

3급 수준	➡ 경험도 쌓고 돈도 벌려고 아르바이트를 시작했다.
4급 수준	➡ 경험도 쌓을 겸 돈도 벌 겸 해서 아르바이트를 시작했다.
연습 ①	➡ 오랜만에 부모님도 뵙고 친구도 만나려고 고향에 갔다.
	➡
연습 ②	➡
연습 ③	➡

6. ~ 곤 하다

3급 수준	➡ 예전에는 시간이 있을 때 자주 책을 읽었는데 요즘은 TV를 본다.
4급 수준	➡ 예전에는 시간이 있을 때 책을 읽곤 했는데 요즘은 TV를 본다.
연습 ①	➡ 스트레스를 풀고 싶을 때는 자주 요리를 해서 먹는다.
	➡
연습 ②	➡
연습 ③	➡

7. ~ (으)ㄴ 지 N(시간) 이 되다

3급 수준	➡ 대학교를 졸업한 후 3년이 지났다.
4급 수준	➡ 대학교를 졸업한 지 3년이 됐다.
연습 ①	➡ 이 회사에서 일하기로 계약한 후 2년이 지났다.
	➡
연습 ②	➡
연습 ③	➡

8. ~ 고 말다

3급 수준	➡ 한 번의 실수로 그동안 이루어 놓은 것들이 결국 다 사라졌다.
4급 수준	➡ 한 번의 실수로 그동안 이루어 놓은 것들이 다 사라지고 말았다.
연습 ①	➡ 끝까지 최선을 다했지만 결국 졌다.
	➡
연습 ②	➡
연습 ③	➡

9. ~ (으)ㄴ/는 편이다

3급 수준	➡ 나는 규칙적인 생활을 하기 위해 대부분 일찍 자고 일찍 일어난다.
4급 수준	➡ 나는 규칙적인 생활을 하기 위해 일찍 자고 일찍 일어나는 편이다.
연습 ①	➡ 조기 교육을 받은 아이들은 대부분 성장 후에 공부에 흥미를 잃는다.
	➡
연습 ②	➡
연습 ③	➡

종합 연습 1

○ 다음 글을 보고 밑줄 친 부분을 4급 수준의 표현으로 고쳐 써 보세요.

> ① **외국 생활에 적응도 잘하고 외국어도 빨리 배우는 사람들이 있다.** 그런 사람들은 조금만 노력해도 다른 사람들보다 결과가 좋다. 하지만 나는 그렇지 않기 때문에 ② **꼭 더 열심히 노력해야 한다.** 나는 베트남 사람인데 ③ **한국어도 배우고 일도 하려고 한국에 왔다.** ④ **한국에 온 후 1년이 지났다.** 하지만 아직 한국어를 잘 못한다. 대부분 집에서 혼자 공부하는데 아마 이런 방법이 좋지 않은 것 같다. ⑤ **피곤하면 자주 쉬거나 잘 때가 많다.** 앞으로는 친구와 같이 공부하려고 한다.

① 외국 생활에 적응도 잘할 뿐만 아니라 외국어도 빨리 배우는 사람들이 있다.

② _____

③ _____

④ _____

⑤ _____

> 나는 힘든 일을 할 때 ① **대부분 스트레스를 받는다.** 그래서 ② **자주 술을 마시거나 게임을 할 때가 많다.** 하지만 스트레스가 나쁜 것만은 아니다. 스트레스가 조금 있으면 더 좋은 결과를 만들기 위해서 노력하게 된다. 하지만 스트레스가 너무 많으면 ③ **당연히 나쁜 영향을 준다.** 그래서 ④ **어떤 사람들은 결국 병에 걸린다.** 빠르게 변하는 현대 사회에서 살려면 ⑤ **어쩔 수 없이 스트레스를 받지만** 그때그때 푸는 것이 중요하다. 그것이 건강하게 사는 방법이다. 일도 하고 건강도 지키려면 ⑥ **반드시 스트레스를 풀어야 한다.**

① _____

② _____

③ _____

④ _____

⑤ _____

⑥ _____

똑같은 생활을 계속 하면 ① **당연히 다른 곳으로 여행을 떠나고 싶다.** 여행을 하면 우리는 ② **휴식도 취하고 새로운 경험도 할 수 있다.** 그래서 ③ **시간이 있으면 자주 여행을 떠난다.** 좀 더 새로운 것을 찾고 싶은 사람은 해외로 간다. 하지만 ④ **직장인들은 대부분 시간이 별로 없 다.** 그래서 ⑤ **어쩔 수 없이 짧은 휴가 기간에 여행을 떠난다.** 짧은 시간에 여행을 잘 하기 위 해서는 ⑥ **반드시 계획을 잘 세워야 한다.** 계획을 세우지 않으면 여행은 엉망이 되고 오히려 더 피곤해질 수 있기 때문이다.

① _____

② _____

③ _____

④ _____

⑤ _____

⑥ _____

10. ~ 기로 유명하다

3급 수준	➡ '설악산'은 가을이 되면 단풍이 아주 아름다워서 유명하다.
4급 수준	➡ '설악산'은 가을이 되면 단풍이 아름답기로 유명하다.
연습 ①	➡ 그 도시는 조용하고 깨끗해서 유명하다.
	➡
연습 ②	➡
연습 ③	➡

11. ~ 아/어 왔다

3급 수준	➡ 대학에 입학하기 전까지 계속 고향에서 가족들과 지냈다.
4급 수준	➡ 대학에 입학하기 전까지 고향에서 가족들과 지내 왔다.
연습 ①	➡ 주민들은 지금까지 100년 동안 계속 마을 전통을 지켰다.
	➡
연습 ②	➡
연습 ③	➡

12. ~ (으)ㄹ 가능성도 있다

3급 수준	➡ 집값이 계속 오르면 아마도 집 사는 것을 포기할 수 있다.
4급 수준	➡ 집값이 계속 오르면 집 사는 것을 포기할 가능성도 있다.
연습 ①	➡ 치료비가 너무 비싸거나 고통이 심하면 아마 안락사를 선택할 수 있다.
	➡
연습 ②	➡
연습 ③	➡

13. ~ (으)ㄹ 줄 알았다

3급 수준	➡ 그 실험이 성공할 거라고 생각했는데 실패했다.
4급 수준	➡ 그 실험이 성공할 줄 알았다.
연습 ①	➡ 청년들이 그 제안에 찬성할 거라고 생각했는데 반대했다.
	➡
연습 ②	➡
연습 ③	➡

14. ~ (으)ㄹ 줄 몰랐다

3급 수준	➡ 쉽게 직장을 구할 수 있을 거라고 생각했는데 너무 힘들었다.
4급 수준	➡ 직장을 구하기가 이렇게 힘들 줄 몰랐다.
연습 ①	➡ 투표에 참여하는 젊은 사람들이 적을 거라고 생각했는데 너무 많았다.
	➡
연습 ②	➡
연습 ③	➡

15. ~ (으)ㄹ 리가 없다

3급 수준	➡ 정직한 사람이기 때문에 절대 거짓말을 하지 않을 것이다.
4급 수준	➡ 정직한 사람이기 때문에 거짓말을 할 리가 없다.
연습 ①	➡ 모두가 무관심하기 때문에 사회 운동이 절대 성공할 수 없을 것이다.
	➡
연습 ②	➡
연습 ③	➡

16. ～는 데 도움이 되다

3급 수준	➡ 적극적인 성격이라서 새로운 생활에 쉽게 적응할 수 있다.
4급 수준	➡ 적극적인 성격이 새로운 생활에 적응하는 데 도움이 된다.
연습 ①	➡ 토론을 하면 더 좋은 해결 방법을 찾을 수 있다.
	➡
연습 ②	➡
연습 ③	➡

17. ～는 데 방해가 되다

3급 수준	➡ 주변이 시끄러우면 공부하기가 어렵다.
4급 수준	➡ 주변이 시끄러우면 공부하는 데 방해가 된다.
연습 ①	➡ 자기 전에 전자기기를 오래 사용하면 잠을 잘 못 잔다.
	➡
연습 ②	➡
연습 ③	➡

18. ～는 데 유리하다

3급 수준	➡ 인턴 경험이 있으면 취직하기가 더 쉽다.
4급 수준	➡ 인턴 경험이 있으면 취직하는 데 유리하다.
연습 ①	➡ 외국어를 잘하면 해외에서 여행할 때 친구를 사귀기가 더 쉽다.
	➡
연습 ②	➡
연습 ③	➡

○ 다음 글을 보고 밑줄 친 부분을 4급 수준의 표현으로 고쳐 써 보세요.

> 그 아저씨는 이 동네에서만 산 토박이다. 태어나서 ① **지금까지 이 동네에서 50년을 살았다.** 그런데 집값이 너무 많이 올랐고 이제 이 동네는 ② **집값이 비싸서 유명한 곳이 되었다.** 그동안 물가도 많이 올랐다. 물가가 쌀 때는 생활하기가 아주 좋았다. 이제는 ③ **절대로 물가가 옛날처럼 내려가지 않을 것이다.** 그래서 ④ **생활이 더 어려워지면 아마도 이곳을 떠날 수 있다.** ⑤ **평생 여기에서 살 거라고 생각했는데 안 될 것 같다.** 여유 있는 생활을 하려면 집을 팔고 싼 곳으로 가야 한다.

① 이 동네에서 50년을 살아 왔다.

② _____

③ _____

④ _____

⑤ _____

> 나는 한국 노래에 관심이 많다. ① **한국은 노래도 잘 부르고 춤도 잘 추는 가수들이 많아서 유명하다.** ② **한국에 와서 지금까지 2년 동안 계속 한국어를 배웠다.** 한글은 처음 배우는 사람도 쉽게 읽을 수 있다. 그래서 ③ **문법도 쉬울 거라고 생각했는데 너무 어려웠다.** 혼자 공부하기가 어려워서 친구에게 도와 달라고 했다. ④ **그 친구가 친절하게 설명해 줘서 쉽게 한국어 문법을 배울 수 있었다.** 이제는 한국어가 재미있다. 앞으로 한국어를 더 잘하고 싶다. 그러면 ⑤ **한국 회사에 취직하기가 더 쉽다.**

① _____

② _____

③ _____

④ _____

⑤ _____

① **지난 10년 동안 과학 기술은 빠르게 발전했다.** ② **사람들은 기술이 이렇게 빨리 발전할 거라고 생각하지 못했다.** 얼마 후면 보통 사람들이 ③ **아마도 우주여행을 할 수 있다.** ④ **과학 기술이 발전해서 사람들이 더 오래, 더 편안하게 살 수 있다.** 하지만 일하는 보람을 느끼기가 어렵고 도움을 받을 필요가 없으니까 혼자 살아간다. 이런 단점이 있지만 ⑤ **사람들은 절대 편리한 것을 포기하지 않을 것이다.** 그래서 우리는 부작용을 줄이는 방법을 생각해야 한다.

①
_____

②
_____

③
_____

④
_____

⑤
_____

19. ~지 않는 사람은 아무도 없다

3급 수준	➡ 사람들은 다 자기 분야에서 전문가가 되고 싶어 한다.
4급 수준	➡ 자기 분야에서 전문가가 되고 싶어 하지 않는 사람은 아무도 없다.
연습 ①	➡ 사람들은 다 걱정 없이 행복하게 살고 싶어 한다.
	➡
연습 ②	➡
연습 ③	➡

20. ~만큼 ~것은 없다

3급 수준	➡ 요즘 환경 문제가 가장 심각하다.
4급 수준	➡ 요즘 환경 문제만큼 심각한 것은 없다.
연습 ①	➡ 건강을 지키려면 규칙적인 운동이 가장 좋다.
	➡
연습 ②	➡
연습 ③	➡

21. ~ 다는 점에서 중요성이 크다고 할 수 있다

3급 수준	➡ 과거를 반성할 수 있기 때문에 역사 교육이 아주 중요하다.
4급 수준	➡ 역사 교육은 과거를 반성할 수 있다는 점에서 중요성이 크다고 할 수 있다.
연습 ①	➡ 재충전의 기회가 되기 때문에 여가 활동이 아주 중요하다.
	➡
연습 ②	➡
연습 ③	➡

22. ~ 다는 점에서 가치가 있다

3급 수준	➡ 공동생활은 배려와 양보를 배울 수 있기 때문에 의미가 있다.
4급 수준	➡ 공동생활은 배려와 양보를 배울 수 있다는 점에서 가치가 있다.
연습 ①	➡ 문화유산은 우리의 지난 역사를 보여주기 때문에 의미가 있다.
	➡
연습 ②	➡
연습 ③	➡

23. ~ 다는 점에서 긍정적인 면이 있다

3급 수준	➡ 인터넷 댓글은 다양한 생각들을 읽을 수 있어서 좋은 점이 있다.
4급 수준	➡ 인터넷 댓글은 다양한 생각들을 읽을 수 있다는 점에서 긍정적 면이 있다.
연습 ①	➡ 경쟁을 하면 발전할 수 있기 때문에 좋은 점이 있다.
	➡
연습 ②	➡
연습 ③	➡

24. ~ (으)려면 N이/가 필수적으로 요구되다

3급 수준	➡ 갈등을 줄이려면 불평등 해소가 정말 필요하다.
4급 수준	➡ 갈등을 줄이려면 불평등 해소가 필수적으로 요구된다.
연습 ①	➡ 사회가 발전하려면 능력 있는 인재가 정말 필요하다.
	➡
연습 ②	➡
연습 ③	➡

25. ~ 있는가 하면 ~ 도 있다

3급 수준	➡ 실패 후에 더 노력하는 사람이 있고 포기하는 사람이 있다.
4급 수준	➡ 실패 후에 더 노력하는 사람이 있는가 하면 포기하는 사람도 있다.
연습 ①	➡ 일이 잘못되면 책임을 지는 사람이 있고 피하는 사람이 있다.
	➡
연습 ②	➡
연습 ③	➡

26. N은/는 ~ 중의 하나이다

3급 수준	➡ 지식을 쌓고 생각을 키우기 위해서는 독서도 필요하다.
4급 수준	➡ 독서는 지식을 쌓고 생각을 키우기 위해서 필요한 것 중의 하나이다.
연습 ①	➡ 국민의 의무에는 여러 가지가 있지만 세금을 내는 것도 있다.
	➡
연습 ②	➡
연습 ③	➡

27. ~ 는 데 N을/를 이용하다

3급 수준	➡ 인터넷으로 정보를 찾는다.
4급 수준	➡ 정보를 찾는 데 인터넷을 이용한다.
연습 ①	➡ 전기나 수소 에너지로 자동차를 움직인다.
	➡
연습 ②	➡
연습 ③	➡

종합 연습 3

◦ 다음 글을 보고 밑줄 친 부분을 4급 수준의 표현으로 고쳐 써 보세요.

> 우리는 '세계화'시대를 살고 있다. ① **세계화는 세계를 하나로 연결할 수 있어서 의미가 있다.** 특히, 세계화는 ② **경제적으로 서로 도울 수 있어서 아주 중요하다.** 여러 나라가 다양한 방면에서 ③ **서로 영향을 주고받으면서 교류하는 것은 좋은 점이 있다.** 하지만 교류할 때 ④ **반드시 서로 존중하고 양보하는 자세가 필요하다.** ⑤ **나 혼자만 잘 살겠다고 하는 것은 가장 나쁘다.** 다른 나라의 상황을 고려할 수 있어야 하고 불리한 점이 있어도 약속을 지켜야 한다.

① 세계화는 세계를 하나로 연결할 수 있다는 점에서 가치가 있다.

② _____

③ _____

④ _____

⑤ _____

> ① **사람들은 다 건강하게 살고 싶어 한다.** ② **건강은 가장 중요하다.** 하고 싶은 일을 하려면 ③ **정말 건강이 필요하다.** 그래서 건강을 위해 여러 가지 노력을 한다. ④ **음식을 챙겨 먹는 사람이 있고 운동을 하는 사람이 있다.** 음식은 우리 몸에 영양을 주니까 좋다. 하지만 ⑤ **운동은 몸뿐만 아니라 정신도 건강하게 해 주니까 아주 중요하다.**

① _____

② _____

③ _____

④ _____

⑤ _____

요즘 ① 우리는 인터넷으로 정보를 나누고 생각을 전한다. ② 다른 것도 많지만 인터넷은 우리 생활에 아주 필요한 것이다. 통신 수단 중에서 ③ 인터넷은 가장 빠르고 편리하다. 그리고 인터넷은 거리, 성별, 나이에 관계없이 ④ 정보를 전하고 이야기를 나눌 수 있어서 좋은 점이 있다. 하지만 이것을 ⑤ 잘 이용하는 사람이 있고 잘못 이용하는 사람이 있다. 잘 이용하기 위해서는 정보 판단 능력을 기르고 인터넷 공간에서 예의를 지켜야 한다.

① _____

② _____

③ _____

④ _____

⑤ _____

28. N의 원인으로 ~ 다는 점을 꼽을 수 있다

3급 수준	➡ 스트레스를 받는 이유 중 하나는 경쟁이 심하기 때문이다.
4급 수준	➡ 스트레스의 원인으로 경쟁이 심하다는 점을 꼽을 수 있다.
연습 ①	➡ 사회 갈등이 생기는 이유 중 하나는 빈부격차가 심하기 때문이다.
	➡
연습 ②	➡
연습 ③	➡

29. ~ 것은 ~ 덕분이다

3급 수준	➡ 의학 기술이 발달해서 인간의 수명이 길어지고 있다.
4급 수준	➡ 인간의 수명이 길어지고 있는 것은 의학 기술이 발달한 덕분이다.
연습 ①	➡ 주변 사람들이 도와줬기 때문에 그 사람은 성공할 수 있었다.
	➡
연습 ②	➡
연습 ③	➡

30. ~ 것은 ~ 탓이다

3급 수준	➡ 수출이 줄어들었기 때문에 최근 경제 상황이 좋지 않다.
4급 수준	➡ 최근 경제 상황이 좋지 않은 것은 수출이 줄어든 탓이다.
연습 ①	➡ 운동이 부족했기 때문에 건강이 나빠졌다.
	➡
연습 ②	➡
연습 ③	➡

31. N은/는 ~ 냐에 따라 다르다

3급 수준	➡ 경제적 수준이 다르면 문화생활 수준도 다르다.
4급 수준	➡ 문화생활 수준은 경제적 수준이 어느 정도냐에 따라 다르다.
연습 ①	➡ 생각하는 방식이 다르면 행동하는 방식도 다르다.
	➡
연습 ②	➡
연습 ③	➡

32. N은/는 ~ 냐에 달려있다

3급 수준	➡ 시간을 잘 쓰면 성공하고 못 쓰면 성공하지 못한다.
4급 수준	➡ 성공하고 못하는 것은 시간을 어떻게 쓰느냐에 달려있다.
연습 ①	➡ 좋은 재료를 쓰면 맛있고 나쁜 재료를 쓰면 맛이 없다.
	➡
연습 ②	➡
연습 ③	➡

33. ~ 에 따라 N이/가 좌우되다

3급 수준	➡ 정치적 상황이 경제 성장을 결정한다.
4급 수준	➡ 정치적 상황에 따라 경제 성장이 좌우된다.
연습 ①	➡ 어릴 때의 생활 습관이 평생의 건강을 결정한다.
	➡
연습 ②	➡
연습 ③	➡

34. N은/는 ~ 것을 목적으로 하다

3급 수준	➡ 국민의 건강과 생명을 지키기 위해 건강보험 제도가 있다.
4급 수준	➡ 건강보험 제도는 국민의 건강과 생명을 지키는 것을 목적으로 한다.
연습 ①	➡ 사회질서를 유지하기 위해서 법이 있다.
	➡
연습 ②	➡
연습 ③	➡

35. ~ 고 해서 다 ~ 것은 아니다

3급 수준	➡ 상대방을 위해서 한 선의의 거짓말은 대부분 좋지만 그렇지 않을 때도 있다.
4급 수준	➡ 상대방을 위해서 한 선의의 거짓말이라고 해서 다 좋은 것은 아니다.
연습 ①	➡ 칭찬을 하면 주로 좋은 결과가 나타나지만 그렇지 않을 때도 있다.
	➡
연습 ②	➡
연습 ③	➡

36. 예로 ~ N을/를 들 수 있다

3급 수준	➡ 한국 사람이 많이 먹는 건강식품의 예는 마늘이다.
4급 수준	➡ 한국 사람이 많이 먹는 건강식품의 예로 마늘을 들 수 있다.
연습 ①	➡ 과학적이고 효율적인 난방의 예는 '온돌'이다.
	➡
연습 ②	➡
연습 ③	➡

○ 다음 글을 보고 밑줄 친 부분을 4급 수준의 표현으로 고쳐 써 보세요.

> 한 사람의 성격은 태어날 때부터 결정되는 부분이 있다. 하지만 ① **자라는 환경이 다르면 성격이나 태도도 다르다.** 특히, 가정에서 ② **부모가 아이를 대하는 방식이 아이의 성격을 결정한다.** ③ **부모가 평소에 다른 사람을 배려하는 모습을 보이기 때문에 아이도 배려심이 많아진다.** ④ **또한 부모가 편견을 가지고 있기 때문에 아이도 편견을 가지게 된다.** 물론, 예외적으로 ⑤ **부모가 나쁜 행동을 해도 아이는 그렇지 않은 경우도 있다.** 하지만 아이에게 보이는 부모의 행동이 얼마나 중요한지 알 수 있는 예들은 아주 많다.

① 성격이나 태도는 자라는 환경이 어떠냐에 따라 다르다.

② _____

③ _____

④ _____

⑤ _____

> 한 사회에는 다양한 사람들이 살고 있고 그 사람들의 생각도 다양하다. ① **이 생각들을 잘 모으면 좋은 사회가 되고 아니면 그 반대가 된다.** 의견을 모으는 방법으로 '다수결의 원칙'이 있다. 또한 ② **개개인의 자유와 평등을 보장하기 위해 '다수결의 원칙'이 있다.** ③ **그 예가 투표이다.** ④ **투표는 나라의 정책 방향을 결정한다.** 그래서 투표가 아주 중요한데 우리가 공정하다고 생각하는 투표에도 문제점이 있다. 49.9%와 50.1%가 나올 경우 50.1%의 의견을 따르는 것이 과연 좋은 것일까? 이렇듯 ⑤ **다수의 의견을 따르는 것이 바람직하지 않을 때도 있다.**

① _____

② _____

③ _____

④ _____

⑤ _____

보통 생산하는 비용이 낮으면 물건 값도 싸다. 다시 말해서 ① 생산 비용이 물건 값을 결정한다. 하지만 ② 다 그런 것은 아니지만 생산비가 낮아도 물건 값은 비싼 경우가 있다. 이유가 무엇일까? ③ 생산지에서 시장까지 오는 과정이 너무 많고 복잡하기 때문에 물건 값이 비싸진다. 이런 과정을 줄이면 모두에게 좋다. ④ 그 예가 '직거래'이다. ⑤ 직거래를 해서 생산자와 소비자가 모두 웃을 수 있게 되었다.

①

②

③

④

⑤

37. ~ 것으로 나타났다

3급 수준	➡ 조사 내용을 보면 대부분의 사람들이 반대했다.
4급 수준	➡ 조사 결과 대부분의 사람들이 반대하는 것으로 나타났다.
연습 ①	➡ 조사 내용을 보면 청소년들 대부분이 수면부족이었다.
	➡
연습 ②	➡
연습 ③	➡

38. ~ 에 달했다 / ~ 에 이르렀다

3급 수준	➡ 이번 휴가에 해외여행을 가겠다는 응답은 50%였다. 아주 많았다.
4급 수준	➡ 이번 휴가에 해외여행을 가겠다는 응답이 50%에 달했다. (50%에 이르렀다)
연습 ①	➡ '스마트폰이 없으면 불안하다'고 응답한 초등학생이 60%였다. 아주 많았다.
	➡
연습 ②	➡
연습 ③	➡

39. ~ 에 불과했다 / ~ 에 그쳤다

3급 수준	➡ 그 의견에 찬성하는 사람이 20%였다. 아주 적었다
4급 수준	➡ 그 의견에 찬성하는 사람이 20%에 불과했다. (20%에 그쳤다.)
연습 ①	➡ 그 사람의 주장에 동의하는 사람이 10%였다. 아주 적었다.
	➡
연습 ②	➡
연습 ③	➡

40. ~ N을/를 차지하다

3급 수준	➡ 그 집은 전체 지출에서 교육비가 15%이다.
4급 수준	➡ 그 집은 전체 지출에서 교육비가 15%를 차지한다.
연습 ①	➡ 공항 면세점에서 구입하는 물건 중에서 화장품이 1위이다.
	➡
연습 ②	➡
연습 ③	➡

41. ~ 에 따라 ~ 에 차이를 보이다

3급 수준	➡ 남자와 여자는 좋아하는 취미생활이 다르다.
4급 수준	➡ 성별에 따라 좋아하는 취미생활에 차이를 보인다.
연습 ①	➡ 나이가 많은 사람과 젊은 사람은 생각하는 방식이 다르다.
	➡
연습 ②	➡
연습 ③	➡

42. N을/를 통해 ~ 다는 것을 알 수 있다

3급 수준	➡ 조사 내용을 정리해 보면 남자들은 여가 시간에 TV를 많이 본다.
4급 수준	➡ 조사를 통해 남자들은 여가 시간에 TV를 많이 본다는 것을 알 수 있다.
연습 ①	➡ 조사 내용을 정리해 보면 독서가 창의력 향상에 도움이 된다.
	➡
연습 ②	➡
연습 ③	➡

43. N은/는 N(으)로 나누어 볼 수 있다

3급 수준	➡ 광고에는 공익 광고와 상업 광고가 있다.
4급 수준	➡ 광고는 공익 광고와 상업 광고로 나누어 볼 수 있다.
연습 ①	➡ 교육의 효과에는 개인적 측면과 사회적 측면이 있다.
	➡
연습 ②	➡
연습 ③	➡

44. ~ 다는 점에서 찬성(반대)하다

3급 수준	➡ 체벌은 육체적, 정신적으로 큰 상처를 주기 때문에 반대한다.
4급 수준	➡ 체벌은 육체적, 정신적으로 큰 상처를 준다는 점에서 반대한다.
연습 ①	➡ 초등학생들이 스마트폰을 오래 사용하면 중독될 수 있어서 반대한다.
	➡
연습 ②	➡
연습 ③	➡

45. N은/는 ~ N(결과, 문제…)을/를 가져올 수 있다

3급 수준	➡ 폭력을 쓰면 사람의 인간성을 파괴할 수 있다.
4급 수준	➡ 폭력은 한 사람의 인간성을 파괴하는 결과를 가져올 수 있다.
연습 ①	➡ 적극적인 참여가 있으면 사회 변화가 생길 수 있다.
	➡
연습 ②	➡
연습 ③	➡

종합 연습 5

○ 다음 글을 보고 밑줄 친 부분을 4급 수준의 표현으로 고쳐 써 보세요.

> 안전사고가 자주 발생하고 있다. ① **안전사고에는 가정 내 안전사고, 산업 안전사고, 교통 안전사고가 있다.** 안전사고의 경우 ② **잠깐의 부주의로 심각한 결과가 생긴다.** 하지만 ③ **조사 내용을 보면 안전사고에 대한 시민들의 의식은 높지 않았다.** 안전 규칙을 지킨다고 응답한 사람들은 ④ **28%였다. 아주 적었다.** 반면에 규칙은 알지만 불편해서 잘 지키지 않는다고 응답한 사람들은 ⑤ **51%였다. 아주 많았다.**

① 안전사고는 가정 내 안전사고, 산업 안전사고, 교통 안전사고로 나누어 볼 수 있다.

② _____

③ _____

④ _____

⑤ _____

> 미혼남녀를 대상으로 ① **'성형수술'에 대한 조사 내용을 보면 대부분은 반대했다.** 내용을 자세히 살펴보면 ② **여성과 남성은 의견이 달랐다.** 그 이유로 ③ **여성은 자신감이 생기고 스스로 만족할 수 있기 때문에 찬성한다고 했다.** 반면 ④ **남성은 개성이 없어지고 돈이 많이 들기 때문에 반대한다고 했다.** ⑤ **조사 내용을 정리해 보면 여성은 자신의 만족을 가장 중요하게 생각하고 있다.**

① _____

② _____

③ _____

④ _____

⑤ _____

① 쓰레기 종류에는 일반 쓰레기와 재활용 쓰레기, 그리고 음식 쓰레기가 있다. 환경 문제를 해결하기 위해서 쓰레기를 얼마나 줄이고 있는지 조사했다. ② 조사 내용을 보면 음식 쓰레기는 크게 줄지 않았다. 아직도 ③ 음식 쓰레기는 30%로 아주 많았다. 그리고 ④ 쓰레기를 재활용하는 경우는 10% 이하로 아주 적었다. ⑤ 조사 내용을 정리해 보면 쓰레기를 줄이려는 우리의 노력이 아직 부족하다. 재활용을 못하면 쓰레기 처리 비용이 점점 더 늘어난다. 또한 ⑥ 음식 쓰레기가 증가하면 수질이 오염될 수 있다. 환경과 경제를 위해서 쓰레기를 줄여야 한다.

① _____

② _____

③ _____

④ _____

⑤ _____

⑥ _____

해 답

*참고용으로 제시하는 답안들입니다.
더 좋은 문장을 자유롭게 쓰기 바랍니다.

01 문어체 바로 쓰기

● **연습해 봅시다** **1** (17~18쪽)

좋습니다	좋아요	좋다
나쁩니다	나빠요	나쁘다
쉽습니다	쉬워요	쉽다
어렵습니다	어려워요	어렵다
큽니다	커요	크다
높습니다	높아요	높다
많습니다	많아요	많다
다릅니다	달라요	다르다
같습니다	같아요	같다
힘듭니다	힘들어요	힘들다
바람직합니다	바람직해요	바람직하다
보고 싶습니다	보고 싶어요	보고 싶다
더 낫습니다	더 나아요	더 낫다
필요합니다	필요해요	필요하다
중요합니다	중요해요	중요하다

생각합니다	생각해요	생각한다
압니다	알아요	안다
모릅니다	몰라요	모른다
줍니다	줘요	준다
받습니다	받아요	받는다
됩니다	돼요	된다
지킵니다	지켜요	지킨다
나옵니다	나와요	나온다
노력합니다	노력해요	노력한다
달라집니다	달라져요	달라진다
보고 싶어합니다	보고 싶어해요	보고 싶어한다
실시합니다	실시해요	실시한다
조사합니다	조사해요	조사한다
나타납니다	나타나요	나타난다
낫습니다	나아요	낫는다

(19쪽)

문제입니다	문제예요	문제이다
방법입니다	방법이에요	방법이다
때문입니다	때문이에요	때문이다
아닙니다	아니에요	아니다

있습니다	있어요	있다
없습니다	없어요	없다
필요 없습니다	필요 없어요	필요 없다
알 수 있습니다	알 수 있어요	알 수 있다

● **연습해 봅시다** **2** (19~21쪽)

생각한다	생각했다	생각할 것이다
중요하다	중요했다	중요할 것이다
바란다	바랐다	바랄 것이다
해야 한다	해야 했다	해야 할 것이다
아니다	아니었다	아닐 것이다
이다	이었다/였다	일 것이다
모른다	몰랐다	모를 것이다
돕는다	도왔다	도울 것이다
쉽다	쉬웠다	쉬울 것이다
필요하다	필요했다	필요할 것이다
만든다	만들었다	만들 것이다
안다	알았다	알 것이다
이룬다	이루었다	이룰 것이다
안 된다	안 됐다	안 될 것이다
없다	없었다	없을 것이다
빠르다	빨랐다	빠를 것이다
힘들다	힘들었다	힘들 것이다
유명하다	유명했다	유명할 것이다
기억한다	기억했다	기억할 것이다
걸린다	걸렸다	걸릴 것이다
보고 싶다	보고 싶었다	보고 싶을 것이다
많다	많았다	많을 것이다

좋다	좋았다	좋을 것이다
가능하다	가능했다	가능할 것이다
달라진다	달라졌다	달라질 것이다
바람직하다	바람직했다	바람직할 것이다
복잡하다	복잡했다	복잡할 것이다
말한다	말했다	말할 것이다
생긴다	생겼다	생길 것이다
같다	같았다	같을 것이다
든다	들었다	들 것이다
가르친다	가르쳤다	가르칠 것이다
궁금하다	궁금했다	궁금할 것이다
비슷하다	비슷했다	비슷할 것이다
아깝다	아까웠다	아까울 것이다
푼다	풀었다	풀 것이다
찬성한다	찬성했다	찬성할 것이다
필요 없다	필요 없었다	필요 없을 것이다
더 낫다	더 나았다	더 나을 것이다
받는다	받았다	받을 것이다
미친다	미쳤다	미칠 것이다
듣는다	들었다	들을 것이다
묻는다	물었다	물을 것이다
부른다	불렀다	부를 것이다
느낀다	느꼈다	느낄 것이다
할 수 있다	~수 있었다	~ 수 있을 것이다
유리하다	유리했다	유리할 것이다
적응한다	적응했다	적응할 것이다
익숙하다	익숙했다	익숙할 것이다
심각하다	심각했다	심각할 것이다
보인다	보였다	보일 것이다
즐긴다	즐겼다	즐길 것이다
즐겁다	즐거웠다	즐거울 것이다

(24쪽)

2. 회사에 다니면서 스트레스를 많이 받는다.
3. 행복한 미래가 올 것이다.
4. 장점을 활용하는 지혜가 필요하다.
5. 우리는 즐거운 시간을 보냈다.
6. 결과보다는 과정이 더 중요하다.

7. 어린 학생들은 유학생활을 힘들어한다.
8. 작년에 친구와 함께 제주도에 갔다.
9. 이번 TOPIK 시험이 어려웠다.
10. 표정을 보면 감정을 알 수 있다.
11. 이유는 두 가지가 있다.
12. 성공을 위해서 노력하는 사람이 많다.
13. 이번 학기에 목표를 세울 것이다.
14. 한국어를 배워서 선생님이 되고 싶다.
15. 이번 활동을 통해서 알게 되었다.
16. 문제 해결이 가능하다.
17. 자기가 하고 싶은 일을 해야 한다.
18. 내년에 대학원에 입학하려고 한다.
19. 이 문제에 대해 생각해 봐야 한다.
20. 그것은 좋은 해결 방법이 아니다.
21. 학교를 졸업한 후에 책을 안 본다.
22. 감기에 걸려서 시험을 잘 못 봤다.
23. 시간이 나면 사진 동호회에 가입할 것이다.
24. 시험에 합격해서 기쁘다.

(25쪽)

2. 아르바이트
3. 열심히 공부했다.
4. 것을, 선생님께
5. 합격했으면
6. 것이
7. 무엇이든
8. 결혼한다고 했다.
9. 그러면
10. 아이들과, 무엇을
11. 그런데, 것은
12. 아주 친한 친구, 이야기
13. 사이에
14. 즐겁게 감상하기 바란다.
15. 자기소개서
16. 고등학교 3학년 학생들, 대학 입학
17. 아니면
18. 깜짝 놀랐다.
19. 신상품, 강력하게 추천하고

20. 신용불량자
21. 명예퇴직하셨다.
22. 제일, 홈페이지
23. 취업 준비생
24. 비밀번호
25. 남자 친구

●써 봅시다   (26~27쪽)

1. 나는 다양한 음악장르를 좋아하지만 그 중에서도 힙합을 제일 좋아한다. 한국에 처음 왔을 때 K-POP밖에 몰랐다. 그런데 나와 아주 친한 한국 친구가 힙합에 대해 이야기해 줘서 알게 되었다. 나는 힙합을 들을 때 기분이 아주 좋아진다. 최근 힙합이 인기가 많아서 듣는 사람들이 많을 것이다. 나도 친구와 자주 음악을 듣고 따라 하기도 한다. 힙합이 멋있을 뿐만 아니라 들으면 스트레스가 풀리기 때문이다. 무엇보다도 힙합이 최고이다. K-POP보다 좋은 것 같다. 만약에 내가 가수라면 힙합 가수가 되고 싶다. 앞으로 더 많이 들어야겠다.

2. 이번 학기부터 내 생활이 바빠졌다. 수업이 아주 많아서 친구를 만날 시간이 없다. 너무 힘들어서 쉬고 싶다. 그런데 3시부터 4시까지 한 시간만 쉬는 시간이 있다. 기숙사에 돌아가서 바로 자고 싶지만 자면 안 된다. 이유가 무엇이냐하면 아르바이트가 있기 때문이다. 이렇게 바쁘게 생활하면 시간을 낭비하지 않아서 좋지만 스트레스가 많다. 그래서 아르바이트가 없을 때는 영화를 본다. 그러면 스트레스가 풀린다. 나의 하루는 항상 바쁘고 힘들지만 이런 생활도 괜찮다고 생각한다.

3. 요즘 취업 준비생들은 스트레스를 많이 받는다. 자기 소개서도 쓰고 면접 준비도 하지만 직장에 들어가기가 쉽지 않다. 그런데 힘들게 직장을 찾아도 계속 지식을 쌓고 자기개발을 해야 된다. 계약 직원이 되면 월급도 적다. 똑같이 일해도 차이가 아주 크다. 아주 힘들다. 그러면 어떻게 해야 할까? 힘든 것을 참으면서 계속 일해야 할까? 아니면 포기해야 할까? 사람들은 열심히 돈을 벌어서 가족들과 행복하게 살라고 한다. 그런데 그것은 꿈일 뿐이다. 시간도 없고 사는 것이 아주 피곤하다. 정말 이런 문제를 어떻게 해결해야 할지 함께 생각해 봤으면 좋겠다.

02 시제 바로 쓰기

●연습해 봅시다   (30쪽)

2. 만족한다
3. 아무도 없었다
4. 바쁠 것이다
5. 잊고 산다
6. 끝냈다

             (30쪽)

1. 잘 먹는다
2. 관람했다
3. 신었다
4. 개최한다
5. 많다
6. 아빠를 닮았다
7. 더워질 것이다
8. 1년쯤 됐다

●문장 만들기   (31쪽)

1.

1. 마트에 가거나 청소를 한다.
2. 친구와 시내에 가서 쇼핑을 했다.
3. 부모님을 모시고 해외여행을 갈 것이다.
4. 비가 많이 왔다.
5. 옛날 사람들에 비해 결혼을 늦게 한다.

2.

1. 과학자가 꿈이었다.
2. 9시까지 출근을 한다.
3. 어려운 사람들을 위해 기부를 많이 할 것이다.
4. 하루 종일 기분이 안 좋았다.
5. 한국어학당에서 한국어를 배우고 있다.

3.

1. 휴학을 할 것이다.
2. 그동안 못 읽었던 책들을 읽을 것이다.
3. 해외 출장을 갔다.
4. 한국에 대해서 잘 몰랐다.
5. 야근을 많이 한다.

●연습해 봅시다   (33쪽)

2. 볼 만한
3. 유행하는
4. 입을
5. 잘못 탄
6. 가져갈

(33쪽)

1. 얼굴이 잘생긴
2. 화를 내는
3. 재미있는
4. 구입한
5. 사는
6. 만든
7. 만드는
8. 살

(34쪽)

2. 연예인인
3. 운동을 하는
4. 마음에 드는
5. 고향에서 가지고 온

6. 내일 저녁에 먹을
7. 출발할
8. 앉고 싶은
9. 내가 좋아하는 배우가 나오는
10. 떠난
11. 새콤달콤한
12. 생일 선물로 받은
13. 사랑하는
14. 친구로 착각해서 모르는 사람에게 인사를 한
15. 넓은 집으로 이사를 갈

●종합연습   (35쪽)

② 보냈다
③ 바빴다
④ 있었다
⑤ 속상했다
⑥ 몸살이 났다
⑦ 갈 것이다
⑧ 드릴
⑨ 만날 것이다
⑩ 배울

●연습해 봅시다   (37쪽)

1. 친구들과 바다에 갔던 일이
2. 자주 사 먹었던 떡볶이가
3. 나와 단짝이었던 친구의 소식이
4. 고등학교 때 돌아가신 할머니가
5. 수업시간에 소설책을 보다가 선생님께 야단 맞은 일이
6. 내가 좋아했던 선생님이

(37쪽)

2. 이 책은 내가 어릴 때 자주 읽던 책이다.
   이 책은 내가 고등학교 때 읽었던 책이다.
3. 친구가 오늘 입은 옷이 예쁘다.
   이 옷은 내가 결혼식 때 입었던 옷이다.
4. 어제 간 식당은 음식 맛이 별로였다.

이 카페는 예전에 자주 가던 곳이다.

5. 지난번에 마신 차는 선물 받은 것이다.

조금 전에 마시던 커피가 다 식었다.

● 연습해 봅시다 (38쪽)

2. 갔을 때

3. 공연을 관람할 때

4. 영화를 볼 때

5. 밥을 먹을 때

6. 먹었을 때

7. 아플 때

8. 잃어버렸을 때

9. 도착했을 때

10. 장학금을 받았을 때

11. 잠을 잘 때

12. 합격했을 때

13. 교통사고가 났을 때

(39쪽)

1. 부모님이 보고 싶을 때

2. 감기에 걸렸을 때

3. 어릴 때

4. 학교에 갈 때

5. 한국에 처음 왔을 때

6. 그 사람을 처음 봤을 때

7. 우울할 때

(39쪽)

1. 맛있는 음식을 먹을 때

2. 여자 친구가 내 고백을 받아줬을 때

3. 키우던 개가 죽었을 때

4. 예의 없는 사람을 볼 때

5. 고향 음식이 생각날 때

6. 주말 저녁에 혼자 밥을 먹을 때

● 연습해 봅시다 (41쪽)

2. 실수를 한 적이 있다.

3. 커피를 쏟을 뻔했다.

4. 내년쯤 결혼할 생각이다.

5. 부지런한 사람이 성공하는 법이다.

6. 목표를 달성할 가능성이 있다.

7. 그 사람을 설득할 자신이 없다.

8. 책을 읽을 시간이 없다.

(41쪽)

2. 날씨 변화에 대비하지 못한

3. 직접 찾아가는

4. 밥을 먹은

5. 쓰기 실력을 향상 시키는

6. 버스를 잘못 타는

7. 한국 친구들이 도와준

8. 아르바이트를 하러 가는

● 써 봅시다 (42쪽)

1. – 자기 전에 꼭 화장실에 다녀온다.

자기 전에 꼭 화장실에 다녀오는 습관이 있다.

– 매일 저녁 일기를 쓴다.

매일 저녁 일기를 쓰는 습관이 있다.

– 집에 가자마자 손을 씻는다.

집에 가자마자 손을 씻는 습관이 있다.

(42쪽)

2. – 토픽시험을 볼 것이다.

– 한국 회사에 취직할 것이다.

자동차를 살 것이다.

– 집을 살 것이다.

세계 여행을 할 것이다.

(43쪽)

3. 〈생략〉

4. 예전의 가족은 대가족이었다. 할머니, 할아버지를 비롯해 친척들도 한집에 사는 경우가 많았다.

　요즘 가족은 보통 부모와 자식이 함께 산다. 하지만 자식이 취업을 하거나 결혼을 하면 대부분 부모님과 따로 산다. 그리고 점점 1인가구가 증가하고 있다.

　독신이 늘면서 1인 가구가 더 증가할 것이다. 그리고 또 다른 가족 형태가 나타날 지도 모른다.

03 조사 바로 쓰기

● N + 이/가 (46쪽)

1.

1. 문화가	11. 지갑이
2. 감기가	12. 관심이
3. 경제가	13. 공부가
4. 사고가	14. 품질이
5. 길이	15. 차 소리가
6. 우유가	16. 의사가
7. 수업이	17. 바다가
8. 학생이	18. 눈이
9. 가수가	19. 야채가
10. 날씨가	20. 월드컵이

2.

1. 날씨가	11. 실력이
2. 외국어 능력이	12. 건강이
3. 농담이	13. 짧은 치마가
4. 한국어가	14. 즐거움이
5. 컴퓨터가	15. 물건이
6. 주소가	16. 남자친구가
7. 자원이	17. 시간이
8. 아르바이트가	18. 교통이
9. 성격이	19. 실업률이
10. 유학생이	20. 출산율이

● 주제어 설명하기 (48쪽)

2. 은 예의를 중요하게 생각한다.
3. 은 언제나 나를 믿어주신다.
4. 은 의욕이 없다는 것이다.
5. 는 TOPIK 4급에 합격하는 것이다.
6. 은 귀엽고 활발한 사람이다.

● 대조 (48쪽)

2. 남자는 쇼핑을 싫어하지만 여자는 쇼핑을 좋아한다.
3. 남자는 운동으로 스트레스를 풀지만 여자는 수다로 스트레스를 푼다.

(48쪽)

1. 기성세대는 변화를 싫어하지만 신세대는 변화를 좋아한다.
2. 기성세대는 책임감을 중요하게 생각하지만 신세대는 개성과 자유를 중시한다.
3. 기성세대는 언어 사용에 엄격하지만 신세대는 줄임말이나 은어, 유행어를 즐긴다.

● 주제어 강조 (49쪽)

2. ① 봄에는 황사가 심하다.
　② 황사는 봄에 심하다.
3. ① 전화로는 참가 신청을 할 수 없다.
　② 참가신청은 전화로 할 수 없다.
4. ① 부산에서는 10월에 영화제가 열린다.
　② 10월에는 부산에서 영화제가 열린다.
　③ 영화제는 부산에서 10월에 열린다.
5. ① 1층에는 사무실이 있다.
　② 사무실은 1층에 있다.
6. ① 휴일에는 등산을 한다.
　② 등산은 휴일에 한다.
7. ① 새해에는 세뱃돈을 받는다.
　② 세뱃돈은 새해에 받는다.
8. ① 세일기간에는 백화점에서 그 옷을 판다.
　② 백화점에서는 세일기간에 그 옷을 판다.

③ 그 옷은 세일 기간에 백화점에서 판다.

● 연습해 봅시다 (51쪽)

1. 자신감을 가지는 것이 중요하다.
   다른 사람을 이해하는 것이 중요하다.
2. 외국어 능력이 필수적이다.
   정보를 많이 아는 것이 필수적이다.
   경험을 쌓는 것이 필수적이다.
3. 조금씩 자주 먹는 것이 낫다.
   대학원에 가는 것이 낫다.
   전문가와 상담하는 것이 낫다.
4. 요즘 청년들은 창업을 많이 한다.
   요즘 청년들은 결혼을 늦게 한다.
5. 요즘 청소년들은 통신언어를 많이 쓴다.
   요즘 청소년들은 역사에 관심이 없다.
   요즘 청소년들은 인내심이 부족하다.
6. 노인들은 외롭다.
   노인들은 경제력이 없다.
   노인들은 질병에 시달린다.

● 연습해 봅시다 (52쪽)

2. 수출은 늘었는데 수입은 줄었다.
3. 칭찬 받을 때는 기분이 좋은데 야단맞을 때는 기분이 안 좋다.
4. 옛날에는 공기가 좋았는데 요즘은 공기가 나쁘다.
5. 노래는 잘 부르는데 춤은 잘 못 춘다.
6. 디자인은 예쁜데 품질은 별로 좋지 않다.
8. (이) (은) 단순하고 느리게 사는 것이다.
9. (가) (는) 봉사활동을 떠나는 것이다.
10. (이) (은) 서로 화해하고 용서하는 것이다.
11. (가) (는) 농사를 짓는다.
12. 서울에는 한강이 있다. 한강은 서울 시민의 휴식처이다.

● 큰 주어, 작은 주어 찾기 (54쪽)

2. 그 사람, 극복했다, 위기, 왔다

3. 나, 바란다, 가족들, 건강하다
4. 색깔, 파란색이다, 내, 좋아하다
5. 우리, 취소할 것이다, 비, 오다

● 문장 만들기 (54쪽)

2. 우리는 경제가 좋아지면 소비를 많이 한다.
3. 그 모임은 유학생들이 만든 모임이다.
4. 시민들은 그 제도가 없어지는 것을 아쉬워한다.
5. 청소년들은 숙제가 없는 것을 좋아한다.
6. 내가 어제 만난 사람은 대학동창이다.
7. 그 선생님은 학생들이 존경하는 분이다.
8. 노인들은 청년들이 양보하기를 바란다.
9. 불고기는 외국인이 좋아하는 음식이다.
10. 그 친구는 내가 힘들면 나를 도와준다.
11. 학생들은 방학이 오기를 기다린다.
12. 회원들은 개인정보가 유출된 것을 알았다.
13. 나는 친구가 이사하는 것을 도와주었다.
14. 우리는 눈이 오면 스키를 타러 간다.
15. 송편은 한국 사람들이 추석에 먹는 떡이다.

● N을/를 (55쪽)

2. 그 경영자는 해결 방법을 찾았다.
3. 그 사람은 한국 역사를 모른다.
4. 그 친구는 전공을 바꿨다.
5. 그 여자는 충동구매를 후회했다.
6. 나는 지원동기를 설명했다.
7. 요리사는 한국 음식을 만들었다.
8. 아이들은 음악을 들었다.
9. 시민들은 피해를 입은 사람들을 도왔다.
10. 국민들은 진실한 지도자를 존경한다.
11. 학생들은 한국어를 배운다.

● N + 을/를 (56쪽)

1. 우리 아버지를
2. 생활습관을
3. 주소를

11. 나를
12. 컴퓨터를
13. 1억 원을

4. 이 식당을
5. 반 친구를
6. 상을
7. 한국어를
8. 음악을
9. 휴대전화를
10. 한국 문화를
14. 성공한 사람을
15. 계획을
16. 구두를
17. 집을
18. 규칙을
19. 약속을
20. 비행기를

●문장 만들기 (56쪽)

1. 자전거 타는 것을
2. 집을
3. 전기를
4. 시간을
5. 소비를
6. 약속을
7. 돈을
8. 청소를
9. 지식을
10. 가족의 소중함을
11. 이름을
12. 질서를
13. 스트레스를
14. 영향을
15. 정보를
16. 오페라를
17. 기쁨을
18. 일을
19. 학교를
20. 자주 먹는 음식을

●연습해 봅시다 (58쪽)

1. 에, 에서
2. 에, 에서
3. 에, 에서
4. 에, 에서
5. 에, 에
6. 에서, 에/에서
7. 에, 에서
8. 에서, 에
9. 에서, 에
10. 에, 에

●N + 에/에서 (58쪽)

1. 식당에서
2. 동아리에
3. 7시에
4. 휴지통에
5. 의자에
6. 벽에
7. 공공장소에서
8. 7월에
9. 외국어 공부에
11. 통장에
12. 회의에
13. 우리 집에
14. 정치에
15. 책상 위에
16. 헬스클럽에서
17. 백화점에
18. 은행에
19. 한국 드라마에

10. 내 의견에   20. 나무에서

●연습해 봅시다 (59쪽)

2. 광고에서 말하는 내용을 다 믿으면 안 된다.
3. 인터넷에서 그 제도를 비판하는 댓글을 보았다.
4. 생활에서 얻은 지혜를 잘 활용해야 한다.
5. 우리는 역사에서 교훈을 얻을 수 있다.
6. 그 친구는 말하기 대회에 나가서 우수상을 탔다.
7. 나는 그 사람의 주장에 반대한다.
8. 지난주에 독서 동호회에 가입했다.
9. 공부를 안 해서 시험에 떨어졌다.
10. 꿈에서 오래 전에 헤어진 친구를 만났다.
11. 현대사회에서 가장 필요한 것은 무엇일까?
12. 그 부부는 기념일에 작은 선물을 교환했다.
13. 그 영화에 나온 배우를 좋아한다.
14. 교육 분야에서 뛰어난 능력을 발휘했다.

●N에게 (60쪽)

2. 실수한 직원이 손님에게 죄송하다고 사과했다.
3. 그 남자는 여자 친구에게 사랑한다고 고백했다.
4. 그 기자는 그 배우에게 인기 비결이 뭐냐고 물었다.
5. 관광안내소에서는 관광객들에게 자전거를 빌려 주었다.

●문장 완성하기 (61쪽)

1. 한국 학생들이 외국 학생들에게 도움을 주었다.
2. 그 남자는 처음 본 여자에게 전화번호를 가르쳐 주었다.
3. 어머니가 할머니에게 아이를 맡겼다.
4. 평론가는 독자들에게 그 책을 추천했다.
5. 선생님은 학생들에게 다음 학기 수업 계획을

알려 주었다.

6. 그 아이는 친구들에게 동영상을 보여주었다.

7. 할아버지는 아버지에게 유산을 물려주었다.

●문장 완성하기 (61쪽)

1. 그 직원은 동료들에게 같이 일하자고 제안했다.

2. 옆집 아저씨가 나에게 강아지를 좀 봐 달라고 부탁했다.

3. 선배가 후배들에게 예의를 지키라고 충고했다.

4. 그 정치인은 국민들에게 정의를 실천하겠다고 약속했다.

5. 손님이 요리사에게 어떻게 만드냐고 물었다.

6. 심판이 선수에게 반칙을 하지 말라고 주의를 주었다.

7. 나는 어머니에게 사랑한다고 문자를 보냈다.

●N(으)로 (63쪽)

2. 택배로 물건을 보냈다.

3. 아르바이트로 돈을 벌었다.

4. 중국은 만리장성으로 유명하다.

5. 자전거로 출퇴근하는 사람이 많다.

6. 한국어로 말하기가 어렵다.

7. 그 직원은 친절한 태도로 손님을 대했다.

8. 신용카드로 백화점에서 옷을 샀다.

9. 인터넷으로 정보를 검색했다.

10. 짙은 안개로 교통사고가 많이 났다.

11. 그 사람은 회사에서 인턴으로 일한다.

12. 지구온난화로 기후변화가 심하다.

13. 나무로 집을 지었다.

14. 나뭇잎이 빨간색으로 변했다.

15. 행복했던 그때로 돌아가고 싶다.

16. 버스로 1시간 쯤 걸린다.

17. 큰 옷을 작은 옷으로 바꿨다.

18. 전자사전으로 단어를 찾는다.

19. 뒤풀이로 노래방에 갔다.

20. 발로 그림을 그린다.

●N와/과 (64쪽)

2. 그 남자와 그 여자는 결혼했다.

3. 아버지와 아들이 닮았다.

4. 찬성하는 사람들과 반대하는 사람들이 화해했다.

5. 참치 샌드위치 하나와 밥 두 공기는 열량이 비슷하다.

6. 등산복과 구두는 어울리지 않는다.

(65쪽)

2. 선생님은 학생들과 다문화사회에 대해서 토론했다.

3. 나는 룸메이트와 생활습관이 비슷하다.

4. 나는 방학에 가족들과 즐거운 시간을 보냈다.

5. 그 회사의 경영자들은 노동자들과 최저임금에 대해서 협상을 했다.

6. 남자는 여자와 대화하는 방식이 다르다.

7. 그 사람은 아버지와 눈이 닮았다.

8. 여기는 우리나라와 날씨가 거의 같다.

9. 아내는 남편과 취미생활을 함께 했다.

10. 그 사람은 친구와 문자를 주고받았다.

11. 그 섬은 우리나라와 역사적인 면에서 관련이 있다.

12. 시민들은 상인들과 전통시장 환경 개선에 대해 의견이 일치했다.

13. 대학생들은 직장인들과 그 문제에 대해 차이를 보였다.

14. 나는 그 친구와 성격이 맞지 않는다.

15. 아이들은 부모님보다 친구와 말이 더 잘 통한다.

●N의 N (66쪽)

– 인터넷의 발달, 무한 경쟁의 시대, 환경보호의 필요성, 사고의 원인, 삶의 가치, 단어의 의미, 한국 사람의 성격, 사고방식의 차이, 현대사회

의 문제, 성공의 조건, 교육의 효과, 인구의 증가, 최선의 노력

●N도/N만 (67쪽)

2. 비행기로도
3. 흡연구역에서만
4. 주말에도
5. 외국인만
6. 친구에게도, 부모님에게도
7. 전화로도
8. 경력자만
9. 능력도
10. 울기만
11. 놀기만
12. 먹기만

●과거와 달라진 생활 (68쪽)

2. 옛날에는 전화로만 예약할 수 있었는데 요즘은 인터넷으로도 예약할 수 있다.
옛날에는 그 분야의 전문가만 정보를 알고 있었는데 요즘은 보통 사람들도 정보를 얻을 수 있다.

●당신이 이해하기 어려운 상황과 행동들

2. 그 사람은 위험한 곳으로만 여행을 간다.
그 사람은 겨울에도 여름옷만 입는다.

●인공지능 로봇이 할 수 있는 일

2. 사람 대신 요리도 할 수 있다.
사람 대신 노인들도 돌볼 수 있다.

●스트레스가 쌓이는 행동들

2. 화를 참기만 하면 스트레스가 쌓인다.
쉬지 않고 일만 하면 스트레스가 쌓인다.

●스마트폰으로 할 수 있는 일

2. 스마트폰으로 방송도 할 수 있다.
스마트폰으로 영화도 찍을 수 있다.

●연습해 봅시다 (71쪽)

1.

　최근 들어 자전거를 타는 사람들이 증가하고 있다. 자전거 이용자는 2011년 700만에서 2015년 1300만으로 4년 전에 비해 600만 명이 늘어났다. 이러한 현상이 생겨난 이유로 두 가지를 들 수 있는데 첫째, 자전거를 타면 다른 운동을 하지 않아도 손쉽게 건강관리를 할 수 있기 때문이다. 둘째, 오염된 실내 공기 속에서 운동을 하는 것보다 야외에서 자전거를 타는 것이 스트레스 해소에 더 좋다는 데 그 이유가 있다.

　따라서 앞으로도 자전거를 이용하는 사람들은 증가할 것으로 전망된다. 하지만 이런 추세를 이어가기 위해서는 기존의 자전거 전용도로를 정비하거나 새로 만들어야 한다. 또한 사고를 줄이기 위해 자전거 이용자들의 안전 의식을 강화해야 할 것이다.

2.

　최근 한 결혼정보업체에서 미혼남녀 1,000명을 대상으로 배우자를 선택하는 조건에 대해 설문조사를 실시했다. 조사결과에 따르면 여자의 경우, '경제력'이 35%로 가장 높게 나타났으며, 이어서 '성격' 28%, '외모' 20% 순으로 이어졌다. 반면에 남자는 여자와 달리 '성격'이 40%로 가장 높게 나타났으며 '경제력'이 25%, '외모'가 20%로 그 뒤를 이었다. 그 밖에 '사랑'의 경우, 여자는 17%, 남자는 15%에 그쳐서 비슷한 수준으로 낮게 나타났다.

　이상의 조사결과를 통해, 여자는 남자의 경제적 조건을 중요하게 생각하고 남자는 여자의 성격을 중요하게 생각하는 것으로 나타나 서로 차이가 있음을 알 수 있다.

3.

　가족의 형태가 변하고 있다. 지금까지 대도시에서는 미혼 자녀와 함께 살고 있는 부부 중심의 가족이 가장 일반적이었다. 하지만 2000년에 53%였던 3,4인 가구가 2015년에는 42%정도로 줄었고 반면에 1인 가구는 16.3%에 불과했으나 2015년 27%로 늘었다. 이런 상태라면 2030년에는 1인 가구는 30.1%로 증가할 것으로 전망된다. 원인은 무엇일까? 먼저 결혼을 하지 않은 젊은 이들과 결혼을 했더라도 이혼을 하는 사람들이 증가한 데 그 이유가 있다. 둘째, 출산율이 낮아진 데 반해 노인 인구는 늘어났기 때문이다.

　따라서 이 문제를 해결하기 위해서는 청년들의 주거비 부담을 낮춰 결혼하기 좋은 여건을 만들어 줘야 한다. 그리고 일자리를 늘려 청년 취업을 지원해야 한다. 또한 아이가 있는 가정에는 양육비와 교육비에 대한 지원을 해야 할 것이며 무엇보다도 가정 내에서 아내와 남편이 가사와 육아를 분담해서 평등한 가정 문화를 만들어 나가도록 노력해야 할 것이다.

● **종합 연습 1**　　　　　　　　　　(74쪽)

2. 이 제품은 기능이 다양하다.
3. 학교 근처에 싸고 맛있는 음식이 많다.
4. 출퇴근 시간에는 교통이 복잡하다.
5. 제주도는 바다가 아름답다.
6. 사고 방식의 차이를 조사했다.
7. 어른들은 아이들의 마음을 잘 모른다.
8. 직원들은 성실한 태도로 일한다.
9. 청년들은 일자리를 구하고 있다.
10. 학생들은 예술교육이 필요하다.
11. 우리는 한국 문화에 관심이 많다.
12. 우리는 그 문제에 관심을 가지고 있다.
13. 그 일은 적성에 맞는다.
14. 처음(으로) 자유를 느꼈다.
15. 식습관은 건강에 영향을 준다.
16. 나는 작년에 대학원을 졸업했다.
17. 스트레스로 두통이 생겼다.

18. 그 사람은 항상 약속에 늦는다.
19. 하고 싶은 일과 잘하는 일은 다르다.
20. 나는 친구에게 가족 사진을 보여 주었다.

● **종합 연습 2**　　　　　　　　　　(75쪽)

2. 일회용품 사용을 제한할 것을 결정했다.
3. 야간에는 이용하기가 어렵다.
4. 사진 촬영을 금지하고 있다.
5. 소통하는 분위기를 조성하기 위해 노력하고 있다.
6. 큰 일교차로 감기 환자가 늘었다.
7. 성장률이 하락할 것으로 전망된다.
8. 기술 분야에 집중 투자할 것을 약속했다.
9. 서울 지역에 전세난이 심각하다.
10. 자전거를 이용하는 인구가 급증하고 있다.
11. 환경 문제를 개선하기 위한 방안을 마련해야 한다.
12. 주민들이 케이블카 설치를 반대했다.
13. 다양한 주거 방식을 제안했다.
14. 화장품이 선물 선호품목에서 1위를 차지했다.
15. 전화로는 접수할 수 없다.
16. 경제 활성화 대책을 모색하고 있다.
17. 출산율이 떨어져서 큰 문제가 되고 있다.
18. 세심한 관리와 주의가 필요하다.
19. 운동 시설이 부족한 문제를 해결했다.
20. 삶의 질이 향상될 것으로 기대하고 있다.
21. 복지제도가 발달했다.
22. 새로운 방법을 도입했다.
23. 안전시설을 의무화 하는 것이 바람직하다.
24. 점심을 무료로 제공하고 있다.
25. 헬멧을 착용하면 부상을 예방할 수 있다.

　　　　　　　　　　　　　　　　(76쪽)

1. 여행지: 전주한옥마을
2. 언제: 지난 여름 방학
3. 교통수단: KTX

4. 누구와: 부모님

5. 음식: 떡갈비. 콩나물국밥

6. 볼거리: 경기전, 전동성당, 공예품 전시관 등

7. 체험과 감상: 한복체험, 부채 만들기.

    지난 여름 방학에 나는 부모님과 함께 전주 한옥 마을에 다녀왔다. 서울에서 전주까지 KTX로 1시간 40분 쯤 걸렸다. 우리는 바로 전주 한옥마을로 가서 콩나물 국밥도 먹고 떡갈비도 먹었다. 그리고 한옥 마을에 있는 임금님의 초상화를 모신 경기전과 세워진 지 100년이 넘은 전동성당, 그리고 전주공예품 박물관을 둘러보았다. 공예품 박물관에서는 직접 부채도 만들어 보았다. 또한 이번 여행에서 가장 즐거웠던 일은 예쁜 한복을 입고 다닌 것이었다. 사진도 많이 찍고 맛있는 것도 먹으면서 부모님과 즐거운 추억을 만들었다.

04 피동 바로 쓰기

● **연습해 봅시다** (80쪽)

1. 의문이	11. 촬영이
2. 김치를	12. 담배를
3. 장소를	13. 슬픔을
4. 내용이	14. 문을
5. 꿈을	15. 불이
6. 길이	16. 축제가
7. 쥐를	17. 직원을
8. 아르바이트를	18. 진실이
9. 가수가	19. 전화번호가
10. 소리를	20. 커피를

1. 풀렸다	11. 떨어졌다.
2. 만들었다.	12. 닫혔다.
3. 켰다.	13. 가게 되었다.
4. 안았다.	14. 초대했다.
5. 팔렸다.	15. 해결했다.
6. 보였다.	16. 거절당했다.
7. 끊겼다.	17. 느껴졌다.

8. 세워졌다.	18. 개선되었다.
9. 찍혔다.	19. 처벌받는다.
10. 밟았다.	20. 열었다.

(81쪽)

1. 바뀌지

2. 끊겼던, 끊는

3. 보이는, 보는

4. 들리는, 듣는

5. 만들어진, 만든

6. 해결하는, 해결되

7. 거절당한[거절당하는], 거절하는

(81쪽)

1. ● 꿈을 이루기 위해서는 열심히 노력해야 한다.
   ● 열심히 노력하면 꿈은 반드시 이루어진다.

2. ● 언론은 어떤 사실을 사람들에게 알리는 역할을 한다.
   ● 그 사람이 남모르게 기부해 온 사실이 세상에 알려졌다.

3. ● 대화는 오해나 갈등을 풀 수 있는 가장 좋은 방법이다.
   ● 친구를 만나 대화를 나누니까 오해가 풀렸다.

4. ● 요즘 신용카드 회사들은 신규 고객을 모으기 위해 사은품을 많이 준다.
   ● 저축한 지 3년쯤 되니까 돈이 많이 모였다.

5. ● 단체 생활을 할 때는 규칙을 정하는 것이 중요하다.
   ● 대학 도서관에서 책을 대출할 경우, 대출 기간은 대부분 일주일로 정해져 있다.

6. ● 그 선생님이 학교 폭력 문제를 해결했다.
   ● 학교 폭력 문제가 해결되었다.

(82쪽)

2. 켜져 있었다.

3. 깨져 있었다.

4. 열려 있는
5. 쌓여 있었다.
6. 버려져 있었다.
7. 꺼져 있었다 [꺼져 있다].
8. 섞여 있었다 [섞여 있다].
9. 걸려 있었다 [걸려 있다].
10. 세워져 있었다.
11. 떨어져 있는
12. 담겨 있었다.
13. 잠겨 있었다 [잠겨 있다].
14. 놓여 있었다 [놓여 있다].
15. 쓰여 있었다 [쓰여 있다].
16. 꽂혀 있었다 [꽂혀 있다].

(83쪽)

1.

② 놓여 있다.
③ 꽂혀 있다.
④ 닫혀 있다.
⑤ 달려 있다.

2.

① 달려 있다.
② 걸려 있다.
③ 놓여 있다.
④ 쌓여 있다.
⑤ 펴져 있다.

3.

① 꺼져 있다.
② 쓰여 있다.
③ 놓여 있다.
④ 풀려 있다.
⑤ 담겨 있다.

● 써 봅시다 **1**　　　　　　　(84쪽)

1. 또 한국 문화도 잘 알게 되었고 한국 음식도 잘

먹게 되었다. 그뿐만 아니라 한국 친구를 많이 사귀게 되어서 함께 여행도 많이 다녔다. 그 결과 한국 역사에 대해서도 많이 알게 되었다.

2. (이 사람은) 책임감을 가지게 되었다. 그래서 집에 일찍 들어오게 되고 저축하는 습관을 들이게 되었다. 그뿐만 아니라 주말에는 대부분의 시간을 가족과 함께 보내게 되었다. 하지만 혼자만의 시간은 모자라게 되었다.

3. (이 남자는) 물을 아껴 쓰게 되었고 나무를 많이 심게 되었다. 일상 생활 속에서 에너지를 절약하게 되었을 뿐만 아니라 중고 물건도 많이 사용하게 되었다. 그리고 출퇴근 길에 대중 교통을 이용하게 되었다.

(85쪽)

1. 두 번째 손님은 고백에 실패한 남자였는데 10 년동안 짝사랑한 여자에게 고백했지만 거절 당했다고 했다. 마음의 상처가 큰 것 같았다. 세 번째 손님은 50대 실직자였는데 30년 동안 회사를 위해 열심히 일했지만 해고당했다고 했다. 충격으로 인해 불안 증세를 보였다. 네 번째 손님은 30대 여자였는데, 믿었던 친구에게 배신당했다고 했다. 마지막 손님은 무능한 회사원이었다. 항상 실수가 많아서 동료와 상사에게서 무시를 당했다고 했다.

2. 파괴되었다. 죽은 물고기와 오염된 강이 언론에 보도되자 여론이 크게 악화되었다. 결국 건설은 중단되었고 시민들의 바람대로 환경보호사업이 실시되었다.

● 써 봅시다 **2**　　　　　　　(86쪽)

　경복궁은 조선시대에 세워진 건축물로서 1395년에 완공되었다. '경복'은 '큰 복을 가지게 된다'라는 뜻이다. 세워질 당시에는 정치 문제로 제 역할을 못했지만 세종 때부터 중요한 역할을 하게 되었고, 지금은 서울에 온 관광객들이 꼭 들르는 한국의 대표적인 관광 명소가 되었다.

05 사동 바로 쓰기

● **연습해 봅시다** (90쪽)

1. 휴지통을
2. 능률을
3. 세탁기를
4. 냄새를
5. 옷을
6. 정원을
7. 사람을
8. 불을
9. 아이를
10. 약속 시간을
11. 빨래를
12. 택시를
13. 음성메시지를
14. 친구를
15. 능력을
16. 구인 광고를
17. 추억을
18. 조건을
19. 예약을
20. 일을

(91쪽)

2. 를 줄이 / 를 늘리
3. 을 웃기 / 울렸다
4. 를 높이 / 낮춰
5. 을 올리 / 을 읽혀야 한다.
6. 을 넓히 / 를 없앴다
7. 를 숨기 / 을 밝히

(91쪽)

1. 살려
2. 맡겼다. / 맡은
3. 없앴다. / 없
4. 늘렸다. / 늘었다.
5. 알려 / 알 / 알려
6. 감동시켰다 / 감동했다.
7. 향상시키 / 향상되지

(92쪽)

1. ● '웃으면 복이 온다'는 속담이 있다.
   ● 코미디언은 대중들을 웃기기 위해 끊임없이 새로운 아이디어를 낸다.
2. ● 올 겨울에는 스키장을 방문하는 관광객 수

가 많이 줄었다.
   ● 사람들은 치솟는 주거비 때문에 소비를 줄일 수밖에 없었다.
3. ● 이번 시험은 합격할 가능성이 높다.
   ● 백화점은 친절한 서비스로 고객의 만족도를 높였다.
4. ● 혼자 떠난 여행이 기억에 오래 남는다.
   ● 음식을 남기지 않는 습관을 들여야 한다.
5. ● 아무리 열심히 해도 성적이 오르지 않는다.
   ● 성적을 올리기 위해 열심히 공부했다.
6. ● 지하철이 생기니까 그 지역이 빠르게 발전하기 시작했다.
   ● 복지 정책이 사회를 발전시켰다.
7. ● 몸이 약한 그는 요가를 배웠다.
   ● 어머니가 그에게 요가를 배우게 했다.

8~10. 〈생략〉

● **써 봅시다 1** (93쪽)

1. 또 발음 교정을 하게 할 뿐만 아니라 쇼 프로그램에서 말을 잘할 수 있도록 말하기 연습도 꾸준히 시킬 것이다. 그리고 체력 관리를 위해 운동도 열심히 하게 할 것이다.
2. 먼저 규칙적으로 운동하게 하고 건강한 음식을 먹게 할 것이다. 또 비타민이나 영양제를 복용하게 하고, 건강 검진을 받게 할 것이다. 마지막으로 규칙적으로 생활하게 할 것이다.
3. 우선 하루 1시간 정도는 스트레스 해소를 위해 게임을 하게 할 것이다. 또 캠프에 참가하게 하고 외국어 공부를 하게 할 것이다. 하지만 스마트폰은 못 하게 하고, 햄버거와 같은 패스트푸드도 못 먹게 할 것이다.

● **써 봅시다 2** (94쪽)

현대 사회에는 여러 가지 특징이 있다. 다양한 인종이 같이 살기 때문에 한 사회에 여러 문화가 공존한다는 특징을 가진다. 또 현대 사회는 경쟁이 치열하고 국가 간의 무역이 매우 활발하다.

따라서 이러한 현대 사회에 필요한 리더가 되기 위해서는 전문성을 키우고 리더십을 향상시켜야 한다. 또 외국어 실력을 늘리고 다른 문화에 대해 열린 태도를 갖추는 것이 중요하다.

06 호응 바로 쓰기

● 연습해 봅시다 (97쪽)

1. 예방할 수 있다는 것이다.
2. 사람이다.
3. 성실하다는 것이다.
4. 이루는 것이다.
5. 저축하는 것이다.

(97쪽)

2. 결혼이란 사랑하는 두 사람이 새로운 가정을 꾸리는 것을 말한다.
3. 정의란 부, 명예, 권력에 관계없이 공정하고 옳은 것을 말한다.
4. 역사란 과거에 일어난 일이나 살았던 인물을 기록한 것을 말한다.
5. 대중매체란 많은 사람들에게 여러 정보를 제공하는 수단을 말한다.
6. 사랑이란 자신이 가진 것을 아낌없이 주는 것이다.
7. 대학이란 지식과 교양을 쌓는 곳이다.
8. 자유란 자신의 생각에 따라 행동할 수 있는 것을 말한다.

(98쪽)

1. 외롭다는 것이다.
2. 교통 체증과 환경 오염을 줄일 수 있다는 것이다. / 출퇴근 시간에 아주 복잡하다는 것이다.
3. 저렴하고 편리하다는 / 구매할 때 상품의 품질을 확인할 수 없다는
4. 휴대하기가 좋다는 것이다. / 종이책에 비해 눈이 피로해지기 쉽다는 것이다.

5. 사람을 대신해 힘든 일을 해 준다는 / 사람들의 일자리가 감소할 수 있다는

(99쪽)

2. 대량 생산과 소비가 가능하다는 것이다.
3. 정보화 사회의 특징은 누구나 정보를 쉽게 얻을 수 있다는 것이다.
4. 한국 문화의 특징은 배달 문화가 발달했다는 것이다.
5. 서양 문화의 특징은 개인주의가 발달했다는 것이다.
6. 스마트폰의 특징은 언제 어디서든지 전화와 인터넷이 가능하다는 것이다.

(99쪽)

2. 성실하고 밝은 태도를 가지는 것이다.
3. 인생에서 무엇보다 중요한 것은 아낌없이 서로 사랑하는 것이다.
4. 면접에서 무엇보다 중요한 것은 자신 있게 말하는 것이다.
5. 인간 관계에서 무엇보다 필요한 것은 상대방의 생각을 존중하고 배려해 주는 것이다.
6. 외국어 공부에서 무엇보다 중요한 것은 꾸준히 복습하는 것이다.

(101쪽)

1. 그 대표적인 예로 트위터와 페이스북을 들 수 있다. / 예를 들면 트위터와 페이스북이 있다.
2. 그 대표적인 예로 된장과 김치를 들 수 있다. / 예를 들면 된장과 김치가 있다.
3. 그 대표적인 예로 피에타와 올드보이를 들 수 있다. / 예를 들면 피에타와 올드보이가 있다.
4. 그 대표적인 예로 석굴암과 첨성대를 들 수 있다. / 예를 들면 석굴암과 첨성대가 있다.

(102쪽)

1. 귀농·귀촌 인구가 크게 증가한 것을 / 도시의 일자리 부족을 들 수 있다. / 삶의 여유를 추구하는 사람들이 증가한 것을 그 원인으로 들 수 있다.
2. 이 그래프를 통해 여성의 경제활동 참여율이 감소한 것을 알 수 있다. / 집안일과 육아의 부담을 들 수 있다. / 여성에 대한 사회적 차별을 그 원인으로 들 수 있다.
3. 이 그래프를 통해 출산율이 크게 감소한 것을 알 수 있다. / 결혼 시기가 늦어진 것을 들 수 있다. / 양육비와 교육비 등 경제적 부담의 증가를 그 원인으로 들 수 있다.

(103쪽)

1. 효도하기 위해서는 안부 전화를 자주 드려야 한다. / 효도하려면 용돈을 자주 드릴 필요가 있다.
2. 돈을 모으기 위해서는 절약해야 한다. / 돈을 모으려면 소비를 줄이고 저축을 많이 해야 한다.
3. 인재가 되기 위해서는 다양한 경험을 쌓아야 한다. / 인재가 되려면 전문성을 키울 필요가 있다.

(103쪽)

1. 대중교통을 이용해야 공기 오염을 막을 수 있다.
2. 꾸준히 운동해야 건강을 지킬 수 있다.
3. 다른 사람과 비교하지 않아야 행복하게 살 수 있다.
4. 성격이 좋아야 친구를 많이 사귈 수 있다.
5. 열심히 노력해야 꿈을 이룰 수 있다.
6. 책을 많이 읽어야 지식을 쌓을 수 있다.

(104쪽)

1. 구름이 많고 비가 온다고 한다. / 맑고 따뜻하다고 한다.
2. 에 의하면, 불황은 또한 기회라고 한다.
3. 에 의하면, 한국인의 사망원인 1위는 암이라고 한다. 또한 2위는 뇌혈관질환이고 3위는 심장병이라고 한다.

(104쪽)

1. 돈이 많다고 해서 다 행복한 것은 아니다.
2. 게임을 많이 한다고 해서 폭력성이 생기는 것은 아니다.
3. 복지를 늘린다고 해서 나라의 경제가 어려워지는 것은 아니다.

(105쪽)

1. 광고가 우리 삶에 끼치는 영향이 무엇인지 알아보아야 한다.
2. 세대 갈등의 문제점이 무엇인지 알아보아야 한다. / 세대 갈등의 원인이 무엇인지 알아보아야 한다.
3. 게임 중독에 왜 빠지는지 알아보아야 한다. / 게임 중독을 어떻게 치료할 수 있는지 알아보아야 한다.
4. 요가가 어떤 사람에게 좋은지 알아보아야 한다. / 요가가 건강에 어떤 영향을 미치는지 알아보아야 한다.

(105쪽)

2. 사실인지 알아보아야 한다.
3. 왜 배워야 하는지
4. 어떤 인재를 원하는지 생각해 보아야 한다.
5. 환경 문제를 어떻게 해결할 수 있는지 생각해 보아야 한다.

● **연습해 봅시다** **(107쪽)**

1. 아무도
2. 아무 때나

3. 안 갈 것이다.

4. 누구든지 / 누구나

5. 없다.

1. 아무도 ⟺ 누구든지

2. 아무것도 ⟺ 무엇이든지

3. 누구든지 ⟺ 아무도

4. 무엇이든지 ⟺ 아무것도

5. 아무도 ⟺ 누구든지

(107쪽)

2. 도전해보는 것이 좋다.

3. 참가할 수 있다

4. 먹고 싶지 않다.

5. 잘 먹는다.

6. 친구가 여행을 가자고 했지만 나는 아무 데도 가고 싶지 않았다

(109쪽)

2. 신중하게 선택해야 한다.

　신중한 선택을 해야 한다.

3. 규칙적으로 생활해야 한다.

　규칙적인 생활을 해야 한다.

4. 실질적으로 조언해야 한다.

　실질적인 조언을 해야 한다.

5. 구체적으로 계획할 필요가 있다.

　구체적인 계획이 필요하다.

6. 새롭게 시작할 필요가 있다.

　새로운 시작이 필요하다.

7. 적극적으로 참여할 필요가 있다.

　적극적인 참여가 필요하다.

8. 자유롭게 토론할 필요가 있다.

　자유로운 토론이 필요하다.

(109쪽)

2. 안전 문제에 대한 토론을 했다.

　안전 문제에 대해 토론했다.

---

3. 한국어의 특징에 대한 조사를 했다.

　한국어의 특징에 대해 조사했다.

4. 여행자 보험에 대한 문의를 했다.

　여행자 보험에 대해 문의했다.

5. 방송의 역할에 대한 분석을 했다.

　방송의 역할에 대해 분석했다.

6. 나는 전통 음식에 대한 발표를 했다.

　나는 전통 음식에 대해 발표했다.

(110쪽)

1. 뛰어난

2. 지나친 / 어떤

3. 긍정적인 / 부정적인

4. 환경문제에 대해 / 적극적으로

5. 특징에 대해 / 자세하게

6. 많이 / 대표적인

(110쪽)

8. 유창한 / 필수적으로 요구된다.

9. 경제적인

10. 어떻게 / 구체적으로 살펴 보아야 한다.

11. 비판적으로 수용해야 한다.

12. 인상적인

13. 시간적인 / 효율적으로 관리해야 한다.

(110쪽)

1. 신문을 많이 볼수록 상식이 풍부해진다.

2. 문제 해결을 위해서는 그 원인을 구체적으로 살펴 보아야 한다.

●써 봅시다　　　　　　　　　　(111쪽)

1. 다문화 사회란 다양한 인종이나 문화가 함께 하는 사회를 말한다. 발생 원인으로는 국제 결혼의 증가와 세계화의 확산을 들 수 있다. 장점은 문화 차이를 배우고 이해할 수 있다는 것이다. 반면에 단점은 언어, 문화, 종교 차이 때

문에 갈등이 생길 수 있다는 것이다.

2. 야식이란 밤에 먹는 간단한 음식을 말한다. 그 특징은 맛이 지나치게 달거나 매운 음식이 많다는 것이다. 야식은 먹는 즐거움을 준다는 장점이 있는 반면에 건강에 나쁠 뿐만 아니라 살찌게 만든다는 단점이 있다.

07 부사 바로 쓰기 (호응)

● 연습해 봅시다   (114쪽)

1. 비록
2. 아무리
3. 어찌나
4. 결국
5. 반드시
6. 아마
7. 과연
8. 점점
9. 마치
10. 거의
11. 단지
12. 혹시

                                                  (115쪽)

1. 얼마나 한국어를 잘하는지 한국 사람인줄 알았다.
2. 아무리 힘들어도 포기하면 안 된다.
3. 비록 일은 좀 힘들더라도 보수가 좋을 것이다.
4. 만약 다시 태어난다면 배우가 되고 싶다.

                                                  (115쪽)

2. 만약 열심히 공부하면
3. 얼마나 예의가 바른지
4. 반드시 성공해야 한다.
5. 아무리 힘들어도
6. 혹시 사고가 나더라도
7. 비록 몸은 멀리 있더라도

8. 꼭 먹을 필요는 없다.
9. 점점 많아지고 있다.
10. 거의 가족이나 다름없다.

                                                  (116쪽)

1.
① 만약 사진작가가 된다면 세계 곳곳의 아름다운 풍경을 많이 찍을 것이다.
② 만약 과거로 돌아갈 수 있다면 더 열심히 살 것이다.
③ 만약 휴대전화가 없다면 생활하기가 너무 불편할 것이다.
④ 만약 내가 너라면 그런 선택은 하지 않을 것이다.
⑤ 만약 내일 죽는다면 오늘은 사랑하는 사람과 함께 시간을 보낼 것이다.

2.
① 아무리 어려운 일을 맡아도 최선을 다해야 한다.
② 아무리 화가 나도 상처를 주는 말은 하지 않을 것이다.
③ 아무리 열심히 공부해도 성적이 좋아지지 않는 경우도 있다.
④ 아무리 가벼운 운동이라도 준비운동이 꼭 필요하다.
⑤ 아무리 바빠도 부모님께 연락을 자주 드려야 한다.

                                                  (117쪽)

1.
① 비록 결과가 좋지 않더라도 다른 사람을 탓하면 안 된다.
② 비록 월급은 좀 적더라도 출퇴근 시간이 자유롭고 복지가 좋으면 만족할 수 있다.
③ 비록 야근을 하더라도 이 일은 오늘 반드시 끝낼 것이다.

④ 비록 부모님이 반대하시더라도 내 진로는 내가 결정할 것이다.
⑤ 비록 직장을 잃게 되더라도 현실과 타협하지 않을 것이다.

2.
① 시간이 얼마나 빠른지 벌써 30대가 되었다.
② 길이 얼마나 많이 막히는지 평소보다 한 시간이나 더 걸렸다.
③ 미세먼지가 얼마나 건강에 해로운지 호흡기 질환에 걸린 환자가 늘고 있다.
④ 관객들의 기대가 얼마나 큰지 그 공연은 벌써 표가 매진되었다.
⑤ 요즘 학생들이 얼마나 열심히 공부하는지 주말에도 대학 도서관에 빈자리가 없다.

(118쪽)

1.
① 지식을 쌓을 수 있기 때문이다.
② 환경 오염을 막을 수 있기 때문이다.
③ 세워야 한다. 왜냐하면 시간을 아껴 쓸 수 있기 때문이다.
④ 하지 말아야 한다. 왜냐하면 사고가 나기 쉽기 때문이다.
⑤ 꾸준히 운동을 해야 한다. 왜냐하면 건강을 지킬 수 있기 때문이다.

2.
① 마치 시간이 멈춘 것 같았다.
② 마치 한 폭의 그림 같았다.
③ 마치 구름 위를 걷는 것 같았다.
④ 마치 하늘이 무너지는 것 같았다.
⑤ 아기가 잠든 모습이 너무 예뻐서 마치 천사 같았다.

● **종합 연습** (119쪽)

1.
① 아무리 한국어를 잘해도 한국 회사에 취직하기가 어렵다.
② 얼마나 한국어를 잘하는지 한국 사람인 줄 알았다.
③ 비록 한국어를 잘하더라도 성실하지 않으면 취직이 어렵다.
④ 점점 한국어를 잘하게 되었다.
⑤ 단지 한국어를 잘할 뿐이다.
⑥ 아마 한국어를 잘하게 될 것이다.

2.
① 만약 외로우면 고향에 다시 돌아갈 것이다.
② 아무리 외로워도 참아야 한다.
③ 얼마나 외로운지 나도 모르게 눈물이 났다.
④ 비록 외롭더라도 혼자 사는 것이 낫다.
⑤ 점점 외로워진다.
⑥ 단지 외로울 뿐이다.
⑦ 아마 외로울 것이다.

● **연습해 봅시다** (120쪽)

1. 여간 힘든 것이 아니다.
2. 그다지 내 마음에 들지 않는다.
3. 결코 쉬운 일이 아니다.
4. 절대로 포기하지 않을 것이다.
5. 도저히 참을 수 없다.

● **종합 연습** (121쪽)

1. 부탁해도 그는 들어주지 않았다.
2. 힘든 일이 아니다.
3. 좋지 않다.
4. 아는 것이 없다.
5. 하면 안 된다.
6. 받아들일 수 없다.
7. 많아지고 있다.
8. 하늘을 나는 듯했다.

9. 예쁜지 모른다.
10. 합격할 수 있을까?

(121쪽)

1. 전쟁이 없다면
2. 어려운지
3. 어려운 것이 아니다.
4. 새 것이나 다름없다.
5. 일의 효율이 떨어지기 때문이다.
6. 말 못할 고민이 생기면
7. 힘들더라도
8. 시작했을 것이다.
9. 지각할 뻔했다.
10. 어릴 때 배울 필요는 없다.

● 써 봅시다 **1**　　　　　　　(122쪽)

1. 나는 요즘 점점 살이 찌고 있다.
2. 나는 요즘 졸업 준비로 여간 바쁜 것이 아니다.
3. 나는 절대로 약속을 어기지 않는다.
4. 나는 아무리 시간이 없어도 아침밥은 꼭 먹는다.
5. 나는 과연 꿈을 이룰 수 있을까?
6. 나는 좀처럼 지각하지 않는다.
7. 나는 담배를 전혀 피우지 않는다.
8. 나는 만약 다시 태어난다면 밤하늘의 빛나는 별이 되고 싶다.
9. 나는 올해 반드시 책을 많이 읽을 것이다.
10. 나는 초콜릿을 별로 좋아하지 않는다.

(123쪽)

　직업을 선택할 때 반드시 적성을 고려해야 한다. 왜냐하면 적성에 맞는 직업을 가지면 업무 만족도가 크게 올라가기 때문이다.
　만약 적성을 고려하지 않는다면 업무 만족도뿐만 아니라 일의 효율이 떨어져 행복을 느끼기가 어려워질 것이다.

● 써 봅시다 **2**　　　　　　　(124쪽)

　올해는 반드시 운동을 꾸준히 할 것이다. 왜냐하면 요즘 몸이 많이 안 좋아졌기 때문이다. 건강을 위해서 패스트푸드나 인스턴트 음식도 결코 먹지 않을 것이다. 또 아무리 바쁘고 시간이 없어도 부모님께 자주 안부 전화를 드릴 것이다. 마지막으로 돈을 아껴 쓸 것이다. 왜냐하면 나중에 세계 여행을 하려면 돈이 필요하기 때문이다. 비록 쇼핑을 못하더라도 돈을 절약하는 습관을 꼭 기를 것이다.

08　연결 문장 바로 쓰기

(128쪽)

1. ① 최선을 다했으므로 성공할 수 있었다.
　② 실수할까 봐 평소보다 연습을 많이 했다.
　③ 지각을 했기 때문에 야단을 맞았다.
　④ 돈을 버느라고 가족 여행을 못 갔다.
　⑤ 공부를 열심히 해서 장학금을 받았다.
　⑥ 바빠서 운동을 못 했더니 살이 쪘다.
　⑦ 그 친구가 다이어트하더니 날씬해졌다.
　⑧ 버스를 놓친 탓에 약속시간에 늦었다.

(129쪽)

2.① 제시간에 일을 못 끝낼까 봐 서둘렀다.
　② 사람이 많으므로 질서를 지켜야 한다.
　③ 과속한 탓에 사고가 났다.
　④ 열심히 일하더니 승진했다.
　⑤ 시험공부를 하느라고 잠을 못 잤다.
　⑥ 열심히 저축한 덕분에 집을 샀다.
　⑦ 발표를 잘해서 칭찬을 받았다.
　⑧ 일하느라 무리했더니 감기에 걸렸다.

(129쪽)

3.
● 친구와 싸운 이유와 화해하게 된 과정

우리는 고등학교 때 처음 만나서 지금까지 친하게 지내왔다. 그런데 얼마 전 오해가 생겨서 싸우게 되었다. 친구가 급한 일 때문에 전화를 했는데 게임을 하느라고 받지 못했다. 나중에 다시 전화가 와서 받았더니 왜 안 받았냐면서 화를 내기에 바쁜 일이 있었다고 했다. 친구가 화를 낼까 봐 바쁘다고 변명을 한 탓에 친구는 더 화가 나서 전화를 끊어버렸다. 나는 너무 미안해서 솔직하게 이유를 말하고 사과 편지를 써서 보냈다. 사과 편지를 쓴 덕분에 우리는 다시 화해할 수 있었다.

(130쪽)

● 외모를 바꾼 이유와 그 후의 변화
　나는 어릴 때부터 노래를 좋아해서 가수가 되고 싶었다. 노래 대회에 나가서 상을 탄 후에 기획사를 찾아갔지만 사람들은 내 외모를 보더니 어려울 것 같다고 했다. 나는 너무 실망했지만 꿈을 이루기 위해서 성형수술도 하고 다이어트도 시작했다. 살을 빼느라고 식사량을 줄이고 운동을 많이 했더니 너무 힘들었다. 하지만 힘든 과정을 이겨낸 덕분에 외모가 완전히 바뀌었다. 또 거절당할까 봐 걱정했는데 내 노래와 외모에 모두들 만족했고 드디어 성공했다. 외모 탓에 그동안 속상한 일들이 많았지만 이제는 행복하다.

● 못하는 것, 못하던 것을 잘하게 된 과정
　나는 수영을 못 한다. 물에 들어가면 가라앉을까 봐 어렸을 때부터 물을 무서워했다. 게다가 우리 부모님은 일하느라 바쁘셔서 같이 수영장에 갈 시간도 없었다. 나또한 운동보다는 집에서 게임하는 게 좋았다. 그런데 우연히 수영을 가르치는 선생님을 만나게 되었다. 그 선생님은 누구나 할 수 있으니까 너도 할 수 있다고 말씀하셨다. 그리고 어린 시절 기억 때문에 불안해하는 나를 편안하게 해 주셨다. 그렇게 편안한 마음으로 물속에 들어갔더니 생각보다 무섭지 않았다. 물에 뜨기 시작한 후부터 연습을 꾸준히 했다.

무엇이든지 처음부터 잘하는 건 어려우므로 인내심을 가지라고 조언해 준 선생님 덕분에 지금은 수영을 잘하게 되었다.

● **목적, 의도** (132쪽)

1.
② 전문가가 되려고 그 분야의 지식과 경험을 쌓았다.
③ 위기를 잘 극복하려면 긍정적인 자세가 필요하다.
④ 실수하지 않도록 잘 준비해야 한다.

2.
① 건강하게 살기 위해서 운동한다.
② 돈을 모으려고 소비를 줄이고 있다.
③ 외국친구를 사귀려면 그 나라의 문화를 이해해야 한다.
④ 부모님이 실망하지 않도록 정직한 사람이 되어야 한다.

3.
① 에너지 낭비를 줄이기 위해 실내온도를 적당히 유지해야 한다.
② 문화유산을 보존하려고 출입을 제한했다.
③ 음식쓰레기를 줄이려면 식습관의 변화가 필요하다.
④ 공기가 나빠지지 않도록 숲을 가꿔야 한다.

4.
① 사고를 줄이기 위해 안전교육을 한다.
② 인종차별을 없애려고 법을 만들었다.
③ 범죄를 줄이려면 CCTV를 설치해야 한다.
④ 아이들이 잘 자라도록 좋은 환경을 만들어 줘야 한다.

● 경험과 발견 (134쪽)

1.

① 전화를 거니까 받지 않았다.
② 매일 게임을 하다가 보니까 중독이 되었다.
④ 그 배우를 직접 보니까 키가 컸다.
③ 정신을 차리고 보니까 다른 곳이었다.
⑤ 그 컴퓨터를 써 보니까 편리했다.
⑥ 세일기간에 백화점에 가니까 복잡했다.
⑦ 인턴으로 일해 보니까 힘든 점이 많았다.
⑧ 시험 문제를 보니까 너무 어려웠다.

2.

① 사과를 하니까 미안하다고 했다.
② 약을 먹으니까 감기가 나았다.
③ 그 침대를 써 보니까 편했다.
④ 계속 하다가 보니까 익숙해졌다.
⑤ 교실에 가 보니까 아무도 없었다.
⑥ 몇 번 만나다가 보니까 사랑하게 되었다.
⑦ 성적을 보니까 80점이었다.
⑧ 공부를 하다가 보니까 밤 10시가 되었다.

3.

② 그 화장품을 써 보니까 피부에 잘 맞았다.
③ 그 신발을 신어 보니까 편했다.
④ 그 라면을 먹어 보니까 좀 매웠다.
⑤ 그 친구 집에 가 보니까 아주 넓었다.
⑥ 그 술을 마셔 보니까 순했다.
⑦ 그 차를 타 보니까 차가 아주 조용했다.
⑧ 그 차를 마셔 보니까 아주 달았다.
⑨ 그 책을 읽어보니까 재미있었다.
⑩ 그 가수의 노래를 들어보니까 독특했다.

(136쪽)

4.

② 케이크가 들어 있었다.
③ 은행 문이 닫혀 있었다.
④ 학생들이 많았다.

⑤ 친구들이 이미 떠나고 없었다.
⑥ 밖이 시끄러웠다.
⑦ 예쁜 시계와 편지가 들어 있었다.
⑧ 작은 마을이 보였다.
⑨ 머리가 아프기 시작했다.

5.

① 소개받고 보니까 아는 사람이었다.
② 고백을 하고 보니까 ~
　소리를 지르고 보니까 미안한 마음이 들었다.
③ 내 우산인 줄 알았는데 쓰고 보니까 내 우산이 ~
　사진을 찍고 보니까 촬영 금지 구역이었다.

6.

② 저녁 식사를 같이 하다 보니까
③ 국제전화를 많이 하다 보니까
④ 빨리 살을 빼려고 하다 보니까
⑤ 오랜만에 만나서 이야기를 하다 보니까

● 판단 (137쪽)

1.

① 제주도를 여행하기에는 충분하다.
② 쇼핑하고 관광을 하기에는 충분하다.
　한국 회사에서 일하기에는 부족하다.
③ 혼자 유학을 가기에는 너무 어리다.
　직장을 그만두고 은퇴하기에는 이르다.
④ 자판기 커피를 뽑기에는 충분하다.
　극장에서 영화를 보기에는 부족하다.

● 하나 더 추가 (139쪽)

1.

② 발표 내용이 창의적인 데다가 풍부하다.
③ 그 곳은 불편한 것은 물론이고 위험하다.
④ 성격이 급할 뿐만 아니라 고집이 세다.
⑤ 근무 시간도 길고 임금도 높지 않다.
⑥ 속도가 빠를 뿐더러 성능도 뛰어나다.

⑦ 가족도 없이 혼자 사는 데다가 몸도 아프다.

⑧ 고양이는 혼자 잘 놀 뿐더러 깨끗하다.

⑨ 누구나 할 수 있을 뿐만 아니라 값도 싸다.

⑩ 그 아이는 사교적인 데다가 적극적이다.

⑪ 공부를 잘하는 것은 물론이고 운동도 잘한다.

⑫ 경험이 많을 뿐더러 자격증도 많다.

⑬ 취직을 하는 것은 물론이고 결혼하기도 어렵다.

⑭ 공기가 나빠진 데다가 비도 거의 안 온다.

⑮ 사용법도 쉽고 가지고 다니기도 편하다.

●좋은 것끼리 (140쪽)

② 그 영화배우: 잘 생긴 데다가 겸손하다.

③ 가방: 디자인도 예쁠 뿐더러 실용적이다.

④ 수업: 재미도 있고 유익하다.

⑤ 그곳: 경치가 아름다우며 조용하다.

⑥ 한옥: 바람이 잘 통하고 온돌 난방을 해서 바닥이 따뜻하다.

⑦ 부모님: 자상한 것은 물론이고 항상 나를 믿고 응원해 주신다.

●나쁜 것끼리 (140쪽)

② 겨울: 추운 데다가 건조하다.

③ 그 영화: 대사도 별로 없고 지루하다.

④ 전통시장: 주차하기가 어려우며 신용카드 사용이 어렵다.

⑤ 학교: 등록금이 비쌀 뿐만 아니라 멀다.

⑥ 음식: 매운 데다가 짜다.

⑦ 게임: 중독성이 강할뿐더러 폭력적이다.

●상반, 대조 (141쪽)

1.

② 영양은 풍부하나 맛이 없다.

③ 유명한 데 반해 볼거리는 없다.

④ 월급은 적지만 즐겁게 일한다.

⑤ 그 영화는 오락성은 뛰어난 데 반해 예술성은 떨어진다.

⑥ 긍정적인 면이 있는가 하면 부정적인 면도 있다.

⑦ 싼 반면에 교환, 환불이 불가능하다.

⑧ 외모는 바꿀 수 있으나 성격은 바꾸기 어렵다.

⑨ 돈을 벌기는 어려운 반면 쓰기는 쉽다.

⑩ 실패할 가능성이 있는가 하면 성공할 가능성도 있다.

⑪ 입학은 쉽게 하는 데 반해 졸업 조건은 까다롭다.

⑫ 디자인은 좋으나 실용성이 없다.

⑬ 그 나라는 물가가 싸지만 살기가 불편하다.

(142쪽)

2.

●자유 여행

② 자유여행은 경제적인 반면 불편하고 위험할 수 있다.

●도시 생활

① 도시 생활은 편의 시설이 많아 편리한 반면 환경오염이 심해서 건강에 나쁘다.

② 도시 생활은 문화생활을 다양하게 즐길 수 있는 데 반해 생활비가 많이 든다.

●광고

① 광고는 제품의 정보를 알려주는 반면에 정보를 과장해서 소비자를 속이기도 한다.

② 광고는 상업적인 것이 있는가 하면 공익을 위한 것도 있다.

●소셜 미디어(SNS)

① 다양한 정보를 빨리 얻을 수 있는 반면 잘못된 정보로 피해를 볼 수도 있다.

② 많은 사람들과 관계를 맺을 수 있으나 개인정보가 상업적으로 이용될 수 있다.

●진로 선택(창업)

① 누구나 할 수 있는 반면 성공하기가 어렵다.

② 자신만의 장점을 발휘할 수 있으나 투자 비용이 많이 든다.

● 일반적인 예상과 다른 결과 (145쪽)

1.

① 시간적 여유가 없는데도 불구하고 봉사활동을 많이 한다.

② 성공할 가능성이 별로 없는데도 최선을 다한다.

③ 할 일이 많은데도 계속 미루기만 한다.

④ 경제적 여유가 없는데도 기부를 한다.

⑤ 한가한데도 불구하고 책을 안 읽는다.

⑥ 어린데도 집안일을 많이 한다.

⑦ 비가 오는데도 우산을 쓰지 않았다.

⑧ 실력이 뛰어난데도 인정을 못 받았다.

2.

① 잘못을 하고도 사과하지 않았다.

② 그 사실을 알면서도 모르는 척했다.

③ 여자이면서도 남자처럼 행동했다.

④ 힘들다고 하면서도 그만두지 않았다.

⑤ 편지를 받고도 답장하지 않았다.

⑥ 질문을 받고도 대답하지 않았다.

⑦ 어려운 일을 겪고도 웃음을 잃지 않았다.

⑧ 너무 맵다고 하면서도 계속 먹었다.

3.

그 사람은 회사일로 스트레스를 많이 받았다. 갈수록 스트레스가 쌓이는데도 불구하고 풀 시간도, 방법도 없었다. 이대로 계속 일을 하다가는 건강에 문제가 생길 거라는 걸 알면서도 일을 그만두지 못했다. 결국 최근 건강검진에서 암이라는 진단을 받았다. 하지만 암 진단을 받고도 가족들에게 말하지 못했다.

4.

그 사람은 청년들의 존경을 받고 있다. 나이가 젊은데도 불구하고 다양한 경력을 쌓았고 봉사활동도 많이 했다. 대학교를 졸업하자마자 여러 기업으로부터 같이 일해보자는 제안을 받았다. 하지만 그런 제안을 받고도 대기업에 가지 않고 직접 회사를 차려서 경영하기 시작했다. 회사는 5년 만에 눈부신 성장을 거두었다.

● 예상보다 더 나쁜 결과 (147쪽)

② 대화를 많이 하기는커녕 만날 시간도 없다.

③ 열심히 공부하기는커녕 숙제도 안 한다.

④ 매일 하기는커녕 일주일에 한 번도 안 한다.

⑤ 행복하기는커녕 힘들고 외로울 것이다.

⑥ 평화로운 세상이 오기는커녕 분쟁과 갈등이 더 많아지고 있다.

⑦ 도움이 되기는커녕 해가 될 수 있다.

⑧ 즐기기는커녕 스트레스에 시달리고 있다.

⑨ 늘어나기는커녕 줄어들고 있다.

● 가정(단순가정, 특수가정) (149쪽)

1.

② 한 달밖에 살 수 없다면 가족들과 여행을 떠나고 싶다.

③ 남자(여자)가 된다면 항해사가 되고 싶다.

④ 물이 부족하다면 질병이 늘어날 것이다.

⑤ 갑자기 해고된다면 항의할 것이다.

2.

② 운동과 식이요법을 계속 하다보면 살이 빠질 것이다.

③ 경험을 쌓다 보면 잘하게 될 것이다.

④ 낭비를 줄이다보면 돈을 모으게 될 것이다.

⑤ 마음을 열고 먼저 다가가다 보면 친구가 생길 것이다.

3.

② 담배를 많이 피우다가는 건강이 나빠질 것이다.

③ 스마트폰만 보다가는 친구를 잃을 것이다.

④ 계속 놀기만 하다가는 시험을 못 볼 것이다.

⑤ 계속 과로하다가는 병에 걸릴 것이다.

1.

① 어려움을 겪어야 더 크게 성장할 수 있다.

② 학생이어야 할인을 받을 수 있다.

③ 계획을 세워야 목표를 이룰 수 있다.

④ 부모가 되지 않고서는 부모의 마음을 이해할 수 없다.

⑤ 개인의 자유를 존중하되 다른 사람에게 피해를 주면 안 된다.

⑥ 일을 즐기지 않고서는 평생 할 수 없다.

⑦ 친구가 옆에 있는 한 외롭지 않다.

⑧ 아르바이트를 하되 공부도 열심히 해야 한다.

2.

① 담배를 피우되 흡연구역에서만 피워야 된다.

② 정직하지 않고서는 신뢰를 얻을 수 없다.

③ 꿈이 있는 한 포기하지 않는다.

④ 다른 사람들과 아픔을 함께 나눌 수 있어야 인간관계가 좋아진다.

⑤ 농담을 하되 지나치면 안 된다.

⑥ 사랑하는 사람들과 함께 살지 않고서는 행복할 수 없다.

⑦ 꾸준히 실천해야 효과가 있다.

⑧ 주변 환경이 좋지 않고서는 장수할 수 없다.

(152쪽)

3.

● 성공의 조건

－어려움을 극복해야 성공할 수 있다.

● 신뢰의 조건

－거짓말을 하는 한 신뢰를 얻을 수 없다.

－약속을 지켜야 신뢰를 얻을 수 있다.

● 좋은 부모의 조건

－공부를 강요하는 한 좋은 부모가 될 수 없다.

－먼저 아이의 마음을 이해하지 않고서는 좋은

부모가 될 수 없다.

4.

● 건강하게 살을 빼려면

－운동을 하되 규칙적으로 꾸준히 해야 한다.

● 경제적인 소비를 하려면

－필요한 물건을 사되 가격과 성능을 따져 봐야 한다.

－물건을 사되 싸다고 무조건 사면 안 된다.

● ?(술)에 중독되지 않으려면

－술을 마시되 혼자 자주 마시면 안 된다.

－술을 마시되 자주 과음하면 안 된다.

●결과에 상반되는 가정 (154쪽)

1.

② 시간이 많아도 TV를 안 볼 것이다.

③ 아무리 위험하더라도 꼭 갈 것이다.

④ 슬퍼도 울지 않을 것이다.

⑤ 비록 가난할지라도 우리 가족은 행복하다.

⑥ 스트레스가 쌓이더라도 참을 수밖에 없다.

⑦ 감기에 걸려도 쉴 수가 없다.

⑧ 언어장벽이 있어도 포기할 수 없다.

⑨ 복권에 당첨되더라도 검소하게 살겠다.

⑩ 아무리 힘들어도 포기하면 안 된다.

⑪ 마음에 안 들더라도 바꿀 수가 없다.

⑫ 아무리 연습을 많이 해도 실수할 수 있다.

⑬ 돈이 많더라도 비싼 차를 타지 않겠다.

⑭ 아무리 경험이 많더라도 긴장할 수 있다.

⑮ 바빠도 가족들과 함께 여행을 갈 것이다.

⑯ 좋은 대학을 나와도 취업이 어렵다.

⑰ 아무리 먹어도 살이 찌지 않는다.

⑱ 비록 나이가 어릴지라도 용기가 있다.

⑲ 아무리 이야기를 해도 설득할 수 없다.

⑳ 화가 나더라도 흥분하면 안 된다.

● 소용없는 가정 (156쪽)

1.

① 급하게 서두르지 않았더라면
② 그때 하고 싶은 일을 했더라면
　　그때 그 사람을 도와줬더라면
③ 평소에 열심히 공부했더라면
　　결석하지 않고 수업을 잘 들었더라면
④ 전문가의 의견을 들었더라면
　　원인을 제대로 분석했더라면
⑤ 상대방의 입장에서 이해했더라면
　　조금만 더 참았더라면

2.

① 돈을 많이 벌지 못했더라도
② 내가 장애를 가지고 있었더라도
　　부모님의 뜻에 따르지 않았더라도
③ 부모님이 반대했더라도
　　안정된 직업이 없었더라도
④ 높은 보수를 제안했더라도
　　선생님이 부탁을 했더라도
⑤ 가능성이 거의 없었더라도
　　여러 번 실패했더라도

3.

따뜻하고 행복한 가정에서 자랐더라면 범죄자가 되지 않았을 것이다. 또한 자신을 이해해 줄 수 있는 좋은 친구를 만났더라면 범죄자가 되지 않았을 것이다. 그리고 자신에게 관심을 가져 주는 이웃 사람들이 있었더라면 범죄자가 되지 않았을 것이다.......

4.

배우들이 더 연기를 잘했더라면 흥행에 성공했을 것이다. 또한 줄거리가 더 현실적이었다면 성공했을 것이다. 그리고 홍보를 잘했더라면 성공했을 것이다.......

5.

내가 큰 잘못을 했더라도 그 사람은 나를 용서했을 것이다. 또한 내가 오랫동안 찾지 않았더라도 끝까지 나를 기다렸을 것이다. 그리고 내가 다른 사람을 더 사랑했더라도 내 행복을 빌어줬을 것이다.......

01 명사형 만들기

●연습해 봅시다 (161쪽)

2. 자전거를 타는 것은 환경보호에 도움이 된다.
3. 인터넷에서 물건을 사는 것은 편리하다.
4. 외국어 실력을 갖추는 것이 중요하다.
5. 나는 책을 읽는 것을 좋아한다.
6. 친구가 뛰어가는 것을 봤다.
7. 싫은데 좋은 척하는 것이 싫다.
8. 사진을 촬영하는 것에 관심이 있다.

●문장 만들기 (162쪽)

2. 자신의 적성을 아는 것은 중요하다.
3. 한국어를 배우는 것이 재미있다.
4. 일하면서 공부하는 것은 어렵다.
5. 공부가 가장 중요한 것은 아니다.
6. 규칙적으로 운동을 하는 것이 좋다.
7. 먹고 싶은 것이 없다.
8. 강아지가 비를 맞고 있는 것을 보았다.

(162쪽)

1. 다양한 사람들과 어울리는 것을
2. 맛집을 찾아다니는 것을
3. 글 쓰는 것을

●연습해 봅시다 (163쪽)

2. 내 취미는 요리하기이다.
3. 연락이 오기를 기다린다.
4. 한국에서 살기가 힘들다.
5. 도와주기를 기대했다.
6. 운동하기를 싫어한다.
7. 그림 그리기를 좋아한다.

8. 시험에 합격하기를 바란다.
9. 살을 빼기에 좋다.
10. 사용하기에 불편하다.

●문장 만들기 (164쪽)

2. 일자리를 구하기가 힘들다.
3. 직접 만나서 이야기하기를 원한다.
4. 숙제하기가 싫다.
5. 대학원에 진학하기를 포기했다.
6. 만드는 법을 배우기가 쉽다.
7. 태권도를 배우기 시작했다.
8. 빨리 방학이 오기를 기다린다.

(164쪽)

2. 대중교통 이용하기
3. 쓰레기 분리수거 하기
4. 에너지 절약하기
5. 음식물 쓰레기 줄이기

●연습해 봅시다 (165쪽)

2. 내가 잘못했음을 깨달았다.
3. 줄어들고 있음을 의미한다.
4. 빈부격차가 심화되고 있음을 반영한다.
5. 법을 어겼음이 드러났다.
6. 계획이 있음을 밝혔다.
7. 그 사람의 말이 사실임이 밝혀졌다.
8. 실수했음이 분명하다.
9. 미안함을 느꼈다.
10. 피해를 입었음을 주장했다.

● 문장 만들기 (166쪽)

2. 그것이 사실이 아님을 주장했다.

3. 그 사람은 부족함이 없다.

4. 흡연율이 감소했음을 알 수 있다.

5. 그 사람이 범인임이 확실하다.

6. 가족이 소중함을 깨달았다.

7. 그 일이 성공하기 어려움을 안다.

8. 따뜻함을 느꼈다.

(166쪽)

1. 마트에 가서 장을 봄.

2. 간식을 줄임.

　대중교통을 이용함.

　도시락을 싸서 다님.

3. 인터넷으로 여행지를 검색함.

　숙소를 예약함.

　준비물을 챙김.

● 종합 연습 (167쪽)

1. 우리가 다시 만날 수 있기를

2. 혼자 밥 먹기를

3. 잠시 휴식을 취하는 것이

4. 약속을 잊어버렸음이

5. 내 방을 꾸미는 것

6. 내용을 이해하기가

7. 외국에서 사는 것은

8. 알아듣기가

9. 따뜻한 물을 자주 마시는 것이

10. 여행을 하기에

11. 연락이 오기를

12. 동아리에 가입하기를

● 연습해 봅시다 (169쪽)

2. 제주도에 가기로 했다.

3. 감기에 걸리기가 쉽다.

4. 웃기만 했다.

5. 마음먹기 나름이다.

6. 흡연율이 줄어든 것으로 나타났다.

7. 비빔밥이 맛있기로 유명하다.

8. 소나기가 그치기를 기다렸다.

9. 모든 것은 변하기 마련이다.

10. 친구가 다른 사람에게 내 비밀을 말했기 때문이다.

● 문장 만들기 (170쪽)

2. 칭찬을 듣기는커녕 오히려 혼만 났다.

3. 꿈을 이루기 위해서 노력하고 있다.

4. 남의 탓을 하기 전에 자신의 행동에 대해 생각해 봐야 한다.

5. 봉사활동은 힘들기는 하지만 보람이 있다.

7. 가정형편이 어려웠음에도 불구하고 학업을 포기하지 않았다.

8. 주말에는 표가 없기 때문에 미리 예매해야 한다.

9. 그 영화가 감동적이라고 하기에 영화관에서 보려고 한다.

10. 그 식당은 음식이 맛있는 것은 물론이고 분위기도 좋다.

● 종합 연습 (171쪽)

2. 그 사람이 믿을 만하기

3. 공부를 하기가 힘들기는

4. 인터넷으로 구입한 물건이 도착하기를

5. 죄를 지으면 벌을 받기

6. 매일 규칙적으로 운동하기로

7. 좋은 곳에 취업하기

8. 생각하기

9. 최선을 다했음에도

10. 육아 휴직을 하는 남성이 늘고 있는 것으로

11. 평균 수명이 연장됨에

12. 단풍이 아름답기로

● 써 봅시다 **1** (172쪽)

1. 한국 친구를 사귀는 것이 도움이 된다.

2. 규칙적으로 운동을 하는 것이 중요하다.
  취미 생활을 하는 것이 좋다.
3. 자신의 일에 최선을 다하기 때문이다.
  예의가 바르기 때문이다.
4. 한국드라마를 좋아하기 때문이다.
  한국 회사에 취직하고 싶기 때문이다.
5. 일회용품 사용을 줄이는 것은
6. 외국어를 공부하는 것은
  다른 사람을 이해하는 것은
7. 자기 자신을 아는 것은
  직장을 선택하는 것은
8. 다른 사람을 돕는 것은 행복한 일이다.
  하고 싶은 일을 하면서 사는 것은 행복한 일이다.

● 써 봅시다 2 (173쪽)

1. 건강한 삶을 살기 위해서는 스트레스를 줄이는 것이 중요하다. 왜냐하면 스트레스는 모든 병의 원인이기 때문이다. 스트레스를 받으면 면역력이 떨어져서 병에 걸리기 쉽고 스트레스가 계속 쌓이면 우울증에 걸릴 수도 있다. 그러므로 스트레스를 받으면 자신만의 방법으로 그때그때 푸는 것이 좋다.
2. 〈생략〉

02 관형형 만들기

● 연습해 봅시다 (176쪽)

2. 요즘 고민이 많은 나는 입맛이 없다.
3. 여자 친구에게 줄 선물을 샀다.
4. 나는 배우인 동생이 있다.
5. 산 지 얼마 안 된 휴대 전화가 고장이 났다.

● 문장을 완성해 보세요 (176쪽)

2. 친구에게 빌린 책을 잃어버렸다.
3. 눈이 내리는 풍경이 아주 아름답다.
4. 디자인이 예쁜 상품이 잘 팔린다.

5. 유머 감각이 있는 남자가 인기가 많다.
6. 성격이 급한 그 친구는 화를 잘 낸다.
7. 분위기가 좋은 카페에서 차를 마시고 싶다.
8. 어제 본 공연은 아주 감동적이었다.

● 문장을 확장해 보세요 (177쪽)

2. 요즘 대학생들은 안정적인 직장을 선호한다.
  취업하기 힘든 요즘 대학생들은 안정적인 직장을 선호한다.
3. 나는 어학연수를 갈 계획을 세웠다.
  외국어 실력의 중요성을 깨달은 나는 어학연수를 갈 계획을 세웠다.
4. 친절한 그 학생은 외국인을 도와주었다.
  친절한 그 학생은 길을 찾고 있는 외국인을 도와주었다.

● 명사를 꾸며 보세요 (177쪽)

2. 한국 음식이 입에 맞지 않는, 어머니가 해 주시는
3. 겁이 많은, 새로운 것에 도전할
4. 들어가고 싶은, 복지가 좋은
5. 내가 좋아하는, 풍경이 아름다운

● 연습해 봅시다 (178쪽)

1. 시험에 합격했다는 연락을 받았다. (✔)
2. 나는 어릴 때 나무에서 떨어진 경험이 있다. (✔)
3. 친구가 결혼한다는 소식을 들었다. (✔)
4. 나는 그 사람을 만난 기억이 없다. (✔)
5. 처음 보는 사람에게 결혼했냐는 질문은 실례다. (✔)

● 문장을 완성해 보세요 (179쪽)

2. 여가를 즐길, 데이트를 할
3. 혼자 여행을 갈, 사장님의 말에 반대할
4. 중요한 약속을 잊어버리는, 어쩔 수 없이 거짓말을 하게 되는

5. 한국어를 잘 몰라서 실수한, 물에 빠진
6. 시험에 합격할, 우리 팀이 우승할
7. 그 말을 들은, 예전에 와 본
8. 부자가 되고 싶은, 1등을 하고 싶은
9. 부모님을 찾아뵐, 운동을 할
10. 비행기가 추락하는, 차량이 눈길에 미끄러지는

● 문장을 완성해 보세요 (180쪽)

2. 오늘 모임이 취소됐다는, 면접시험에 합격했다는
3. 벼는 익을수록 고개를 숙인다는, 가는 말이 고와야 오는 말이 곱다는
4. 왜 한국어를 공부하(느)냐는, 꿈이 뭐냐는
5. 거짓말을 했다는, 오래전부터 좋아하고 있었다는
6. 그 사람이 아주 대단하다는, 친구가 약속을 잊어버렸을지도 모른다는
7. 올해 꼭 살을 빼야겠다는, 담배를 끊겠다는
8. 그 친구가 잘 지내고 있다는, 어학당 친구가 한국 사람과 결혼한다는
9. 대중교통 요금이 인상된다는, 한국작가가 세계적으로 권위있는 상을 수상했다는
10. 다시 돌아오겠다는, 10년 후에 다시 만나자는

● 종합 연습 (181쪽)

2. 지하철에서 졸다가 내릴 곳을 지나친
3. 야경이 아름다운
4. 키가 크고 안경을 쓰고 있는
5. 무엇인가를 숨기고 있다는
6. 무뚝뚝한 사람이라는
7. 영화관에 가서 볼 만한
8. 불고기를 만드는
9. 배울수록 어렵다는
10. 공기가 깨끗하고 바다가 있는
11. 외국어를 잘하는 사람이
12. 해외봉사를 갈
13. 결혼할

14. 비가 오는 날
15. 여자 친구에게 헤어지자는

● 써 봅시다 (182쪽)

〈생략〉

03 서술절 만들기

● 연습해 봅시다 (184쪽)

2. 자원이
3. 능력이 / 인내심이 / 유머감각이
4. 성격이 / 목소리가 / 인간 관계가
5. 능력이 / 정이 / 빚이 / 나쁜 습관이 / 한국 친구가
6. 설득력이
7. 교사
8. 새를 키우는 것

(185쪽)

2. 나는 능력이 있다.	나는 눈치가 있다.
3. 그 작가는 지식이 풍부하다.	그 아이는 상상력이 풍부하다.
4. 그 강아지는 다리가 짧다.	옛 사람들은 수명이 짧았다.
5. 그 배우는 연기력이 뛰어나다.	그 배우는 패션 감각이 뛰어나다.
6. 그 환자는 건강 상태가 나쁘다.	그 옷은 질이 나쁘다.
7. 그 모델은 키가 크다.	그 아나운서는 목소리가 크다.
8. 최고 경영자는 돈이 많다.	그 공연은 인기가 많다.
9. 그 신상품은 디자인이 예쁘다.	내 동생은 얼굴이 예쁘다.
10. 우리 집은 전망이 좋다.	그 영화관은 시설이 좋다.

(185쪽)

1. 안동은 하회 탈춤이 유명하다.
2. 이 휴대 전화는 액정이 깨졌다.

(186쪽)

2. 나는 전공이 한국학이다.	내 친구는 직업이 상담사이다.
3. 내 친구는 성격이 긍정적이다.	내 친구는 성격이 아주 내성적이다.
4. 그 책은 작가가 노벨 문학상 수상자이다.	그 소설은 작가가 유명한 사람이다.
5. 그 드라마는 내용이 감동적이다.	그 영화는 배경 음악이 인상적이다.
6. 우리 집 고양이는 몸무게가 8kg이다.	내 친구는 키가 165cm이다.
7. 우리 한국어 선생님은 취미가 독서이다.	나는 취미가 요가이다.
8. 이 커피 원두는 원산지가 베트남이다.	이 물건은 생산지가 중국이다.
9. 그 사람은 직업이 교수이다.	우리 형은 직업이 변호사이다.
10. 그 뮤지컬은 공연 시간이 2시간이다.	그 영화는 상영시간이 3시간이다.

(186쪽)

1. 이 책은 제목이 '춘향전'이다.
2. 이 거북이는 몸무게가 5kg이다.

●써 봅시다 1 (187쪽)

석굴암이 있다. 부산 해운대는 바다가 아름답다. 또 제주도는 한라봉과 한라산이 유명하다. 제주도는 기후가 따뜻하다. 그래서 한라봉의 맛이 아주 달다. 그뿐만 아니라 한라산은 높이가 1,947m로 남한에서 가장 높은 산이다. 그리고 한국의 수도인 서울에는 경복궁이 있고 춘천은 닭갈비가 아주 맛있다.

나는 내 친구에 대해 소개하고자 한다. 그는 성격이 아주 활발하다. 취미는 자전거타기이다. 그는 어릴 때부터 꿈이 사진 작가였다. 눈이 커서 별명은 '왕눈이'이고 애창곡은 '사랑과 우정 사이'이다. 그는 피부가 하얗고 입이 크며 다리가 길다.

04 부사 만들기

●연습해 봅시다 (190쪽)

1. 끊임없이
2. 상관없이
3. 눈코 뜰 새 없이
4. 틀림없이
5. 변함없이
6. 사랑 없이
7. 쓸데없이
8. 할 수 없이
9. 이유 없이
10. 아낌없이

(190쪽)

1. 행동하는 그 사람을 신뢰한다.
2. 부족했다.
3. 살면 시간을 낭비하기 쉽다.
4. 생략

(191쪽)

1. 발 빠르게
2. 하루가 다르게
3. 기대와 다르게
4. 남들과 다르게
5. 눈물나게
6. 몰라보게
7. 뜻하지 않게
8. 끝나기가 무섭게
9. 눈부시게
10. 아무도 모르게

1. 발전하고 있다.
2. 선행한 사실이 세상에 알려졌다.
3. 생각하는 경우가 많다.
4. 생략

(192쪽)

1. 칼로 무 자르듯이
2. 불 보듯이
3. 밥 먹듯이
4. 바늘 가는 데 실 가듯이
5. 제 집 드나들 듯이
6. 물 쓰듯이
7. 가뭄에 콩 나듯이
8. 비 오듯이
9. 춤추듯이
10. 다람쥐 쳇바퀴 돌 듯이

(192쪽)

1. 나도 행복하게 살기를 원한다.
2. 이번 문제는 대단히 심각한 것이다.
3. 생각도 다르다.
4. 생략

(193쪽)

1. 귀가 따갑도록 잔소리를 많이 들었다.
2. 입에 침이 마르도록 선생님이 그를 칭찬했다.
3. 그는 문턱이 닳도록 친구 집을 자주 드나들었다.
4. 부모님께서 허리가 휘도록 일을 많이 하셨다.
5. 그는 목이 빠지도록 그녀를 기다렸다.
6. 그는 입이 귀에 걸리도록 크게 웃었다.
7. 그는 여자 친구에게 손이 발이 되도록 용서를 빌었다.

(193쪽)

1. 많이 들었다.

---

2. 노래를 크게 불렀다.
3. 쉬지 않고 일했다.

(194쪽)

① 생활수준이 향상될수록
② 정보가 많을수록
③ 무슨 일이 있든지
④ 알다시피

(195쪽)

② 편리해진다.
③ 지식이 풍부해진다.
④ 그 사람이 좋아진다.
⑤ 시간이 흐를수록 부모님의 마음을 더 잘 이해할 수 있게 되었다.
⑥ 가격이 비쌀수록 품질이 좋아지는 것은 아니다.

(195쪽)

② 항상 최선을 다한다.
③ 거짓말을 하면 안 된다.
④ 저축하는 습관을 길러야 한다.
⑤ 약속은 꼭 지켜야 한다.
⑥ 그 드라마는 남자든지 여자든지 다 좋아한다.

(195쪽)

② 청년 실업에 대한 해결책을 찾고 있다.
③ 짙은 안개로 인해 오후 비행기는 결항되었다.
④ 한국 사회는 대학 진학률이 매우 높다.
⑤ 최근 물가가 크게 오르고 있다.
⑥ 널리 알려졌다시피, 그 영화는 실화를 소재로 한 작품이다.

●써 봅시다 **1**　(196쪽)

① 변함없이
② 편견 없이

③ 관계없이

④ 어떤 경우에든지

⑤ 아낌없이

⑥ 더할 나위 없이

⑦ 그녀가 그러했듯이

---

2. 말하기 실력을 키우기 위해 노력했다. 한국 드라마를 보면서 새로운 표현은 노트에 적고 암기를 했다. 그리고 언어 교환을 할 때 암기한 것을 꼭 사용해서 말하는 연습을 했다. 날마다 2시간 이상씩 **끊임없이** 말하는 연습을 한 결과, 말하기 실력이 **하루가 다르게** 향상되는 것을 느낄 수 있었다.

（197쪽）

2.
- 설명: 그래프에서 볼 수 있듯이, 노년과 유년인구의 차이가 날이 갈수록 커지고 있다. 2010년과 다르게 2018년에는 노년 인구가 전체의 14%에 이르는 반면 유년 인구는 11%로 감소한 것이다.
- 전망: 이 문제는 정부의 적극적인 복지 정책 없이는 해결되기 어려울 것이다.

3.
- 설명: 그래프에 나타나듯이, 1인 가구의 비중이 가면 갈수록 늘어나고 있다. 2000년과 다르게 2010년에는 약 23%에 이르렀다.
- 전망: 1인 가구는 앞으로 끊임없이 증가하여 2030년에는 약 35%에 이를 것으로 전망된다.

● 써 봅시다 **2**　　　　　　　（198쪽）

　　현대 사회는 여러 가지 문제점을 가지고 있다. 먼저 환경 오염 문제가 갈수록 심해지고 있다. 과학기술이 발달할수록 사람들의 생활은 편리해졌지만 환경오염은 악화된 것이다. 공기 오염

이나 수질 오염으로 인해 질병에 걸린 사람들도 늘고 있다.

　　또 현대 사회에서는 생존을 위한 경쟁이 너무 치열하다. 끊임없이 자기 계발을 하고 성과를 내야 한다. 이로 인해 만성 피로나 스트레스성 질환에 시달리는 사람들도 늘고 있다.

05　인용절 만들기

● **연습해 봅시다**　　　　　　（201쪽）

1. 서술문 연습

① (말)했다
~ 않는다고
~ 새웠다고
~ 다할 거라고
~ 만들 거라고
~ 받는다고
~ 다르다고
~ 빠르다고
~ 맞는다고
~ 하면 된다고
~ 까다롭다고

② 생각한다
~ 필요하다고
~ 중요하다고
~ 바람직하지 않다고
~ 풀고 싶다고
~ 포기했다고
~ 낫다고
~ 힘들다고
~ 할 수 있다고
~ 성공할 거라고
~ 공부해야 한다고

③ 들었다
~ 아니라고
~ 오를 거라고
~ 높다고
~ 길다고
~ 심하다고
~ 늘었다고
~ 줄었다고
~ 돕는다고
~ 생길 거라고
~ 많이 든다고

④ 주장했다
~ 옳지 않다고
~ 틀렸다고
~ 한다고
~ 바꿔야 한다고
~ 가져야 한다고
~ 잘못했다고
~ 아니라고
~ 바람직하다고
~ 없다고
~ 어렵다고

⑤ 느꼈다
~ 외롭다고
~ 평범하지 않다고

⑥ 믿었다
~ 반이라고
~ 밝혀진다고

184　외국인을 위한 한국어 문장 쓰기의 모든 것

~ 크다고	~ 나아질 거라고
~보수적이라고	~ 있다고
~ 불공평하다고	~ 정직하다고

⑦ 쓰여 있다	⑧ 예상했다
~ 금지라고	~ 해결될 거라고
~죄송하다고	~ 늘 거라고
~ 찾는다고	~ 온다고
~ 모집한다고	~ 극복할 거라고
~ 물 절약이라고	~ 좋을 거라고

(203쪽)

2. 의문문 연습

① 물었다	② 질문했다
~ 학생이냐고	~ 났느냐고
~ 가겠냐고	~ 끝나느냐고
~ 드시겠냐고	~ 낮으냐고
~ 어떠냐고	~ 어디냐고
~ 위험하냐고	~ 하느냐고
~ 뭐냐고	~ 걸리느냐고
~ 졸업했냐고	~ 많으냐고
~ 할 수 있냐고	~ 보느냐고
~ 모르냐고	~ 되느냐고
~ 아냐고	~ 발표할 거냐고
~ 기다렸냐고	~ 예쁘냐고
~ 슬프냐고	~ 부느냐고
~ 맵냐고	~ 매우냐고
~ 그러냐고	~ 있느냐고
~ 아름답냐고	~ 다르냐고
~ 필요하냐고	~ 됐느냐고

(204쪽)

3. 청유문 연습

① 제안했다	② 약속했다
~ 고쳐 보자고	~ 일어나자고
~ 바꾸자고	~ 결석하지 말자고
~ 운동하자고	~ 참여하자고

~ 절약하자고	~ 돕자고
~ 아껴 쓰자고	~ 끊자고
~ 줍자고	~ 손 대지 말자고
~ 이용하자고	~ 아끼자고
~ 만들자고	~ 주자고
~ 걷자고	~ 살자고
~ 사지 말자고	~ 벌자고
~ 열자고	~ 바꿔 보자고
~ 듣자고	~ 변명하지 말자고
~ 팔자고	~ 읽자고
~ 부르자고	~ 심자고
~ 놀자고	~ 배우자고
~ 협력하자고	~ 투표하자고

(205쪽)

4-1. 명령문 연습: 일반 명령문

① 명령했다	② 충고했다
~ 씻으라고	~ 열라고
~ 오라고	~ 키우라고
~ 하지 말라고	~ 사과하라고
~ 앉으라고	~ 쓰라고
~ 하지 말라고	~ 늘리라고
~ 하라고	~ 들으라고
~ 하지 말라고	~ 거절하라고
~ 끄라고	~ 세우라고

③ 했다	④ 주의를 주었다
~ 먹으라고	~ 고르라고
~ 만들라고	~ 늦지 말라고
~ 남기지 말라고	~ 양보하라고
~ 놓으라고	~ 떠들지 말라고
~ 들라고	~ 지키라고
~ 모으라고	~ 줄이라고
~ 기다리라고	~ 하지 말라고
~ 살리라고	~ 씹지 말라고

(206쪽)

4-2. 명령문 연습: '-주세요'로 끝나는 명령문

① 기도했다
～ 해 달라고
～ 해 달라고
～ 해 달라고
～ 해 달라고
～ 해 달라고
～ 해 달라고
～ 해 달라고
～ 해 달라고

② 부탁했다
～ 기다려 달라고
～ 보여 달라고
～ 전해 달라고
～ 고쳐 달라고
～ 갖다 달라고
～ 드리라고
～ 도와주라고
～ 보내 주라고
～ 추천해 달라고
～ 드리라고
～ 알려 주라고
～ 깎아 달라고
～ 읽어 주라고

③ 빌었다
～ 해 달라고
～ 살려 달라고
～ 보호해 달라고
～ 밝혀 달라고

～ 살리라고   ～ 살자고
～ 만들자고   ～ 심하다고
～ 만든다고   ～ 오냐고/ 오느냐고
～ 가르쳐 달라고   ～ 이루라고
～ 아냐고/아느냐고   ～ 걸렸다고
～ 끄라고   ～ 빌려 달라고
～ 걸리냐고/걸리느냐고 ～ 아니라고
～ 만지지 말라고   ～ 주우라고
～ 성공할 거라고   ～ 드냐고/드느냐고
～ 지키라고   ～ 춥냐고/추우냐고

● 종합 연습 **2**   (208쪽)

2. 시간이 있냐고 / 있느냐고
  좀 바쁘다고
3. 컴퓨터 좀 빌려 달라고
  미안하지만 안 된다고
4. 주차하지 말라고
5. 죄송하다고
6. 합격하게 해 달라고
7. 포기하고 싶다고
8. 일찍 일어나겠다고
9. 존댓말을 쓰라고
10. 곧 은퇴할 거라고
11. 방법이 틀렸다고
12. 잘 가라고
13. 성형수술을 했다고
14. 봉사활동을 하자고
15. 꼭 다시 만나자고
16. 건강이 제일 중요하다고
17. 훌륭한 작품이라고
18. 그 도시는 안전하다고
19. 돈이 전부가 아니라고
20. 기온이 올라갈 거라고

● 종합 연습 **1**   (207쪽)

①
～ 다르다고
～ 해 달라고
～ 벌자고
～ 해 달라고
～ 열라고
～ 늦지 말라고
～ 하냐고
～ 듣자고
～ 있다고
～ 팔라고
～ 어떠냐고
～ 중요하다고
～ 풀라고

②
～ 하지 말자고
～ 고르라고
～ 어렵다고
～ 하자고
～ 되냐고/되느냐고
～ 들으라고
～ 빠르다고
～ 해 달라고
～ 아끼자고
～ 모르냐고
～ 만들라고
～ 해야 한다고
～ 만나자고

③
～ 해 주라고
～ 돕자고
～ 일어났다고

④
～ 필요하다고
～ 걷자고
～ 보냐고 /보느냐고

● 종합 연습 **3**   (209쪽)

2. 한국 사람과 이야기를 많이 하면 된다고
3. 글을 잘 썼다고

4. 어려움을 잘 이겨낼 거라고
5. 내가 하는 일이 가치 있다고
6. 고양이를 돌봐 달라고
7. 방학에 같이 여행하자고
8. 그동안 모든 돈으로 기부하자고
9. 힘들어서 포기하고 싶을 때가 있었다고
10. 짠 음식이 여러 질병의 원인이라고
11. 다음 주부터 장마가 시작될 거라고
12. 그곳이 혼자 여행하기에는 위험하다고
13. 뇌물을 받은 적이 있다고
14. 생활 중고품을 판다고
15. 잘 자라고
16. 건강을 챙기라고
17. 기후변화, 식량위기에 대처해야 한다고
18. 가족들이 모두 건강하게 해 달라고
19. 왜 항상 바쁘냐고
20. 회사일이 많아서 바쁘다고
21. 규칙적으로 운동하라고
22. 최저임금을 올리겠다고
23. 사진을 찍지 말라고
24. 세계 경제가 좋아질 거라고
25. 그 제품에 첨단 기능이 들어있다고

● 써 봅시다　　　　　　　　　　(210쪽)

1.
② 살고자 하면 죽을 것이고 죽고자 하면 살 거라고 했다.
③ 진짜 결점은 자신의 결점을 알면서도 고치려고 노력하지 않는 것이라고 했다.
④ 내 사전에 불가능이란 없다고 했다.
⑤ 특별한 재능이 있는 것이 아니라 단지 호기심이 강할 뿐이라고 했다.
⑥ 소크라테스는 악법도 법이라고 했다.
⑦ 빌게이츠는 열정은 재능보다 더 중요하다고 했다.

2.
② 매일 조금씩 꾸준히 공부하라고 하셨다.
③ 남자친구가 내년에 결혼하자고 했다.
④ 스티브잡스가 다른 사람의 인생을 살면서 삶을 낭비하지 말라고 했다.
⑤ 빅뱅이 팬들에게 고맙다고 했다.
⑥ 누군가 피할 수 없으면 즐기라고 했다.

01 N은 A

(17~18쪽)

1. 서울은 한강이 유명하다.
– 한국의 수도인 서울은 한강이 유명하다.
– 한국의 수도인 서울은 크고 아름다운 한강이 유명하다.

2. 아파트에는 소음 문제가 많다.
– 방음이 잘 안 되는 아파트에는 소음 문제가 많다.
– 방음이 잘 안 되는 아파트에는 이웃 간의 싸움을 일으키는 소음 문제가 많다.

3. 이번 전시회는 관람객의 반응이 좋다.
– 서울의 옛 풍경을 보여 주는 이번 전시회는 관람객의 반응이 좋다.

4. 그 일은 실패할 확률이 높다.
– 준비 없이 시작한 그 일은 실패할 확률이 높다.

5. 그 요리책은 설명이 쉽다.
– 1인 요리를 중심으로 구성된 그 요리책은 설명이 쉽다.

6. 환경 문제는 빠른 해결이 어렵다.
– 갈수록 심해지는 환경 문제는 빠른 해결이 어렵다.

7. 현대 미술은 이해가 어렵다.
– 장르를 파괴하는 경향이 있는 현대 미술은 이해가 어렵다.

(19~20쪽)

1. 현대 사회에서는 정보를 모으고 활용하는 능력이 중요하다.
– 정보가 힘이 되는 현대 사회에서는 정보를 모으고 활용하는 능력이 중요하다.

2. 학교 폭력은 예방이 중요하다.
– 보이지 않는 곳에서 일어나는 학교 폭력은 예방이 중요하다.

3. 언론 보도는 객관성이 중요하다.
– 대중들에게 사실을 전달해야 하는 언론 보도는 객관성이 중요하다.

4. 현대 사회에는 소통의 리더십이 필요하다.
– 다양성을 중시하는 현대 사회에는 소통의 리더십이 필요하다.

5. 부모들은 지혜가 필요하다.
– 사춘기를 겪고 있는 아이를 둔 부모들은 지혜가 필요하다.

6. 서울은 교통이 편리하다.
– 지하철이 발달한 서울은 교통이 편리하다.

7. 전자책은 휴대가 편리하다.
– 스마트 기기로 볼 수 있는 전자책은 휴대가 편리하다.

8. 한국은 저출산 문제가 심각하다.
– 한국은 경제 발전에 악영향을 미치는 저출산 문제가 심각하다.

9. 그 사람은 상을 받을 자격이 충분하다.

– 신기술을 개발한 그 사람은 상을 받을 자격이
충분하다.

10. 그곳은 보존할 가치가 충분하다.
– 세계문화유산으로 지정된 그곳은 보존할 가치
가 충분하다.

_____ (21~22쪽)

1. 관광 산업은 효과가 뛰어나다.
– 관광 산업은 경제를 살리는 효과가 뛰어나다.
– 자원과 문화를 잘 활용한 관광 산업은 경제를
살리는 효과가 뛰어나다.

2. 그 건물은 가치가 뛰어나다.
– 그 건물은 역사적인 가치가 뛰어나다.
– 독특한 건축 양식을 보여주는 그 건물은 역사
적인 가치가 뛰어나다.

3. 맞벌이 부부는 시간이 부족하다.
– 일하는 시간이 긴 맞벌이 부부는 시간이 부족
하다.
– 일하는 시간이 긴 맞벌이 부부는 아이를 돌볼
시간이 부족하다.

4. 예술가는 상상력이 풍부하다.
– 세상을 다르게 보는 예술가는 상상력이 풍부
하다.
– 세상을 다르게 보는 예술가는 창조의 바탕이
되는 상상력이 풍부하다.

5. 그 영화는 아이들에게 적합하지 않다.
– 폭력적인 그 영화는 아이들에게 적합하지 않
다.
– 폭력적인 그 영화는 쉽게 모방하는 경향이 있
는 아이들에게 적합하지 않다.

6. 스마트폰은 여행자들에게 유용하다.
– 길 찾기 기능이 있는 스마트폰은 여행자들에

게 유용하다.
– 길 찾기 기능이 있는 스마트폰은 낯선 곳에서
이동하는 여행자들에게 유용하다.

● **순서 맞추기** (23쪽)

2. 토론할 때는 상대방의 의견에 귀를 기울이는
자세가 필요하다.
3. 정보가 힘이 되는 현대 사회에서는 정보를 모
으고 활용하는 능력이 중요하다.
4. 갈수록 심해지는 환경 문제는 빠른 해결이 어
렵다.
5. 서울의 옛 풍경을 보여주는 이번 전시회는 관
람객의 반응이 좋다.
6. 현대인의 필수품이 된 스마트폰은 생활에 편
리한 기능이 많다.
7. 옛 사람들의 지혜를 볼 수 있는 그 문화재는
역사적인 가치가 뛰어나다.
8. 일하는 시간이 긴 맞벌이 부부는 아이를 돌볼
시간이 부족하다.
9. 사람들에게 신뢰를 주는 그 사람은 지도자가
될 자격이 충분하다.
10. 한국은 경제 발전에 악영향을 미치는 저출산
문제가 심각하다.

02 N은 V

_____ (25~26쪽)

1. 나는 노인들에게 관심이 갔다.
– 사회복지사가 꿈인 나는 노인들에게 관심이
갔다.
– 사회복지사가 꿈인 나는 소외된 노인들에게
관심이 갔다.

2. 그 지역은 피난처로 변했다.
– 전쟁 발생 지역에서 가까운 그 지역은 피난처
로 변했다.
– 전쟁 발생 지역에서 가까운 그 지역은 난민들

이 모이는 피난처로 변했다.

3. 드라마 촬영지가 관광 명소로 떠올랐다.
– 옛 모습을 재현한 드라마 촬영지가 관광 명소로 떠올랐다.
– 옛 모습을 재현한 드라마 촬영지가 올해 가고 싶은 관광 명소로 떠올랐다.

4. 그 학생은 자신감이 생겼다.
– 상을 받은 그 학생은 자신감이 생겼다.
– 상을 받은 그 학생은 무엇이든지 할 수 있다는 자신감이 생겼다.

5. 유학생들은 한국 문화에 적응했다.
– 유학생들은 나이를 중시하는 한국 문화에 적응했다.
– 문화적 배경이 다른 유학생들은 나이를 중시하는 한국 문화에 적응했다.

──────────────── (27~28쪽)

1. 그 기사가 신문에 나왔다.
– 한류의 영향을 분석한 그 기사가 신문에 나왔다.
– 한류의 영향을 분석한 그 기사가 시사 문제를 다루는 신문에 나왔다.

2. 문화 생활은 비용이 들지 않는다.
– 공공 행사나 공연을 즐기는 문화 생활은 비용이 들지 않는다.
– 공공 행사나 공연을 즐기는 문화 생활은 생각보다 많은 비용이 들지 않는다.

3. 나는 그 사람이 마음에 들었다.
– 나는 유머 감각이 뛰어난 사람이 마음에 들었다.
– 말이 없는 편인 나는 유머 감각이 뛰어난 그 사람이 마음에 들었다.

4. 우리는 기업 문화가 중요하다는 생각이 들었다.
– 인턴 사원으로 일해 본 우리는 기업 문화가 중요하다는 생각이 들었다.

5. 새 교육 정책에 뜻밖의 문제가 나타났다.
– 사교육 문제 해결을 위해 나온 새 교육 정책에 뜻밖의 문제가 나타났다.

6. 여성 고용 확대 방안이 제시되었다.
– 양성 평등을 실천하는 여성 고용 확대 방안이 제시되었다.

7. 에너지 절약은 환경보호에 기여한다.
– 개개인이 생활 속에서 실천하는 에너지 절약은 환경보호에 기여한다.

8. 로컬 푸드 운동은 농업 발전에 기여한다.
– 가까운 지역의 농산물을 이용하자는 로컬 푸드 운동은 농업 발전에 기여한다.

──────────────── (29~30쪽)

1. 한국은 배달 문화가 발달했다.
– 빨리빨리 문화가 있는 한국은 배달 문화가 발달했다.
– 빨리빨리 문화가 있는 한국은 빠르고 편리한 배달 문화가 발달했다.

2. 서울은 대중교통이 발달했다.
– 면적에 비해 인구가 많은 서울은 대중교통이 발달했다.
– 면적에 비해 인구가 많은 서울은 요금이 싸고 편리한 대중교통이 발달했다.

3. 글로벌 시대에는 새로운 인재가 요구된다.
– 글로벌 시대에는 창의성을 갖춘 새로운 인재가 요구된다.
– 경쟁이 치열한 글로벌 시대에는 창의성을 갖춘 새로운 인재가 요구된다.

4. 배낭 여행객들은 게스트하우스에 머물렀다.
– 배낭 여행객들은 숙박비가 저렴한 게스트하우스에 머물렀다.

5. 그 나라는 성평등 지수가 하위권에 머물러 있다.
– 가부장적 전통이 있는 그 나라는 성평등 지수가 하위권에 머물러 있다.

6. 그 지역에 대형 인명 피해가 발생했다.
– 지진이 일어난 그 지역에 대형 인명 피해가 발생했다.

7. 그 내용은 광고법 위반에 해당된다.
– 100%효과를 보장한다는 그 내용은 광고법 위반에 해당된다.

8. 풍력 에너지는 친환경 에너지에 해당된다.
– 바람을 이용해 에너지를 만드는 풍력 에너지는 친환경 에너지에 해당된다.

● 순서 맞추기 　　　　　　　　　　　(31쪽)

2. 인턴 사원으로 일해 본 우리는 기업 문화가 중요하다는 생각이 들었다.
3. 취업에 성공한 그 사람은 경제적인 여유가 생겼다.
4. 국제 사회에 영토의 소유권과 관련된 분쟁이 발생했다.
5. 100% 효과를 보장한다는 그 내용은 광고법 위반에 해당된다.
6. 개개인이 생활 속에서 실천하는 에너지 절약은 환경보호에 기여한다.
7. 문화적 배경이 다른 유학생들은 나이를 중시하는 한국 문화에 적응했다.
8. 경쟁이 치열한 글로벌 시대에는 창의성을 갖춘 인재가 요구된다.
9. 스웨덴과 같은 일부 선진국은 국민 모두가 누릴 수 있는 복지 제도가 발달했다.

10. 기부 문화가 아직 정착되지 않은 그 나라는 기부 지수가 하위권에 머물렀다.

03　N은 N이다/아니다

　　　　　　　　　　　　　　　　　(33~34쪽)

1. 지나친 통신 언어 사용은 문제이다.
– 때와 장소를 구분하지 않는 지나친 통신 언어 사용은 문제이다.
– 때와 장소를 구분하지 않는 지나친 통신 언어 사용은 심각한 문제이다.

2. 환경보호단체는 사막에 나무를 심을 계획이다.
– 중국에 간 환경보호단체는 사막에 나무를 심을 계획이다.
– 중국에 간 환경보호단체는 황사 발생지인 사막에 나무를 심을 계획이다.

3. 나는 직업을 바꿀 생각이다.
– 적성에 맞지 않는 일을 하는 나는 직업을 바꿀 생각이다.

4. 채용 박람회가 개최될 예정이다.
– 구직 정보와 기회를 제공하는 채용 박람회가 개최될 예정이다.

5. 신제품이 출시될 예정이다.
– 새로운 기능을 추가한 신제품이 출시될 예정이다.

6. 세계화 시대에는 외국어 공부가 필수적이다.
– 국제 교류가 활발해진 세계화 시대에는 외국어 공부가 필수적이다.

7. 직장인들은 자기 계발이 필수적이다.
– 무한 경쟁 시대를 살아가는 직장인들은 자기 계발이 필수적이다.

1. 그 회사는 높은 연봉이 장점이다.
- 한국의 대표적인 기업인 그 회사는 높은 연봉이 장점이다.

2. TV 광고는 비싼 제작비용이 단점이다.
- 홍보 효과가 가장 좋은 TV 광고는 비싼 제작비용이 단점이다.

3. 친환경 자동차는 비싼 가격이 단점이다.
- 전기, 수소를 이용하는 친환경 자동차는 비싼 가격이 단점이다.

4. 사물놀이는 빠르고 흥겨운 리듬이 특징이다.
- 4가지 악기로 연주하는 사물놀이는 빠르고 흥겨운 리듬이 특징이다.

5. 한복은 선의 아름다움이 특징이다.
- 한국의 전통 의상인 한복은 선의 아름다움이 특징이다.

6. 동물의 멸종 위기는 지구 온난화가 원인이다.
- 점점 커지는 동물의 멸종 위기는 지구 온난화가 원인이다.
- 점점 커지는 동물의 멸종 위기는 생태계를 파괴하는 지구 온난화가 원인이다.

7. 취업난은 경기 침체가 원인이다.
- 심각한 사회 문제가 되고 있는 취업난은 경기 침체가 원인이다.
- 심각한 사회 문제가 되고 있는 취업난은 계속되는 경기 침체가 원인이다.

8. 명상은 스트레스 조절에 효과적이다.
- 긴장을 없애주는 명상은 스트레스 조절에 효과적이다.
- 긴장을 없애주는 명상은 질병을 예방하는 스트레스 조절에 효과적이다.

1. 그 소문은 사실이 아니다.
- 인터넷에 떠도는 그 소문은 사실이 아니다.

2. 감시카메라의 설치는 근본적인 해결책이 아니다.
- 감시카메라의 설치는 범죄를 줄일 수 있는 근본적인 해결책이 아니다.

3. 세금 인상은 바람직한 해결책이 아니다.
- 세금 인상은 경제 문제를 풀 수 있는 바람직한 해결책이 아니다.

4. 차별은 사소한 문제가 아니다.
- 편견에서 비롯되는 차별은 사소한 문제가 아니다.

5. 청년 실업은 개인의 문제가 아니다.
- 청년 실업은 의지로 해결할 수 있는 개인의 문제가 아니다.

6. 체벌은 바람직한 방법이 아니다.
- 체벌은 학생들을 교육하는 바람직한 방법이 아니다.

7. 사형 제도는 효과적인 방법이 아니다.
- 사형 제도는 중범죄를 줄일 수 있는 효과적인 방법이 아니다.

8. 돈은 행복의 필수조건이 아니다.
- 오늘날 많은 사람들이 추구하는 돈은 행복의 필수조건이 아니다.

● 순서 맞추기 (39쪽)
2. 한국의 대표적인 기업인 그 회사는 높은 연봉이 장점이다.
3. 사람보다 돈을 중시하는 물질만능주의는 자본주의 사회의 심각한 문제이다.

4. 동물 보호 단체는 유기견 입양을 권하는 캠페인을 시작할 계획이다.
5. 기분 전환이 필요한 우리는 여행을 떠날 생각이다.
6. 체벌은 학생들을 교육하는 바람직한 방법이 아니다.
7. 성격이 예민한 사람은 살이 안 찐다는 그 말은 사실이 아니다.
8. 오늘날 많은 사람들이 추구하는 돈은 행복의 필수 조건이 아니다.
9. 점점 커지고 있는 동물의 멸종 위기는 생태계를 파괴하는 지구 온난화가 원인이다.
10. 음악을 활용한 심리 치료는 마음의 상처를 입은 우울증 환자에게 효과적이다.

04   N은 N을 V

(41~43쪽)

1. 대한민국 남자들은 **의무**를 가지고 있다.
– 대한민국 남자들은 **나라를 지킬** 의무를 가지고 있다.
– **만 18세를 넘은** 대한민국 남자들은 **나라를 지킬** 의무를 가지고 있다.

2. 국민들은 **깨끗한 지도자를** 존경한다.
– 국민들은 **뇌물을 받지 않는** 깨끗한 지도자를 존경한다.
– **공정한 사회를 원하는** 국민들은 뇌물을 받지 않는 깨끗한 지도자를 존경한다.

3. 그 도시는 수질오염 문제를 해결했다.
– 그 도시는 **만성적인** 수질오염 문제를 해결했다.
– **새로운 기술을 도입한** 그 도시는 만성적인 수질 오염 문제를 해결했다.

4. 국민들은 **경제 위기를** 극복했다.
– 국민들은 **갑자기 찾아온 경제 위기를** 극복했다.
– **함께 노력한** 국민들은 갑자기 찾아온 경제 위기를 극복했다.

5. 정부는 **방안을** 마련했다.
– 정부는 **노인 문제를 해결할 수 있는 방안을** 마련했다.
– **원인을 분석한** 정부는 **노인 문제를 해결할 수 있는 방안을 마련했다.**

6. 주부들은 **중고품을** 재활용한다.
– 주부들은 **다른 사람이 버린 중고품을** 재활용한다.
– **알뜰한** 주부들은 다른 사람이 버린 중고품을 재활용한다.

7. 대부분의 사람들은 **과정보다 결과를** 중시한다.
– 대부분의 사람들은 과정보다 **겉으로 보이는** 결과를 중시한다.
– 대부분의 사람들은 **노력하는** 과정보다 겉으로 보이는 결과를 중시한다.

8. 중소기업은 **경력자를** 선호한다.
– 중소기업은 **바로 일할 수 있는 경력자를** 선호한다.
– **인력이 부족한** 중소기업은 **바로 일할 수 있는 경력자를** 선호한다.

9. 아이들은 **즐거움을** 깨달았다.
– 아이들은 **공부하는** 즐거움을 깨달았다.
– **성적 스트레스에서 벗어난** 아이들은 **공부하는 즐거움을** 깨달았다.

10. 기부는 **사랑의 실천을** 의미한다.
– 기부는 **나눌수록 커지는** 사랑의 실천을 의미한다.
– **재능과 돈을 나누는** 기부는 나눌수록 커지는

사랑의 실천을 의미한다.

(44~46쪽)

1. 그 이야기는 **청년들에게 희망을** 주었다.
 – 그 이야기는 **꿈을 잃은** 청년들에게 희망을 주었다.
 – **평범한 사람이 성공한** 그 이야기는 **꿈을 잃은** 청년들에게 희망을 주었다.

2. 믿음은 **우리에게 용기를** 주었다.
 – **나도 할 수 있다는** 믿음은 우리에게 용기를 주었다.
 – 나도 할 수 있다는 믿음은 **쉽게 포기하는** 우리에게 용기를 주었다.

3. 환경은 **성격에 영향을** 미친다.
 – 환경은 성격에 **간접적인 영향을** 미친다.
 – **그 사람이 살아온** 환경은 성격에 **간접적인 영향을** 미친다.

4. 그 기업은 **시정명령을** 받았다.
 – **몰래 가격을 올린** 그 기업은 시정명령을 받았다.
 – 몰래 가격을 올린 그 기업은 **가격을 내리라는** 시정명령을 받았다.

5. 그 작가는 **비판을** 받아들이지 않았다.
 – 그 작가는 **독자가 제기한** 비판을 받아들이지 않았다.
 – **권위적인** 그 작가는 **독자가 제기한** 비판을 받아들이지 않았다.

6. 사람들은 **실패에서 교훈을** 얻는다.
 – **성공한** 사람들은 실패에서 교훈을 얻는다.
 – 성공한 사람들은 실패에서 이렇게 하면 안된다는 교훈을 얻는다.

7. 그 학생은 **후배에게 장학금을** 양보했다.

 – 그 학생은 **가난한** 후배에게 장학금을 양보했다.
 – 그 학생은 가난한 후배에게 **자신이 받게 될** 장학금을 양보했다.

8. 학부모들은 여행을 허락하지 않았다.
 – **안전사고를 걱정하는** 학부모들은 여행을 허락하지 않았다.
 – 안전사고를 걱정하는 학부모들은 **아이들끼리 가는** 여행을 허락하지 않았다.

9. 공무원의 인기는 **사회현상을** 보여준다.
 – 공무원의 인기는 **안정을 택하겠다는** 사회현상을 보여준다.
 – **높아지고 있는** 공무원의 인기는 안정을 택하겠다는 사회현상을 보여준다.

10. 그 선생님은 **학생들에게 공부 방법을** 알려주었다.
 – 그 선생님은 학생들에게 **올바른** 공부 방법을 알려주었다.
 – **경험이 풍부한** 그 선생님은 학생들에게 **올바른** 공부 방법을 알려주었다.

11. 그 인터넷 사이트는 **소비자에게 정보를** 제공한다.
 – 그 인터넷 사이트는 소비자에게 **유용한 정보를** 제공한다.
 – **가격을 비교하는** 그 인터넷 사이트는 소비자에게 유용한 정보를 제공한다.

(47~49쪽)

1. 지방 정부는 **계획을** 세웠다.
 – 지방 정부는 **위기 상황에 대처할** 계획을 세웠다.
 – **여러 사고를 겪은** 지방 정부는 위기 상황에 대처할 계획을 세웠다.

2. 학생들은 **선생님에게 조언을** 구했다.
 – 학생들은 선생님에게 **실질적인 도움이 되는 조언을** 구했다.
 – **진로를 고민하는** 학생들은 선생님에게 실질적인 도움이 되는 조언을 구했다.

3. 청년들은 **일자리를** 구했다.
 – 청년들은 **아르바이트에 불과한** 일자리를 구했다.
 – **정규직을 못 구한** 청년들은 아르바이트에 불과한 일자리를 구했다.

4. 사람들은 **반려동물을** 기른다.
 – 사람들은 **외로움을 달래줄 수 있는 반려동물을** 기른다.
 – **혼자 사는** 사람들은 외로움을 달래줄 수 있는 **반려동물을** 기른다.

5. 시민들은 **그 사람들과 아픔을** 나누었다.
 – 시민들은 **해고당한** 사람들과 아픔을 나누었다.
 – **부당해고에 공감하는** 시민들은 해고당한 사람들과 아픔을 나누었다.

6. 요즘 젊은이들은 **직장을** 자주 옮긴다.
 – **평생직장이 사라진** 요즘, 젊은이들은 직장을 자주 옮긴다.
 – 평생직장이 사라진 요즘, **능력 있는** 젊은이들은 직장을 자주 옮긴다.

7. 그 학생은 **나쁜 습관을** 고쳤다.
 – 그 학생은 **남을 배려하지 않는** 나쁜 습관을 고쳤다.
 – **공동생활을 해 본** 그 학생은 **남을 배려하지 않는** 나쁜 습관을 고쳤다.

8. 시민들은 **반대 의견을** 냈다.
 – 시민들은 **개발은 더 이상 안 된다는** 반대 의견을 냈다.
 – **옛 모습을 지키고 싶은** 시민들은 개발은 더 이상 안 된다는 반대 의견을 냈다.

9. 법정은 **판결을** 내렸다.
 – 법정은 **성차별은 잘못이라는** 판결을 내렸다.
 – **시민들로 구성된** 법정은 성차별은 잘못이라는 판결을 내렸다.

10. 두 나라는 **우호적인 관계를** 유지하고 있다.
 – 두 나라는 **필요할 때 돕는** 우호적인 관계를 유지하고 있다.
 – **가까이 있는** 두 나라는 **필요할 때 돕는** 우호적인 관계를 유지하고 있다.

11. 미래에는 로봇이 **인기를** 끌 것이다.
 – 미래에는 **가사를 도와주는** 로봇이 인기를 끌 것이다.
 – **첨단 기술이 발달한** 미래에는 가사를 도와주는 로봇이 인기를 끌 것이다.

● **순서 맞추기** (50쪽)

2. 정부는 먹거리 안전을 걱정하는 소비자들에게 상세한 식품 정보를 제공해야 한다.
3. 인원을 줄이고 싶은 회사 대표는 계약을 연장해 달라는 직원들의 요구를 받아들이지 않았다.
4. 기기 사용에 의존하면서 생긴 디지털 치매는 기억력이 떨어지는 뇌의 퇴화를 의미한다.
5. 사람들은 사랑한다는 그 말에서 다시 살아 갈 힘을 얻는다.
6. 새로운 건축 기술을 개발한 그 건축가는 좁고 불편한 한옥의 단점을 극복했다.
7. 토론에 참석한 학생들은 장점은 살리고 단점은 고치자는 다양한 의견을 냈다.
8. 아이들의 미래를 불안해 하는 부모들은 회사원보다 안정적인 공무원을 선호한다.
9. 일상에 지친 도시 사람들에게 자연을 느낄 수

있는 캠핑이 인기를 끌고 있다.

10. 등록금이 필요한 그 학생은 방학 동안 돈을 벌수 있는 아르바이트자리를 구했다.

05 N은 N이 되다

(52~53쪽)

1. 그곳은 세계적인 명소가 되었다.
 – 역사적인 아픔을 지닌 그곳은 세계적인 명소가 되었다.
 – 역사적인 아픔을 지닌 그곳은 관광객이 많이 찾는 세계적인 명소가 되었다.

2. 사진 촬영은 연주자에게 방해가 된다.
 – 공연 중에 하는 사진 촬영은 연주자에게 방해가 된다.
 – 공연 중에 하는 사진 촬영은 연주에 집중하는 연주자에게 방해가 된다.

3. 운동은 건강을 유지하는 데에 도움이 된다.
 – 규칙적으로 하는 운동은 건강을 유지하는 데에 도움이 된다.

4. 독서는 다양한 지식을 쌓는 데에 도움이 된다.
 – 폭넓은 독서는 다양한 지식을 쌓는 데에 도움이 된다.

5. 나는 한국 생활에 적응이 되었다.
 – 한국에 온 지 1년쯤 된 나는 한국 생활에 적응이 되었다.

6. 학생들은 수업 방식에 적응이 되었다.
 – 학생들은 토론을 많이 하는 수업 방식에 적응이 되었다.

7. 유명한 작가의 소설이 사회적 논란이 되고 있다.
 – 표절 의심을 받고 있는 유명한 작가의 소설이

사회적 논란이 되고 있다.

(54~55쪽)

1. 내 친구는 영화감독이 되었다.
 – 상상력이 풍부한 내 친구는 영화감독이 되었다.
 – 상상력이 풍부한 내 친구는 세계적인 영화감독이 되었다.

2. 내 친구는 공무원이 되었다.
 – 안정된 삶을 살고 싶어 하는 내 친구는 공무원이 되었다.
 – 안정된 삶을 살고 싶어 하는 내 친구는 정년이 보장되는 공무원이 되었다.

3. 여행은 좋은 기회가 된다.
 – 혼자 떠나는 여행은 좋은 기회가 된다.
 – 혼자 떠나는 여행은 자신을 돌아볼 수 있는 좋은 기회가 된다.

4. 다양한 여가 활동은 기회가 된다.
 – 다양한 여가 활동은 자신의 재능을 발견할 수 있는 기회가 된다.

5. 외국어는 수단이 된다.
 – 외국어는 다른 나라 사람과 소통할 수 있는 수단이 된다.

6. 옷차림은 수단이 된다.
 – 옷차림은 자신의 개성을 표현할 수 있는 수단이 된다.

7. 자유 무역은 빈부 격차의 원인이 된다.
 – 자국의 경제 발전을 위해 시작된 자유 무역은 빈부 격차의 원인이 된다.

8. 소박한 결혼식이 화제가 되었다.
 – 유명한 배우가 올린 소박한 결혼식이 화제가

되었다.

● **순서 맞추기** (56쪽)

2. 말과 글은 한 사람을 판단하는 기준이 된다.
3. 부모님의 지나친 기대는 자식에게 부담이 된다.
4. 남과 비교하지 않는 삶의 태도는 무엇보다 중요한 행복의 조건이 된다.
5. 나는 학창 시절에 부모님의 말을 잘 듣지 않은 것이 후회가 된다.
6. 나는 졸업을 하고도 취업을 못 할까 봐 걱정이 된다.
7. 요즘 대학생들에게는 봉사활동이 스펙을 쌓기 위한 수단이 되었다.
8. 공공장소에서 큰 소리로 이야기 하는 것은 다른 사람에게 방해가 된다.
9. 일상에 지친 나는 친구들과 떠나는 이번 여행이 기대가 된다.
10. 스마트폰은 정보화 시대를 살아가는 현대인의 필수품이 되었다.

06 N은 N이 있다

(58~59쪽)

1. 나는 꿈이 있다.
 – 나는 세계적인 디자이너가 되고 싶은 꿈이 있다.
 – 의상 디자인을 전공하는 나는 세계적인 디자이너가 되고 싶은 꿈이 있다.

2. 그 책은 가치가 있다.
 – 그 책은 읽어 볼 만한 가치가 있다.
 – 베스트셀러인 그 책은 읽어 볼 만한 가치가 있다.

3. 인터넷 쇼핑은 장점이 있다.
 – 인터넷 쇼핑은 제품을 집에서 받을 수 있다는 장점이 있다.

4. 스마트 폰은 장점이 있다.
 – 스마트 폰은 언제 어디서든지 정보를 검색할 수 있다는 장점이 있다.

5. 한국의 음식 문화는 특징이 있다.
 – 한국의 음식 문화는 준비된 음식을 한상에 차려놓고 먹는다는 특징이 있다.

6. 과일은 감기 예방 효과가 있다.
 – 비타민이 풍부한 과일은 감기 예방 효과가 있다.

7. 설날 떡국은 의미가 있다.
 – 설날 떡국은 나이를 한 살 더 먹는다는 의미가 있다.

(60~61쪽)

1. 그 신입사원은 경험이 있다.
 – 그 신입사원은 회사에서 성희롱을 당한 경험이 있다.
 – 대기업에 다니는 그 신입사원은 회사에서 성희롱을 당한 경험이 있다.

2. 그 회사는 경험이 있다.
 – 그 회사는 어려움을 이겨낸 경험이 있다.
 – 경제 불황에도 흔들리지 않는 그 회사는 어려움을 이겨낸 경험이 있다.

3. 현대인은 마음의 여유가 없다.
 – 현대인은 자신을 돌아볼 마음의 여유가 없다.
 – 바쁘게 살아가는 현대인은 자신을 돌아볼 마음의 여유가 없다.

4. 사람들은 재테크에 관심이 있다.
 – 쉽게 돈을 벌고 싶은 사람들은 재테크에 관심이 있다.

5. 요즘은 1인용 상품이 인기가 있다.

– 1인 가구가 증가하는 요즘은 1인용 상품이 인기가 있다.

6. 승진은 나이와 관계가 없다.
– 업무 능력에 따라 결정되는 승진은 나이와 관계가 없다.

7. 그 나라는 교육제도에 문제가 있다.
– 그 나라는 대학입학에 중점을 두는 교육제도에 문제가 있다.

8. 지구 온난화는 환경오염에 원인이 있다.
– 지구 온난화는 점점 심각해지는 환경오염에 원인이 있다.

● 순서 맞추기　　　　　　　　　(62쪽)

2. 우리는 깨끗한 환경을 다음 세대에게 물려 줄 책임이 있다.
3. 요즘은 건강에 좋은 유기농 식품이 인기가 있다.
4. 한국어는 조사가 발달했다는 특징이 있다.
5. 기부는 가진 것을 나눈다는 의미가 있다.
6. 한국어가 서툰 나는 한국어를 잘 몰라서 실수한 경험이 있다.
7. 겨울철에 내의를 입는 것은 난방비를 절약하는 효과가 있다.
8. 시대마다 아름답다고 생각하는 미의 기준에 차이가 있다.
9. 더불어 살아가는 우리 사회는 사회적 약자에게 관심을 가질 필요가 있다.
10. 사람은 누구나 자신의 의견을 자유롭게 표현할 수 있는 권리가 있다.

07　～고 했다

　　　　　　　　　　　　　　(64~65쪽)

1. 사람들은 건강을 생각한다.

– 사람들은 **무엇보다 건강이 중요하다고** 생각한다.
– **건강을 잃어 본** 사람들은 무엇보다 건강이 중요하다고 생각한다.

2. 학생들은 **보람을** 느꼈다.
– 학생들은 **힘들지만 보람이 있었다고** 느꼈다.
– **봉사활동을 마친** 학생들은 힘들지만 보람이 있었다고 느꼈다.

3. 소비자들은 **광고 내용을** 믿지 않는다.
– 소비자들은 **건강식품이 병을 치료할 수 있다고** 믿지 않는다.
– **현명한** 소비자들은 건강식품이 병을 치료할 수 있다고 믿지 않는다.

4. 그 교수는 **독서의 필요성을** 설명했다.
– 그 교수는 **성숙해지기 위해서 독서가 필요하다고** 설명했다.
– **인기 작가인** 그 교수는 성숙해지기 위해서 독서가 필요하다고 설명했다.

5. 기자는 그 경영인에게 **경영의 방법을** 물었다.
– 기자는 그 경영인에게 **어떻게 경영했냐고** 물었다.
– 기자는 **독특한 철학을 가진** 그 경영인에게 어떻게 경영했냐고 물었다.

6. 피해 지역 주민들은 **감사의 말을** 전했다.
– 피해 지역 주민들은 **도와주셔서 정말 감사하다고** 전했다.
– **사고를 당한** 피해지역 주민들은 **도와주셔서 정말 감사하다고** 전했다.

　　　　　　　　　　　　　　(66~67쪽)

1. 나는 **규칙적인 생활을** 결심했다.
– 나는 **규칙적인 생활을 하겠다고** 결심했다.
– **생활 리듬이 깨진** 나는 규칙적인 생활을 하겠

다고 결심했다.

2. 은행은 **고객들에게 개인정보 보호를** 약속했다.
- 은행은 고객들에게 **개인정보를 보호해 주겠다고** 약속했다.
- 은행은 **불안해하는** 고객들에게 **개인정보를 보호해 주겠다고** 약속했다.

3. 그 봉사단체는 **기업에 후원을** 부탁했다.
- 그 봉사단체는 기업에 **결식아동을 도와달라고** 부탁했다.
- **청소년을 돕는** 그 봉사단체는 기업에 **결식아동을 도와달라고** 부탁했다.

4. 게시판에 금지 사항이 쓰여 있다.
- 게시판에 **음식물을 반입하지 말라고** 쓰여 있다.
- **입구에 있는** 게시판에 **음식물을 반입하지 말라고** 쓰여 있다.

5. 그 단체는 **남녀 불평등 해소를** 주장했다.
- 그 단체는 **남녀 불평등은 해소되어야 한다고** 주장했다.
- **여성 대표들로 구성된** 그 단체는 남녀 불평등은 해소되어야 한다고 주장했다.

6. 사람들은 **경찰의 인종차별을** 비난했다.
- 사람들은 **경찰이 인종차별을 했다고** 비난했다.
- **거리로 나온** 사람들은 경찰이 **인종차별을 했다고** 비난했다.

7. 한국 친구가 **한국의 명절놀이를** 소개했다.
- 한국 친구가 **설날에는 윷놀이를 한다고** 소개했다.
- **인터넷으로 만난** 한국 친구가 설날에는 윷놀이를 한다고 소개했다.

(68~69쪽)

1. 노동자들은 **회사에 임금 인상을** 요구했다.
- 노동자들은 회사에 **임금을 올려 달라고** 요구했다.
- **임금에 불만을 느낀** 노동자들은 회사에 임금을 올려 달라고 요구했다.

2. 지역 신문에서 **어린이 인구 비율을** 발표했다.
- 지역 신문에서 **어린이 인구가 15%에 불과하다고** 발표했다.
- **어제 나온** 지역 신문에서 **어린이 인구가 15%에 불과하다고** 발표했다.

3. 그 나라는 **반대 의사를** 밝혔다.
- 그 나라는 **전쟁에 반대한다고** 밝혔다.
- **전쟁으로 많은 피해를 입은** 그 나라는 전쟁에 반대한다고 밝혔다.

4. 시민들은 **불매 운동을** 제안했다.
- 시민들은 **그 회사의 제품을 사지 말자고** 제안했다.
- **화가 난** 시민들은 **그 회사의 제품을 사지 말자고** 제안했다.

5. 시민 10명 중 6명은 **아파트 값 하락을** 예상했다.
- 시민 10명 중 6명은 **아파트 값이 내려갈 거라고** 예상했다.
- **도시에 사는** 시민 10명 중 6명은 아파트 값이 내려갈 거라고 예상했다.

6. 두 나라는 **관계 개선을** 기대하고 있다.
- 두 나라는 **관계가 개선될 거라고** 기대하고 있다.
- **최근 갈등을 해결한** 두 나라는 관계가 개선될 거라고 기대하고 있다.

7. 어른들은 **청소년들에게 바른말 사용을** 충고

했다.

– 어른들은 청소년들에게 **바른말을 사용하라고** 충고했다.

– 어른들은 **은어를 쓰는** 청소년들에게 바른말을 사용하라고 충고했다.

●순서 맞추기 (70쪽)

2. 교수님이 수업을 듣는 학생들에게 언제 가장 행복하냐고 물어보셨다.

3. 그 지역 사정을 잘 아는 여행 전문가는 지금 그곳에 가기에는 위험하다고 판단했다.

4. 올해 입학한 신입생들은 선배들에게 대학 생활에 대해 조언해 달라고 부탁했다.

5. 벽에 붙어 있는 안내문에 축제 기간에 다양한 행사가 열린다고 쓰여 있었다.

6. 선생님은 책을 읽지 않는 학생들에게 독서는 아주 중요하다고 강조했다.

7. 비싼 등록금에 부담을 느낀 대학생들은 등록금을 내려달라고 요구했다.

8. 모금활동을 하는 자선단체는 올해는 기부가 늘어날 거라고 기대했다.

9. 조기 유학을 해 본 나는 조기 유학은 장점보다 단점이 많다고 본다.

10. 모두가 부러워하는 그 사람의 성공은 우연의 결과가 아니라고 할 수 있다.

08 ~고 ~지만 ~면

(72~74쪽)

1. 종이컵을 **쓰면** 환경에 좋지 않다.

– 종이컵을 **쓰면** 환경에 좋지 **않고** 건강에도 나쁘다.

– 종이컵을 **쓰면** 환경에 좋지 **않고** 건강에도 **나빠서** 머그컵을 쓰고 있다.

2. 취직을 **하려고** 자격증을 땄다.

– 취직을 **하려고** 자격증도 **따고** 외국어도 배웠다.

– 취직을 **하려고** 자격증도 **따고** 외국어도 **배웠지만** 여전히 취업하기가 힘들다.

3. 수입이 **적어도** 좋아하는 일을 한다.

– 수입이 **적어도** 좋아하는 일을 **하면서** 일을 즐긴다.

– 수입이 **적어도** 좋아하는 일을 **하면서** 일을 **즐겨야** 행복하게 살 수 있다.

4. 나무가 **많으면** 공기가 좋아진다.

– 나무가 **많으면** 공기도 **좋아지고** 휴식처도 생긴다.

– 나무가 **많으면** 공기도 **좋아지고** 휴식처도 **생기므로** 나무를 심어야 한다.

5. 돈을 **모으려면** 일해야 한다.

– 돈을 **모으려면** 일해야 **하지만** 일자리가 없다.

– 돈을 **모으려면** 일해야 **하지만** 일자리가 **없어서** 오히려 빚만 늘고 있다.

6. 성인이 **되어야** 술을 마실 수 있다.

– 성인이 **되어야** 술을 마실 수 **있지만** 술을 마시는 청소년들이 많다.

– 성인이 **되어야** 술을 마실 수 **있지만** 술을 마시는 청소년들이 **많아서** 문제이다.

7. 관계가 **나빠질까 봐** 갈등을 피한다.

– 관계가 **나빠질까 봐** 갈등을 **피하면** 문제가 더 커진다.

– 관계가 **나빠질까 봐** 갈등을 **피하면** 문제가 더 **커지므로** 빨리 풀어야 한다.

8. 음악을 들으면서 공부한다.

– 음악을 **들으면서 공부하면** 집중이 안 된다고 한다.

– 음악을 **들으면서 공부하면** 집중이 안 된다고 **하지만** 사람마다 다르다.

(75~77쪽)

1. 취직 준비 **하느라고** 친구도 못 만났다.
   - 취직 준비 **하느라고** 친구도 못 **만나고** 취미생활도 못 했다.
   - 취직 준비 **하느라고** 친구도 못 **만나고** 취미생활도 **못** 해서 대인관계가 어렵다.

2. 관계를 **개선하고자** 교류를 시작했다.
   - 관계를 **개선하고자** 교류를 **시작했으나** 좋아지지 않았다.
   - 관계를 **개선하고자** 교류를 시작**했으나** 관계가 **좋아지기는커녕** 오히려 더 나빠졌다.

3. 정보가 **많으면** 선택하기가 쉽다.
   - 정보가 **많으면** 선택하기가 **쉽기는커녕** 오히려 어렵다.
   - 정보가 **많으면** 선택하기가 **쉽기는커녕** 오히려 **어려워서** 정보를 제한하는 사람도 있다.

4. 참여율을 **높이고자** 신청기간을 늘렸다.
   - 참여율을 **높이고자** 신청기간을 **늘리고** 비용도 낮췄다.
   - 참여율을 **높이고자** 신청기간도 **늘리고** 비용도 **낮췄으나** 신청자가 적다.

5. 기존 규칙을 **바꾸면** 찬성하는 사람들이 있다.
   - 기존 규칙을 **바꾸면** 찬성도 **있는 반면** 반대도 있다.
   - 기존 규칙을 **바꾸면** 찬성도 **있는 반면** 반대도 **있으므로** 잘 생각해 봐야 한다.

6. 그 사람은 **성실할 뿐만 아니라** 유능하다.
   - 그 사람은 **성실할 뿐만 아니라 유능해서** 리더가 되었다.
   - 그 사람은 **성실할 뿐만 아니라 유능해서** 리더가 **되기에** 충분하다.

7. 단점이 **있는 반면** 장점도 있다.

   - 단점이 **있는 반면** 장점도 **있으므로** 장점을 살려야 한다.
   - 단점이 **있는 반면** 장점도 **있으므로** 장점을 **살리면** 성공할 수 있다.

8. CCTV가 **많으면** 사생활이 노출될 수 있다.
   - CCTV가 **많으면** 사생활이 노출될 수 **있는 반면** 범죄는 준다.
   - CCTV가 **많으면** 사생활이 노출될 수 **있는 반면** 범죄는 **줄므로** 설치에 찬성한다.

9. 꿈을 **이루고자** 최선을 다했다.
   - 꿈을 **이루고자** 최선을 **다했으나** 결국 실패했다.
   - 꿈을 **이루고자** 최선을 **다했으나** 결국 **실패해서** 실망이 크다.

(78~80쪽)

1. **실패해도** 절망하지 않는다.
   - **실패해도 절망하지 않고** 다시 도전했다.
   - **실패해도 절망하지 않고** 다시 도전**했더라면** 성공했을 것이다.

2. 빨리 **가려면** 양보해야 한다.
   - 빨리 **가려면** 양보해야 **하지만** 서로 먼저 가려고 한다.
   - 빨리 **가려면** 양보해야 **하지만** 서로 먼저 가려고 **하다 보니까** 더 늦어지게 되었다.

3. 일을 **하다 보면** 실수할 때도 있다.
   - 일을 **하다 보면** 실수할 때도 **있고** 결과가 나쁠 때도 있다.
   - 일을 **하다 보면** 실수할 때도 **있고** 결과가 나쁠 때도 **있지만** 최선을 다해야 한다.

4. 생각이 **다르면** 갈등이 생길 수 있다.
   - 생각이 **다르면** 갈등이 생길 수 **있지만** 서로 존중하면서 살아야 한다.

– 생각이 **다르면** 갈등이 생길 수 **있지만** 존중하면서 **살다 보니까** 갈등이 줄어 들었다.

5. 스트레스를 풀기 위해 담배를 피운다.
– 스트레스를 **풀기 위해** 담배를 **피우거나** 술을 마신다.
– 스트레스를 **풀기 위해** 담배를 **피우거나** 술을 **마시다 보면** 건강을 잃게 된다.

6. 낭비하지 **않으려면** 필요한 것만 사야 한다.
– 낭비하지 **않으려면** 필요한 것만 **사고** 세일 때 사야 한다.
– 낭비하지 **않으려면** 필요한 것만 **사고** 세일 때 사야 **하지만** 충동구매를 자주 한다.

7. 돈을 많이 **벌어도** 검소하게 사는 사람이 있다.
– 돈을 많이 **벌어도** 검소하게 사는 사람이 **있는가 하면** 그렇지 않은 사람도 있다.

8. 꿈을 **이루려면** 큰 목표를 세우는 것이 중요하다.
– 꿈을 **이루려면** 큰 목표를 세우는 것도 **중요하지만** 작은 실천도 중요하다.

9. 재능이 **있어도** 노력하지 않는다.
– 재능이 **있어도 노력하지 않으면** 결코 성공할 수 없다.

10. 일이 **많아도** 그날 일을 다 끝내는 사람이 있다.
– 일이 **많아도** 그날 일을 다 끝내는 사람이 **있는가 하면** 내일로 미루는 사람도 있다.

● 순서 맞추기 (81쪽)

2. 아무리 노력해도 가난에서 벗어나지 못하면 포기하게 되고 희망을 잃게 된다.
3. 도심에 큰 공원이 생겼는데 나무도 많고 공기도 좋아서 찾는 사람이 많다.
4. 많이 이용할 수 있도록 소음도 줄이고 휴식 공간도 마련했지만 이용객은 늘지 않았다.
5. 문화 차이가 있으면 갈등이 생길 수 있지만 서로 존중하며 살다 보면 쉽게 풀릴 것이다.
6. 그 사람은 성실할 뿐만 아니라 유능하므로 계속 노력하면 좋은 결과를 얻을 것이다.
7. 규칙적으로 운동하면 면역력을 키울 수 있고 스트레스도 없어지니까 운동이 제일이다.
8. 재능이 있어도 노력하지 않으면 재능이 발전되지 않으므로 노력과 인내는 필수적이다.
9. 결과가 좋아도 과정이 즐겁지 않으면 만족도는 떨어지므로 과정을 즐겨야 한다.
10. 공정 여행을 하려면 그 지역의 문화도 배워야 하고 불편한 것도 많지만 얻는 것도 많다.

Ⅱ **2**장 표현 수준 올리기

01 어휘 수준 올리기

—————————————————— (86쪽)

● 비슷한 것을 연결해 보세요.
① 필수적
② 근무 시간
③ 취업난, 구직난
④ 적성
⑤ 동기
⑥ 근로자
⑦ 보수

—————————————————— (87쪽)

● 빈칸에 알맞은 어휘를 써 보세요.
① 경기 침체
② 취업난
③ 구직자
④ 적성
⑤ 빚
⑥ 보수
⑦ 부정적인
⑧ 효과적인

● 질문에 대한 여러분의 생각을 써 보세요.
① 인재가 되기 위해서는 전문 지식을 쌓는 것이 필수적이다.
② 그 사람은 다양한 사람을 만나게 되는 서비스업이 적성에 맞을 것이다.
③ 내가 경영학 공부를 시작한 동기는 CEO가 되어 많은 사람들을 돕고 싶기 때문이다.
④ 나는 보수가 좋은 직장에 취직을 하고 싶다.

—————————————————— (89쪽)

● 비슷한 것을 연결해 보세요.
① 악영향
② 원인
③ 빈곤
④ 인재
⑤ 평소
⑥ 대책
⑦ 장단점

—————————————————— (90쪽)

● 빈칸에 알맞은 어휘를 써 보세요.
① 빈부 격차
② 악영향
③ 최악
④ 인재
⑤ 원인
⑥ 임금 격차
⑦ 방안

● 질문에 대한 여러분의 생각을 써 보세요.
① 인재란 능력이 뛰어난 사람을 말한다.
② 빈부 격차가 심해지는 원인은 정규직 및 비정규직, 대기업 및 중소기업 간의 큰 임금 격차, 늘어나는 저임금 일자리, 부족한 복지 제도 때문이다.
③ 나의 장점은 모든 일에 최선을 다한다는 것이다.
④ 나는 평소에 시간이 있으면 풍경 사진을 찍으러 다닌다.

(92쪽)

● 비슷한 것을 연결해 보세요.
① 신뢰하다
② 개최하다
③ 지출하다
④ 향상되다
⑤ 다투다
⑥ 절약하다
⑦ 선호하다

(93쪽)

● 빈칸에 알맞은 어휘를 써 보세요.
① 출연하는
② 개최된
③ 값
④ 반복해서
⑤ 악화되
⑥ 개선했
⑦ 신뢰하는
⑧ 향상된
⑨ 실현할

● 질문에 대한 여러분의 생각을 써 보세요.
① 날마다 복습을 하고 배운 것을 일상생활 속에서 사용하려고 노력해야 한국어 실력이 향상될 수 있다.
② 기업에서는 보통 성실하고 적극적인 사람을 선호한다.
③ 물, 전기 등 에너지를 절약해야 한다.
④ 늦잠을 자는 습관을 개선하고 싶다.

(95쪽)

● 비슷한 것을 연결해 보세요.
① 예방하다
② 고려하다
③ 구매하다
④ 모색하다
⑤ 방지하다
⑥ 발생하다
⑦ 검색하다

(96쪽)

● 빈칸에 알맞은 어휘를 써 보세요.
① 발생하
② 검색하
③ 제공하는
④ 보호해야
⑤ 창출하는
⑥ 비롯된
⑦ 판매하는
⑧ 마련해야 한
⑨ 인식하
⑩ 악용되어서
⑪ 예방할
⑫ 모색할

● 질문에 대한 여러분의 생각을 써 보세요.
① 현대의 발달된 의학 기술은 사람들의 평균 수명이 연장되는 데 기여했다.
② 개인정보 유출 피해를 방지하기 위해서는 개인정보를 불법으로 판매한 사람들을 강하게 처벌하는 법을 마련해야 한다.
③ 여행을 가기 전에 우리는 시기, 비용, 숙박 장소 등을 고려해 보아야 한다.
④ 나는 인터넷으로 모르는 단어의 뜻을 주로 검색한다.

(98쪽)

● 비슷한 것을 연결해 보세요.
① 중시하다
② 귀를 기울이다
③ 이야기를 나누다
④ 의심하다
⑤ 신경 쓰다

⑥ 몰두하다
⑦ 노력을 기울이다

_____ (99쪽)

● 빈칸에 알맞은 어휘를 써 보세요.
① 늘
② 중시한
③ 노력을 기울이
④ 다루었
⑤ 이야기를 나누
⑥ 귀를 기울이는
⑦ 경쟁력을 길러서

● 질문에 대한 여러분의 생각을 써 보세요.
① 올바른 다문화 정책을 위해서는 전문가나 다문화 가정의 구성원들에게 조언을 구해야 한다.
② 최근 성적이 많이 떨어져서 성적에 신경을 많이 쓰고 있다.
③ 내가 좋아하는 영화는 ○○○인데 청소년 문제를 다루고 있다.
④ 나는 성격을 가장 중시한다.

_____ (101쪽)

● 비슷한 것을 연결해 보세요.
① 경제적 여유가 있다
② 유사하다
③ 저렴하다
④ 올바르다
⑤ 의견 차이가 있다
⑥ 부족하다
⑦ 형편이 어렵다

_____ (102쪽)

● 빈칸에 알맞은 어휘를 써 보세요.
① 경제적 여유가 없는
② 지식이 풍부한

③ 성격이 원만한
④ 의견 차이가 있

● 질문에 대한 여러분의 생각을 써 보세요.
① 나는 실패나 가난이 두렵다.
② 내가 존경하는 사람은 ○○이다. 그는 생각이 깊고 글쓰기 능력이 뛰어나기 때문이다.
③ 나는 부모님과 진로 선택에 의견 차이가 있다.
④ 나는 인내심이 부족하다고 느낀다.

_____ (104쪽)

● 비슷한 것을 연결해 보세요.
① 까다롭다
② 낯설다
③ 거칠다
④ 유능하다
⑤ 불가피하다
⑥ 어색하다
⑦ 다양하다

_____ (105쪽)

● 빈칸에 알맞은 어휘를 써 보세요.
① 섭섭했
② 서툴
③ 낯설어서
④ 유창할
⑤ 능통했
⑥ 바람직하
⑦ 거칠
⑧ 열악한
⑨ 그립다

● 질문에 대한 여러분의 생각을 써 보세요.
① 살아가면서 경쟁은 불가피한 일이다.
② 인터넷 실명제를 실시하는 것은 바람직하지 않다. 표현의 자유를 침해할 수 있기 때문이다.
③ 내가 좋아하는 카페는 혼자 책을 보며 커피를 마시기에 적합한 곳이다.
④ 요즘 저출산 문제가 심각하다.

(107쪽)

● 비슷한 것을 연결해 보세요.
① 여전히
② 함부로
③ 반드시
④ 다소
⑤ 끊임없이
⑥ 점점
⑦ 무척

(108쪽)

● 빈칸에 알맞은 어휘를 써 보세요.
① 심지어
② 결코
③ 여전히
④ 무엇보다도
⑤ 지나치게
⑥ 지속적으로
⑦ 반드시

● 질문에 대한 여러분의 생각을 써 보세요.
① 행복한 삶을 살기 위해 무엇보다도 필요한 것은 남과 비교하지 않고 자신의 삶에 만족하는 태도이다.
② 어떤 일을 잘하기 위해서는 끊임없이 반복해서 연습해야 한다.
③ 요즘 나는 건강 관리를 소홀히 하고 있다.
④ 사람들은 흔히 성공이란 돈을 많이 버는 것이라고 생각한다.

02 서술어 수준 올리기

● **연습해 봅시다**   **(110~113쪽)**

1. 지식
② 지식을 습득하는 것은 즐거운 일이다.

2. 경험
● 경험이 풍부하다, 부족하다, 많다
● 경험을 얻다, 살리다, 쌓다
① 그 사람은 그 일에 대한 경험이 부족하다.
② 노래를 잘하는 그 친구는 오디션 프로그램에 참가해 본 경험이 많다.

3. 능력
● 능력이 있다, 뛰어나다
● 능력을 키우다, 갖추다, 발휘하다
① 성공하려면 능력을 키워야 한다.
② 나의 능력을 충분히 발휘할 수 있는 곳에서 일하고 싶다.

4. 영향
● 영향이 크다, 있다
● 영향을 주다, 받다, 미치다, 끼치다
① 나는 할머니의 영향을 많이 받았다.
② 그 책은 내 인생에 큰 영향을 끼쳤다.

5. 피해
● 피해가 크다
● 피해를 주다, 끼치다, 입다, 당하다, 보다
① 이번 화재로 시장 상인들이 큰 피해를 입었다.
② 학교 폭력은 신체적 피해는 물론 정신적 피해도 크다.

6. 사실
● 사실이 드러나다
● 사실을 알다, 깨닫다, 밝히다, 숨기다, 알리다
● 사실과 다르다
① 그 사람의 말은 사실과 다르다.

② 그 학생이 부정 입학한 사실이 드러났다.

7. 관심

● 관심이 많다, 없다, 생기다, 높다

● 관심을 가지다, 끌다, 받다

① 나는 K-pop에 관심이 많다.

② 그 사람은 다른 사람의 일에는 관심이 없다.

8. 인기

● 인기가 좋다, 많다, 떨어지다

● 인기를 끌다, 얻다

① 그 친구는 성격이 좋아서 인기가 많다.

② 요즘은 친환경 제품이 인기가 있다.

9. 관계

● 관계가 좋다, 나빠지다

● 관계를 회복하다, 맺다, 유지하다, 끊다

① 그 사람은 직장 동료들과 관계가 좋다.

② 한번 나빠진 관계를 회복하기란 쉽지 않다.

10. 경제

● 경제가 어렵다, 발전하다, 회복되다, 성장하
다, 살아나다

● 경제를 살리다, 발전시키다

① 그 나라는 경제가 빠르게 성장하고 있다.

② 전문가들의 말에 따르면 내년에는 경제가 회
복될 것이라고 한다.

11. 조건

● 조건이 많다, 좋다, 충족되다, 불리하다, 까다롭
다

● 조건을 제시하다, 갖추다

① 그 사이트는 가입 조건이 까다롭다.

② 키가 작은 그 사람은 농구 선수가 되기에는
신체 조건이 불리하다.

12. 돈

● 돈이 들다

● 돈을 절약하다, 모으다, 내다, 쓰다, 낭비하다,
벌다

① 아이를 키우는 데에는 돈이 많이 든다.

② 돈을 모으려면 돈을 절약해야 한다.

● 써 봅시다 (114쪽)

● 문장을 완성해 봅시다.

2. 많다

3. 미친다

4. 입었다

5. 다르다

6. 얻고 있다

7. 발휘했다

8. 유지하고 싶다

9. 살아나/회복되

10. 생겼다

11. 모으고 있다

12. 제시했다

13. 회복하

14. 준다

15. 키워야 한다

● 연습해 봅시다 (115~118쪽)

1. 꿈

● 꿈이 있다, 이루어지다, 실현되다

● 꿈을 꾸다, 가지다, 이루다, 포기하다

① 그 사람은 노후에 학교를 세우고 싶은 꿈이
있다.

② 꿈을 이루기 위해서는 꿈을 꾸기만 해서는 안
된다.

2. 용기

● 용기가 부족하다, 없다, 필요하다

● 용기를 주다, 내다, 얻다, 가지다

① 친구의 말에 용기를 얻었다.

② 다시 한 번 용기를 내서 도전해 보려고 한다.

3. 기회
- 기회가 오다, 되다, 있다
- 기회를 잡다, 얻다, 놓치다
① 기회가 있으면 해외연수를 가고 싶다.
② 이번 문화 탐방은 한국 문화를 직접 체험해 볼 수 있는 좋은 기회가 될 것이다.

4. 권리
- 권리가 있다
- 권리를 지키다, 주장하다, 보호하다, 찾다, 보장받다, 침해하다
① 국가는 국민의 권리를 보호해야 한다.
② 그 작가는 자신의 저작권에 대한 권리를 주장했다.

5. 의견
- 의견이 다르다
- 의견을 내다, 모으다, 존중하다, 받아들이다, 따르다
- 의견에 동의하다, 따르다
① 나는 그 사람의 의견에 동의한다.
② 직원들은 사장님의 의견에 따르기로 했다.

6. 약속
- 약속이 있다, 생기다
- 약속을 지키다, 취소하다, 미루다, 어기다, 깨다
① 급한 일이 생겨서 약속을 미루었다.
② 다음 주에 대학교 선배와 약속이 있다.

7. 계획
- 계획이 있다
- 계획을 세우다, 짜다, 잡다, 취소하다, 바꾸다, 실천하다
① 계획을 세웠으면 실천을 해야 한다.
② 계획은 구체적으로 짜는 것이 좋다.

8. 목표
- 목표가 있다, 크다

- 목표를 이루다, 세우다, 정하다, 달성하다
- 목표로 하다, 정하다
① 나는 이번 토픽시험에서 5급을 목표로 한다.
② 어떤 일을 이루려면 뚜렷한 목표가 있어야 한다.

9. 결과
- 결과가 좋다, 나오다, 나타나다
- 결과를 인정하다, 가져오다, 얻다, 발표하다
① 일주일 후에 검사 결과가 나온다.
② 열심히 노력한 만큼 좋은 결과를 얻기 바란다.

10. 건강
- 건강이 좋다, 회복되다, 나빠지다
- 건강을 잃다, 돌보다, 해치다, 지키다
- 건강에 좋다
① 불규칙적인 생활습관은 건강을 해치는 일이다.
② 체온을 유지하는 것이 건강에 좋다.

11. 스트레스
- 스트레스가 심하다, 쌓이다, 풀리다
- 스트레스를 받다, 풀다, 해소하다
- 스트레스에 시달리다
① 나는 요즘 시험 때문에 스트레스가 심하다.
② 사람마다 스트레스를 해소하는 방법이 다르다.

12. 일
- 일이 끝나다, 생기다
- 일을 미루다, 맡기다, 처리하다, 끝내다, 맡다
① 일을 다 끝내려면 아직 멀었다.
② 그 일을 맡길 만한 사람이 없다.

● **써 봅시다** (119쪽)
- 알맞은 서술어를 써서 문장을 완성해 봅시다.
1. 잃

2. 없는/부족한

3. 주장했다

4. 다르다

5. 바꾸는

6. 취소했다/미루었다

7. 세우는/정하는

8. 해친다

9. 푸는/해소하는

10. 시달린다

11. 이루어질 것이다/ 실현될 것이다

12. 놓치, 잡아야 한다

13. 처리하는

14. 달성했다

15. 나오

● **연습해 봅시다** (120~123쪽)

1. 내용

● 내용이 재미있다, 어렵다, 풍부하다, 자세하다, 구체적이다

● 내용을 이해하다, 다루다

① 이 책은 한국의 음식에 대한 내용을 다루고 있다.

② 그 책은 내용이 아주 자세하다.

2. 정보

● 정보가 유출되다

● 정보를 이용하다, 찾다, 공유하다, 공개하다, 믿다, 검색하다

① 인터넷을 통해 개인 정보가 유출되는 일이 종종 발생한다.

② 거짓 정보를 쉽게 믿어서는 안 된다.

3. 시험

● 시험을 보다, 치다, 준비하다

● 시험에 떨어지다, 합격하다, 응시하다, 붙다

① 토픽시험에 응시하려면 신분증이 필요하다.

② 공무원 시험을 준비하는 대학생들이 많다.

4. 부탁

● 부탁이 있다

● 부탁을 하다, 받다, 들어주다, 거절하다, 드리다

① 다른 사람에게 부탁을 하는 것은 쉬운 일이 아니다.

② 나는 다른 사람의 부탁을 잘 거절하지 못한다.

5. 어려움

● 어려움이 많다, 따르다

● 어려움을 겪다, 이겨 내다, 견디다, 극복하다

● 어려움에 부딪히다

① 그 사람은 사업을 하면서 많은 어려움을 겪었다.

② 예상하지 못한 어려움에 부딪혔을 때 그 어려움을 어떻게 극복하느냐가 인생의 성공을 좌우한다.

6. 환경

● 환경이 나쁘다, 오염되다, 파괴되다

● 환경을 보호하다, 개선하다, 가꾸다

● 환경에 적응하다

① 환경이 파괴되면 사람도 살 수 없다.

② 우리는 모두 환경을 보호하기 위해 노력해야 한다.

7. 시간

● 시간이 나다, 지나다, 걸리다, 없다

● 시간을 내다, 낭비하다, 보내다

● 시간에 쫓기다

① 외국어 실력을 향상시키는 데에는 시간이 걸린다.

② 지난 휴가 때 제주도에서 가족들과 즐거운 시간을 보냈다.

8. 문제

● 문제가 발생하다, 생기다, 심각하다, 있다

- 문제를 일으키다, 해결하다
- 문제에 부딪히다
① 그 문제를 해결할 수 있는 방법을 찾아야 한다.
② 요즘 환경오염 문제가 심각하다.

9. 대책
- 대책이 없다, 서다
- 대책을 논의하다, 세우다, 찾다, 마련하다
① 부동산 문제를 해결하기 위한 대책이 필요하다.
② 그 문제는 도저히 대책이 서지 않는다.

10. 경쟁
- 경쟁이 치열하다, 뜨겁다
- 경쟁을 벌이다, 뚫다
- 경쟁에서 이기다, 살아남다
① 그 사람은 치열한 경쟁을 뚫고 그 회사에 입사했다.
② 두 후보는 대통령에 당선되기 위해 치열한 경쟁을 벌이고 있다.

11. 가능성
- 가능성이 크다, 보이다, 높다, 적다, 낮다, 없다
- 가능성을 열다
① 이번 경기에서 우리 팀이 우승할 가능성이 높다.
② 그 사업이 해외시장에서 성공할 가능성이 보인다.

12. 도움
- 도움이 되다, 필요하다
- 도움을 주다, 받다, 바라다, 구하다, 청하다
① 우리 사회에는 도움이 필요한 이웃이 많다.
② 도움이 필요할 때 도움을 구하는 것은 부끄러운 일이 아니다.

● 써 봅시다 (124쪽)

- 알맞은 서술어를 써서 문장을 완성해 봅시다.
1. 어렵다
2. 유출되는
3. 응시하는
4. 파괴된/ 오염된
5. 거절하는
6. 개선할
7. 보냈다
8. 살아남기 힘들다/이길 수 없다
9. 해결하는
10. 마련해야 한다/세워야 한다
11. 치열하다
12. 높다/크다
13. 구하는/청하는
14. 쫓긴다
15. 겪고 있다

03 세부 표현 수준 올리기

● 연습해 봅시다 (126~128쪽)

1. ~ (으)ㄹ 뿐만 아니라
연습1. 그 사람은 자기가 맡은 일도 잘할 뿐만 아니라 리더십도 있다.
연습2. 그 학교는 등록금도 쌀 뿐만 아니라 교육 환경도 좋다.
연습3. 그 일은 힘들 뿐만 아니라 위험하다.

2. ~ 지 않으면 안 된다
연습1. 돈을 많이 벌기 위해서는 열심히 일하지 않으면 안 된다.
연습2. 상대방이 변하기를 원하면 먼저 내가 변하지 않으면 안 된다.
연습3. 그 문제를 해결하기 위해서는 제도를 바꾸지 않으면 안 된다.

3. ~ (으)ㄹ 수밖에 없다

연습1. 사람은 많고 일자리가 적으면 경쟁률이 높을 수밖에 없다.

연습2. 먹는 양에 비해 활동량이 적으면 비만이 될 수밖에 없다.

연습3. 월급은 제자리이고 물가는 계속 오르니까 절약할 수밖에 없다.

4. ~ 기 마련이다

연습1. 경제적 여유가 없으면 생활의 질도 떨어지기 마련이다

연습2. 힘들었던 일들도 시간이 지나면 잊혀지기 마련이다.

연습3. 너무 긴장하면 실수하기 마련이다.

5. ~ (으)ㄹ 겸 ~(으)ㄹ 겸 (해서)

연습1. 오랜만에 부모님도 뵐 겸 친구도 만날 겸 고향에 갔다.

연습2. 살도 뺄 겸 체력도 기를 겸 운동을 시작했다.

연습3. 외국어도 배울 겸 그 나라의 문화와 역사도 공부할 겸 어학연수를 떠났다.

6. ~곤 하다

연습1. 스트레스를 풀고 싶을 때는 요리를 해서 먹곤 한다.

연습2. 잠이 부족한 직장인들은 출퇴근 시간 지하철 안에서 쪽잠을 자곤 한다.

연습3. 현대인들은 소비를 통해서 자신의 가치를 확인하곤 한다.

7. ~ (으)ㄴ 지 N(시간)이 되다

연습1. 이 회사에서 일하기로 계약한 지 2년이 됐다.

연습2. 그 건물은 지은 지 100년이 됐다.

연습3. 그 나라는 자유무역을 한 지 10년이 됐다.

8. ~ 고 말다

연습1. 끝까지 최선을 다했지만 지고 말았다.

연습2. 충분히 준비하지 못해서 실패하고 말았다.

연습3. 그 일을 하려고 했지만 반대하는 사람이 많아서 포기하고 말았다.

9. ~ (으)ㄴ/는 편이다

연습1. 조기 교육을 받은 아이들은 성장 후에 공부에 흥미를 잃는 편이다.

연습2. 여자는 남자보다 빨리 성숙해지는 편이다.

연습3. 한국 사람들은 정이 많은 편이다.

● 종합 연습 1 (129쪽)

2. 더 열심히 노력하지 않으면 안 된다.
3. 한국어도 배울 겸 일도 할 겸 한국에 왔다.
4. 한국에 온 지 1년이 됐다.
5. 피곤하면 쉬거나 자곤 한다.

(129쪽)

1. 스트레스를 받는 편이다.
2. 술을 마시거나 게임을 하곤 한다.
3. 나쁜 영향을 주기 마련이다.
4. 어떤 사람들은 병에 걸리고 만다.
5. 스트레스를 받을 수밖에 없지만
6. 스트레스를 풀지 않으면 안 된다.

(130쪽)

1. 다른 곳으로 여행을 떠나고 싶기 마련이다.
2. 휴식도 취할 뿐만 아니라 새로운 경험도 할 수 있다.
3. 시간이 있으면 여행을 떠나곤 한다.
4. 직장인들은 시간이 별로 없는 편이다.
5. 짧은 휴가 기간에 여행을 떠날 수밖에 없다.
6. 계획을 잘 세우지 않으면 안 된다.

(131~133쪽)

10. ~ 기로 유명하다
연습1. 그 도시는 조용하고 깨끗하기로 유명하다.
연습2. 그 정치인은 연설을 잘하기로 유명하다.
연습3. 그 회사는 직원복지가 좋기로 유명하다.

11. ~ 아/어 왔다
연습1. 주민들은 100년 동안 마을 전통을 지켜 왔다.
연습2. 우리 부모님들은 오랜 시간 가족들을 위해 자신을 희생해 왔다.
연습3. 많은 나라에서 친환경 에너지를 개발하기 위해 노력해 왔다.

12. ~ (으)ㄹ 가능성도 있다
연습1. 치료비가 너무 비싸거나 고통이 심하면 안락사를 선택할 가능성도 있다.
연습2. 빚을 갚지 못하면 파산할 가능성도 있다.
연습3. 날씨가 나쁘면 여행을 취소할 가능성도 있다.

13. ~ (으)ㄹ 줄 알았다
연습1. 청년들이 그 제안에 찬성할 줄 알았다.
연습2. 지원금을 늘리면 문제가 해결될 줄 알았다.
연습3. 전쟁이 끝나서 안전할 줄 알았다.
　　　학벌이 좋으면 미래가 보장될 줄 알았다.

14. ~ (으)ㄹ 줄 몰랐다
연습1. 투표에 참여하는 젊은 사람들이 이렇게 많을 줄 몰랐다.
연습2. 취직하기가 이렇게 힘들 줄 몰랐다.
연습3. 한 마디 말이 이렇게 큰 결과를 가져올 줄 몰랐다.

15. ~ (으)ㄹ 리가 없다
연습1. 모두가 무관심하기 때문에 사회 운동이

성공할 리가 없다.
연습2. 진심이 없는 사과를 상대방이 받아들일 리가 없다.
연습3. 성적이 안 좋아서 장학금을 받았을 리가 없다.

16. ~ 는 데 도움이 되다
연습1. 토론은 더 좋은 해결 방법을 찾는 데 도움이 된다.
연습2. 폭넓은 독서는 새로운 생각을 하는 데 도움이 된다.
연습3. 어릴 때의 행복한 경험은 자신감을 가지고 살아가는 데 도움이 된다.

17. ~ 는 데 방해가 되다
연습1. 자기 전에 전자기기를 오래 사용하면 잠을 자는 데 방해가 된다.
연습2. 지나친 관심은 좋은 인간관계를 맺는 데 오히려 방해가 된다.
연습3. 편견은 사람을 제대로 이해하는 데 방해가 된다.

18. ~ 는 데 유리하다
연습1. 외국어를 잘하면 해외에서 여행할 때 친구를 사귀는 데 유리하다.
연습2. 좋은 정보를 많이 가지고 있는 사람이 진로를 선택하는 데 유리하다.
연습3. 아이디어와 도전 정신을 가지고 있는 청년들이 창업하는 데 유리하다.

● 종합 연습 2　　　(134쪽)
2. 집값이 비싸기로 유명하다.
3. 물가가 옛날처럼 내려갈 리가 없다.
4. 생활이 더 어려워지면 이곳을 떠날 가능성도 있다.
5. 평생 여기에서 살 줄 알았다.

(134쪽)

1. 한국은 노래도 잘 부르고 춤도 잘 추는 가수들이 많기로 유명하다.
2. 한국에 와서 2년 동안 한국어를 배워 왔다.
3. 문법이 이렇게 어려울 줄 몰랐다.
4. 그 친구의 친절한 설명이 한국어 문법을 배우는 데 도움이 되었다.
5. 한국 회사에 취직하는 데 유리하다.

(135쪽)

1. 지난 10년 동안 과학기술은 빠르게 발전해 왔다.
2. 사람들은 기술이 이렇게 빨리 발전할 줄 몰랐다.
3. 우주여행을 할 가능성도 있다.
4. 과학기술의 발전은 사람들이 더 오래, 더 편안하게 사는 데 도움이 되었다.
5. 사람들이 편리한 것을 포기할 리가 없다.

(136~138쪽)

19. ~ 지 않는 사람은 아무도 없다
연습1. 걱정 없이 행복하게 살고 싶어 하지 않는 사람은 아무도 없다.
연습2. 행복한 가정을 갖고 싶어 하지 않는 사람은 아무도 없다.
연습3. 전쟁이 없는 세상에 살고 싶어 하지 않는 사람은 아무도 없다.

20. ~만큼 ~것은 없다
연습1. 건강을 지키려면 규칙적인 운동만큼 좋은 것은 없다.
연습2. 부모님의 사랑만큼 위대한 것은 없다.
연습3. 청년 실업 문제만큼 시급한 것은 없다.

21. ~다는 점에서 중요성이 크다고 할 수 있다
연습1. 여가 활동은 재충전의 기회가 된다는 점에서 중요성이 크다고 할 수 있다.

연습2. 투표는 나라의 미래가 달려 있다는 점에서 중요성이 크다고 할 수 있다.
연습3. 재활용은 쓰레기를 줄일 수 있다는 점에서 중요성이 크다고 할 수 있다.

22. ~다는 점에서 가치가 있다
연습1. 문화유산은 우리의 지난 역사를 보여준다는 점에서 가치가 있다.
연습2. 그 노래는 서민들의 생활과 함께 해왔다는 점에서 가치가 있다.
연습3. 독서는 간접 경험을 통해 세상을 이해할 수 있다는 점에서 가치가 있다.

23. ~다는 점에서 긍정적인 면이 있다
연습1. 경쟁은 발전할 수 있게 한다는 점에서 긍정적인 면이 있다.
연습2. 과학 기술은 우리의 생활을 편리하게 해 준다는 점에서 긍정적인 면이 있다.
연습3. 몸짱 열풍은 운동에 관심을 갖게 한다는 점에서 긍정적인 면이 있다.

24. ~(으)려면 N이/가 필수적으로 요구된다
연습1. 사회가 발전하려면 능력 있는 인재가 필수적으로 요구된다.
연습2. 사교육 문제를 해결하려면 질 좋은 공교육이 필수적으로 요구된다.
연습3. 그 일을 하려면 자격증이 필수적으로 요구된다.

25. ~ 있는가 하면 ~ 도 있다
연습1. 일이 잘못 되면 책임을 지는 사람이 있는가 하면 피하는 사람도 있다.
연습2. 조기 교육에 찬성하는 사람이 있는가 하면 그렇지 않은 사람도 있다.
연습3. 경력자를 선호하는 회사가 있는가 하면 초보자를 선호하는 회사도 있다.

26. N은/는 ~중의 하나이다

연습1. 세금을 내는 것은 국민의 의무 중의 하나
이다.
연습2. 선물은 고마움을 표현하는 방법 중의 하
나이다.
연습3. 외국어 능력은 취직하기 위해서 필요한
것 중의 하나이다.

27. ~는 데 N을/를 이용하다
연습1. 자동차를 움직이는 데 전기나 수소에너지
를 이용한다.
연습2. 그 문제를 설명하는 데 여론 조사 결과를
이용했다.
연습3. 국민들을 설득하는 데 시장 경제에 관한
통계자료를 이용했다.

● 종합 연습 3   (139쪽)
2. 경제적으로 서로 도울 수 있다는 점에서 중요
성이 크다고 할 수 있다.
3. 서로 영향을 주고받으면서 교류한다는 점에
서 긍정적인 면이 있다.
4. 서로 존중하고 양보하는 자세가 필수적으로
요구된다.
5. 나 혼자만 잘 살겠다는 것만큼 나쁜 것은 없
다.

                              (139쪽)
1. 건강하게 살고 싶어하지 않는 사람은 아무도
없다.
2. 건강만큼 중요한 것은 없다.
3. 건강이 필수적으로 요구된다.
4. 음식을 챙겨 먹는 사람이 있는가 하면 운동을
하는 사람도 있다.
5. 운동은 몸뿐만 아니라 정신도 건강하게 해 줄
수 있다는 점에서 중요성이 크다고 할 수 있
다.

                              (140쪽)
1. 우리는 정보를 나누고 생각을 전하는 데 인터
넷을 이용한다.
2. 인터넷은 우리 생활에 필요한 것 중의 하나이
다.
3. 인터넷만큼 빠르고 편리한 것은 없다.
4. 정보를 전하고 이야기를 나눌 수 있다는 점에
서 긍정적인 면이 있다.
5. 잘 이용하는 사람이 있는가 하면 잘못 이용하
는 사람도 있다.

                         (141~143쪽)
28. N의 원인으로 ~ 다는 점을 꼽을 수 있다
연습1. 사회 갈등의 원인으로 빈부격차가 심하다
는 점을 꼽을 수 있다.
연습2. 세대 갈등의 원인으로 대화가 부족하다
는 점을 꼽을 수 있다.
연습3. 정치 불신의 원인으로 부패한 정치인들
이 많다는 점을 꼽을 수 있다.

29. ~ 것은 ~ 덕분이다
연습1. 그 사람이 성공할 수 있었던 것은 주변 사
람들이 도와 준 덕분이다.
연습2. 세계가 하나로 이어진 것은 인터넷이 발
달한 덕분이다.
연습3. 그 아이가 수술을 받을 수 있게 된 것은
시민들이 모금한 덕분이다.

30. ~ 것은 ~ 탓이다
연습1. 건강이 나빠진 것은 운동이 부족한 탓이
다.
연습2. 자연재해가 늘어난 것은 지구의 평균 기
온이 올라간 탓이다.
연습3. 소비가 줄어든 것은 경제 상황이 좋지 않
고 미래가 불안한 탓이다.

31. N은/는 ~ 냐에 따라 다르다
연습1. 행동방식은 어떻게 생각하느냐에 따라 다

르다.

연습2. 역사적 사실은 어떻게 해석하느냐에 따라 다르다.

연습3. 그 사람의 이미지는 어떤 옷을 입느냐에 따라 다르다.

32. N은/는 ～ 냐에 달려있다

연습1. 음식 맛은 어떤 재료를 쓰느냐에 달려있다.

연습2. 행복은 현재에 얼마나 만족하냐에 달려있다.

연습3. 그 나라의 미래는 지도자가 누구냐에 달려있다.

33. ～에 따라 N이/가 좌우된다

연습1. 어릴 때의 생활 습관에 따라 평생의 건강이 좌우된다.

연습2. 요즘은 보수에 따라 직업의 가치가 좌우된다.

연습3. 일의 성과에 따라 승진이 좌우된다.

34. N은/는 ～ 것을 목적으로 한다

연습1. 법은 사회질서를 유지하는 것을 목적으로 한다.

연습2. 평생 교육은 교육을 통해 삶의 질을 높이는 것을 목적으로 한다.

연습3. 상업 광고는 제품의 정보를 전달하고 판매하는 것을 목적으로 한다.

35. ～ 고 해서 다 ～ 것은 아니다

연습1. 칭찬을 한다고 해서 다 좋은 결과가 나타나는 것은 아니다.

연습2. 재능을 타고 났다고 해서 다 성공하는 것은 아니다.

연습3. 새로 나온 것이라고 해서 다 옛날 것보다 좋은 것은 아니다.

36. 예로 ～ N을/를 들 수 있다

연습1. 과학적이고 효율적인 난방의 예로 온돌을 들 수 있다.

연습2. 가장 바람직한 통일의 예로 독일을 들 수 있다.

연습3. 손과 발을 이용하는 무술의 대표적인 예로 태권도를 들 수 있다.

● **종합 연습 4** (144쪽)

2. 부모가 아이를 대하는 방식에 따라 아이의 성격이 좌우된다.

3. 아이가 배려심이 많은 것은 부모가 평소에 다른 사람을 배려하는 모습을 보인 덕분이다.

4. 아이가 편견을 가지고 있는 것은 부모가 편견을 가진 탓이다.

5. 부모가 나쁜 행동을 한다고 해서 아이들이 다 그렇게 하는 것은 아니다.

_____

(144쪽)

1. 좋은 사회는 이 생각들을 어떻게 모으냐에 달려있다.

2. 다수결의 원칙은 개개인의 자유의지와 평등을 보장하는 것을 목적으로 한다.

3. 그 예로 투표를 들 수 있다.

4. 투표에 따라 나라의 정책 방향이 좌우된다.

5. 다수의 의견을 따른다고 해서 다 바람직한 것은 아니다.

_____

(145쪽)

1. 생산비용에 따라 물건 값이 좌우된다.

2. 생산비가 낮다고 해서 물건 값이 다 싼 것은 아니다.

3. 물건 값이 비싸지는 것은 생산지에서 시장까지 오는 과정이 너무 많고 복잡한 탓이다.

4. 그 예로 '직거래'를 들 수 있다.

5. 생산자와 소비자가 모두 웃을 수 있게 된 것은 직거래를 한 덕분이다.

(146~148쪽)

37. ~것으로 나타났다

연습1. 조사결과 청소년들 대부분이 수면 부족인 것으로 나타났다.

연습2. 조사결과 스마트폰으로 하는 쇼핑이 1년 사이 10% 증가한 것으로 나타났다.

연습3. 조사결과 드라마 속 직업 중에서 회사원이 가장 많은 것으로 나타났다.

38. ~에 달했다/~에 이르렀다

연습1. 스마트폰이 없으면 불안하다고 응답한 초등학생이 60%에 달했다.

연습2. 평소 정보 보호 관련 사항을 실천하고 있다는 응답이 80%에 달했다.

연습3. 아르바이트를 통해서 생활비를 마련하는 대학생들이 60%에 달했다.

39. ~에 불과했다/~에 그쳤다

연습1. 그 사람의 주장에 동의하는 사람이 10%에 불과했다.

연습2. 한국 직장인들의 경우 여름휴가 기간은 일주일 이상이 10%에 그쳤다.

연습3. 최저 임금을 받지 못하는 아르바이트생이 신고하는 경우는 5%에 불과했다.

40. ~N을/를 차지하다

연습1. 공항 면세점에서 구입하는 물건 중에서 화장품이 1위를 차지했다.

연습2. 그 선수가 세계 신기록으로 우승을 차지했다.

연습3. 전체에서 사회복지 지출은 20%를 차지했다.

41. ~에 따라 ~에 차이를 보이다

연습1. 나이에 따라 생각하는 방식에 차이를 보인다.

연습2. 소득수준에 따라 여가 생활에 차이를 보인다.

연습3. 결혼여부에 따라 소비생활에 차이를 보인다.

42. N을/를 통해 ~ 다는 것을 알 수 있다

연습1. 조사를 통해 독서가 창의력 향상에 도움이 된다는 것을 알 수 있다.

연습2. 조사를 통해 성격은 성장 환경에 영향을 받는다는 것을 알 수 있다.

연습3. 실험을 통해 커피가 숙면을 방해한다는 것을 알 수 있다.

43. N은/는 N(으)로 나누어 볼 수 있다

연습1. 교육 효과는 개인적인 측면과 사회적 측면으로 나누어 볼 수 있다.

연습2. 환경오염은 대기 오염과 수질 오염, 토양 오염으로 나누어 볼 수 있다.

연습3. 경제활동인구는 취업자, 실업자, 비경제활동인구로 나누어 볼 수 있다.

44. ~다는 점에서 찬성(반대)하다

연습1. 초등학생들이 스마트폰을 오래 사용하면 중독될 수 있다는 점에서 반대한다.

연습2. 동성 결혼은 개인의 선택이라는 점에서 찬성한다.

연습3. 동물 실험을 통해 치료약을 개발할 수 있다는 점에서 찬성한다.

45. N은/는 ~ N(결과, 문제…)을/를 가져올 수 있다

연습1. 적극적인 참여는 사회변화를 가져올 수 있다.

연습2. 긍정적인 사고는 좋은 결과를 가져올 수 있다.

연습3. 무관심이 심각한 문제를 가져올 수 있다.

● 종합 연습 5 (149쪽)

2. 잠깐의 부주의는 심각한 결과를 가져올 수 있다.

3. 조사결과 안전사고에 대한 시민들의 의식은

높지 않은 것으로 나타났다.

4. 28%에 불과했다.

5. 51%에 이르렀다.

_____

1. '성형수술'에 대한 조사결과 대부분 반대한 것으로 나타났다.

2. 성별에 따라 의견에 차이를 보였다.

3. 여성은 자신감이 생기고 스스로 만족할 수 있다는 점에서 찬성했다.

4. 남성은 개성이 없어지고 돈이 많이 든다는 점에서 반대했다.

5. 조사 결과를 통해 여성은 자신의 만족을 가장 중요하게 생각한다는 것을 알 수 있다.

_____

1. 쓰레기는 일반 쓰레기와 재활용 쓰레기, 음식 쓰레기로 나누어 볼 수 있다.

2. 조사결과 음식 쓰레기는 크게 줄지 않은 것으로 나타났다.

3. 음식 쓰레기는 30%에 달했다.

4. 쓰레기를 재활용하는 경우는 10%에 그쳤다.

5. 조사를 통해 쓰레기를 줄이려는 우리의 노력이 부족하다는 것을 알 수 있다.

6. 음식 쓰레기 증가는 수질을 오염시키는 결과를 가져올 수 있다.